爱上你是一个错

周项皆

文匯出版社

图书在版编目(CIP)数据

爱上你是一个错/周项皆著. —上海：文汇出版社，2012.1

ISBN 978-7-5496-0355-8

Ⅰ.①爱… Ⅱ.①周… Ⅲ.①长篇小说-中国-当代 Ⅳ.①I247.5

中国版本图书馆CIP数据核字(2011)第239350号

爱上你是一个错

作　　者 / 周项皆
责任编辑 / 乐渭琦
装帧设计 / 张　晋

出 版 人 / 桂国强

出版发行 / 文汇出版社
　　　　　上海市威海路755号
　　　　　(邮政编码 200041)
经　　销 / 全国新华书店
照　　排 / 南京展望文化发展有限公司
印刷装订 / 上海双宁印刷有限公司
版　　次 / 2012年1月第1版
印　　次 / 2012年1月第1次印刷
开　　本 / 890×1240　1/32
字　　数 / 210千
印　　张 / 9.25

书　　号 / ISBN 978-7-5496-0355-8
定　　价 / 22.00元

都说女人似水，清洁无瑕；女人如玉，柔润温纯。女人代表着温柔、贤淑、美丽和善良，女人的眼泪能招徕同情，女人的微笑能释怀仇恨。可我却要问，是谁使她们中的一些人泯灭了女人的善和美？

她选择了黑暗，我选择了痛苦，可我不恨她，依旧爱她，永久怀念她。

——吕小刚

1

俞芸：法官说，我可以上诉，可我摇头了。我知道上诉没用，改变不了判决的结果，仅是争取到一些残存的时日，而这些时日在我看来是一种更难熬的折磨，其实更令人恐惧。想到人一旦放进那个漆黑的小盒子里后就等于进入了永恒，那么这些时日就像万分之一秒那样一闪而过，不值得用乞生的屈辱去把握。

昨天，法官阴沉着脸，用阴沉的声音宣读了我的判决——死刑。虽说这并未出乎我的预料，可我还是不由自主地颤抖了一下，两条腿顿时绵软无力，最后好像是法警扶住了我。

我记得我哭了，嚎啕大哭地跪倒在法官面前。我知道我不是向法官乞求生存，而是发泄积聚在内心的恐惧——对死亡的恐惧。据说，另外一个世界昏暗冰冷，还会按照人的罪孽轻重而被打入不同的地下层，遭受不同的酷刑折磨。

虽说我对自己被判处死刑早有预料，我的律师也拐弯抹角地为我作了分析，因为我的罪孽深重——贪污了巨额财产，还欠着好几条人命，中国法律讲究的是对等惩罚，欠泪的还泪，欠债的还债，欠命的还命。只是人到了生命尽头时，会特别眷恋生命，渴望生存，会奢望在宣读判决书时出现奇迹——被判处死缓或者无期。

法官说，我可以上诉，可我摇头了，我知道上诉没用，改变不了判决的结果，仅是争取到一些残存的时日，而这些时日在我看来是一种更难熬的折磨，其实更令人恐惧。想到人一旦放进那个漆黑的小盒子里后就等于进入了永恒，那么这些时日就像万分之一秒那样一闪而过,不值得用乞生的屈辱去把握;而且我已被告知将接受注射针剂处死,应该不会有什么痛苦,据说就跟睡着了一样,知足了。

回到监房,警察说:“你喜欢做文章,写日记,有什么想法和事情要交代,可以利用最后的时间里写下来嘛。”

于是我提笔凝思,在日记本上写下了我很久以前对社会阴暗面的理解,那也是我决心向贪腐开战的座右铭:

“权力倒向腐败,财富饱蘸贪婪,如果权力和财富在灵魂中自由碰撞,那么,卑鄙、罪孽和邪恶就会源源不断地滋生,人性就会变得异常丑陋。”

记得那年我研究生刚毕业,就幸运地被《东方财经杂志》社聘用。这份杂志是省社会科学院主办的权威杂志,每年都要承接省委、省政府交办的专题调查研究任务,最后的调研成果多半直接送省常委以上领导阅读。我还经常有机会出席省委、省政府工作会议,汇报调研成果,提出相应的建议,居然也能在省领导面前混个脸熟。历年来《东方财经杂志》社都有一些年富力强的研究人员被抽调到省委、省政府各个职能部门担任要职,因此这个杂志社就成了许多胸怀大志、学术上又颇有些造诣的年轻人向往的去处。此外,在《东方财经杂志》上发表论文是人们申请评定高级职称,如大学教授、高级经济师、高级会计师等的重要条件之一,所以不少人千方百计地想在那上面发表论文。

记得我进《东方财经杂志》社不久,因为一腔热血、一股为正义献身的冲动,竟做了一件惊天动地的事。现在想来,我还是觉得很骄傲、很自豪。可事后我得到的评价却是截然不同的,有的甚至很含蓄，只能我自己去体会其中的真谛。

那次，我采访了一个涉及内幕交易而被判刑的上市公司董事长。那个董事长正是由于我的穷追猛打，才被投进监狱而身败名裂的。

面对失败者，我堂堂正正，言辞犀利，而他面对胜利者，却没有任何屈辱感，相反还说出了让我震撼的话："如果不是告发，不是因为你的抓住不放，我就不会犯案，就可以拥有这笔终生享用不尽的财富……拥有财富才是硬道理。"

这话让我在震撼之余，也产生些许茫然：真的无法理解这个社会怎么还会多出这样一条道理，能驱使那么多有身份的人趋之若鹜，乃至以命相搏。

我后来在日记中还写下了这样一段话："我忽然发现，我从小学、中学、大学到研究生的一条清晰的人生信条的轨迹中断了，我飘落到了一个混沌的世界里，迷茫、困惑、无序成了主旋律，我不知道怎么才有意义，什么才有价值。历史有时候就是这么奇怪：违背道德未必违背道理，违反法律未必违反潮流。我不止一次地向自己提问，难道我现在所做的一切真的不符合历史潮流吗？"

当时，我对很多事情、现象理解得还很不透彻，只是经过后来的一个轮回，我才清醒了很多。我发现这个世界极其多元，每个区间都有一套规矩，每一个角落都有一个意志，哪怕这套规矩是罪孽的，哪怕这个意志是丑陋的，都有别样的解释。这些规矩和意志大多直奔一个主题——财富，检验它们的唯一尺度就是积累多少财富。

为此，有人用行贿去拿工程，有人以陪睡获得提升，还有人伸手偷取财富……他们不管过程，不忌讳手段，也无所谓百姓怨愤；他们只为财富，而且心安理得。最使我不服的是，同样是贪赃枉法的人，同样是践踏法律罪恶累累的人，法律却执行不到他们的头上。他们依旧可以悠然自得地咀嚼“胜利”的果实。要知道，这种肆意践踏法律的危害非常深重，负效应非常深远，因为法律不被当作一回事就和没有一个样，就更有欺骗性、误导性。法制不公是社会不公的万恶之源，我就是这个不公的殉葬品。

我眼前又浮现出那个上市董事长和他的案子……那天我刚上班，一位同学来找我，说有重要消息提供。他给我看了一份从网上下载的名单，那是这家上市公司十大个人股东的名单。这家外省公司以前戴着“ST”的帽子，因重组注入了新资产，刚复牌交易，如今股价暴涨。

这位同学然后告诉我：“据我所知，排在最后的那个人，在这家公司停牌前不久，曾大量买进这家公司的股票。”

“怎么这么有眼光？”我一阵称奇。

同学说：“这不是眼光问题，是内幕交易。因为他是新任董事长的小舅子的亲家公。那个新上任的董事长是那家上市公司的上级领导，公司资产重组的整个过程都是在他的眼皮底下进行的。”

我马上明白了他的意思，此类利用职权所作的利益输送，当然是不被允许的。我笑道：“你怎么会关心起这件事来？”

我的言下之意是，这样的勾当每天都在发生，只是大多数都能平安无事蒙混过去罢了。

“为了伸张正义！”同学答道。

“呵呵，如今还有多少人一听到‘正义’就能去冲锋陷阵的？”我开玩笑似的说，“不要去找这个麻烦了，你要知道，查出了这个内幕交易你也得不到一分钱。”

“我就是不平，容不得别人违法发财。”他斩钉截铁地说，“我就看不惯他们比我们富。我就是要让这种人坐牢，倾家荡产。”

人或许都有仇富济贫的本能。我承认我也有，并且在不知不觉中被他煽动了起来，或许我还存在为了社会公平和正义奔走呼喊的良知……

这位同学走后，我开始评估起做这件事情的风险。我清楚敢做这类违法勾当的人一定很有能量，和这类人过招难免会有损伤，不过本质上他们更虚弱，最终一定会失败。经过分析我又发现，只要抓住了那个董事长和投资人之间关系的确凿证据，加上投资人大额买入公司股票的时间节点，这样一报告，肯定会引起有关方面重视和追查。万不得已时，我还可以在微博上公布，动员一大批网友穷追猛打。那种人最怕阳光，而正义比太阳还要光辉。

为了正义，也为了开辟自己的职场前景，我决定先调查清楚案件，接着再以内部报告的方式上报。

在这位同学的帮助下，我很快查清了那个董事长和投资人之间的关系。我写了一份《ST公司最牛投资人——内幕交易调查报告》交给了杂志社领导，希望他转交给该省纪委或省证监局。

可报告递交上去后很长时间没有回音，用我们行内的话讲，就是报告被冷处理了。那么是什么原因被冷处理了呢？一种可能是报告被束之高阁，淹没在官场的其他文牍里了，那里到处弥漫着不得罪人、不招惹是非的气氛，信手拈来的理由可以是此乃人家的事，和我们无关；另外一种可能是报告被提交了，可对方找了人，递了条子，打了招呼，从而被压在某个关键人物的手里，以至大事化小，小事化了。

我问杂志社领导这是怎么回事，他面露难色地说：“打住吧，不要问了，也不要扩散了，更不要书生意气，这样我才可以保护你。”

我立刻明白了，他在保护我的同时，实际上也想保护他自己。我心里还是激愤难平：如果人人都这样，面对犯罪都麻木不仁，那么社会怎么办？百姓怎么办？

我把报告的内容剪辑了一下，放到了联着博客的微博上，很快就被转发，再转发，居然引起了轩然大波。同事们以极其复杂多彩的目光看着我，有赞美的，有担心的，也有嫉妒的，更多的是混合的。

我照常上班，关注着事态的发展。直到有一天，在住家小区门口，我被两个警察架进了停在路边的警车，铐上手铐。冰冷的手铐勒紧了我的手腕，疼痛钻心。

警车把我带到该省的一个看守所里，我由此失去了自由，罪名是造谣生事，煽动社会动乱。

他们要我认错，要我揭发还有谁参与了这件事，谁是后台。我一一拒绝了，并且抗议天下哪有这样颠倒黑白的！

然而不久，我又被告知可以回家了，“自由了”。我胸中升腾起一股怒气，拍着桌子说：“要我进来容易，出去没那么容易，不公开认错，不公开赔礼道歉，我宁愿把牢底坐穿。”

警察和颜悦色地说：“你出去后就明白了……”

我回家才知道，我失踪后，杂志社的领导非常震怒，他出于职业道义，找到了我们校长，请校长出面，一定要想法把我“捞”出来。我们校长真是个难得的好老头，他了解了全部情况后也义愤填膺，为我多方奔走呼吁，最终凭着他的名望，有关部门才正式启动了对那个董事长的调查程序。

由于巨大的社会压力和网络的一片谴责声的双重作用，有关部门的调查进行得非常顺利。很快，违法者成了阶下囚，招供了内幕交易的全部细节，并且退出了他分得的利益。

我在微博上被股市散户们吹捧为“壮士”、“巾帼英雄”，甚至还有人直接呼我“万岁”。

一阵热闹过去后，杂志社的领导把我找了去，很坦诚地说：“事情是画了一个圆满的句号，可我还得劝告你……”

我诧异地瞪大了眼睛，看着他。

“我不是作为领导，而是作为一个比你多吃 20 年饭的一个长者劝告你，你处事考虑不周，不该通过微博惹麻烦，结果牵动了许多人，费很大的劲，闹得沸沸扬扬才摆平。要知道，这样做对你的职业前程未必有好处。还有，谁又愿意和一个老喜欢揭内幕的人共事呢？”

我很激动，也很感激，因为这是一位领导、长者对他器重的下属所说的不带丝毫官样修饰的肺腑之言，是真心为我好。我也是第一次感受到了领导内心的是非标准和口头上的准则有时候会有天壤之别。

2

俞芸：他希望我能够抬起头来，用美丽的眼睛再看他一眼。我的眼睛曾经是那么刚毅、光亮，笑起来勾魂。可我知道，现在这种景象没有了，因为刚毅、光亮、微笑只扎根于充满阳光的心灵。

我正想着、写着，警察过来了，告诉我，有人来探监。我很惊讶，几乎不相信自己的耳朵，因为我被关了很长时间，而且行刑期已近，该来的人都来过了，该交代的后事都交代了，还有谁会想到我呢？

隔着探视的大玻璃，我看到了吕小刚，我的前夫，这是我对他的称谓，实际上我们没有离婚，可婚姻却是实实在在地走到了尽头。他如今是省报的大牌记者，事业正在走上坡路。可当初我不看好他，这么一个老实巴交的人是不会有出人头地的表现和机会的。

我和他一对视，就情不自禁地低下了头，不敢正视他，或者说没脸正视他。作为一个是行将去地狱的人面对一个是稳步登攀成功殿堂的人，哪里还有勇气去正视曾经发生在两人之间的有关人生、人生道路选择上的谁对谁错？因为这个结论已经很清晰地摆在了面前，如同风向标一样。

不过，我从吕小刚的眼神里看出，他没有丝毫想和我了断这场争论的心情，而是像一个失败者，只有哀愁。

吕小刚显然有些不太适应我的自怯。因为在他面前，我从来就很强势，尤其从他开始追求我起，在我面前他就再也没表现过男人的阳刚之气。当他终于能把我搂进怀抱里时，就像欠了我一辈子似的，还也还不清，可他还是执著地要还。

他死死地盯着我，眼睛里充满了哀伤和怜悯。他希望我能够抬起头来，用美丽得让他消魂的眼睛再看他一眼。我的眼睛曾经是那么刚毅、光亮，笑起来勾魂。可我知道，现在这种景象没有了，因为刚毅、光亮、微笑只扎根于充满阳光的心灵。

那么，我现在的眼睛是什么样子呢？我虽然没有照过镜子，不过我知道被泪水冲刷的眼睛一定是红肿的，被哀伤密布的眼神一定是凄苦的……我把头埋得更低了。

“你为什么不上诉?”吕小刚急促地说，“你打死打伤的另外几个人也都是欺负你的陈老板的帮凶。”

“欠泪的还泪，欠债的还债，欠命的还命……”我的声音越来越低，最后只在嗓子眼里打滚。

“难道就没有一点改变判决的可能了?”吕小刚追问。

我痛苦地摇摇头，不想再涉及这个勾起我痛苦的话题，于是反问：“果果呢，乖吗?”

“很乖，认识不少字了，是外婆和我教他的，”吕小刚诚挚地说，“我以后一定会让他上省里最好的幼儿园、最好的小学、最好的中学、国外一流的大学，放心吧。”

我的眼睛湿润了，我知道这话从他嘴里说出来有多难，就像在剜他的心。因为他心里很清楚这个孩子是谁的。中国男人最不能接受的是“女人出轨”。

我是把孩子托付给我母亲的，可我万万没有想到，他会一如既往地照料他，关爱他，视如己出。我感受到了他拥抱果果时就像拥抱了一半的我的真情，感受到了他对我的爱很真、很深，即使我背叛他到今天，他还不恨我……我的眼泪一下子流了出来，哭泣起来。我这才感觉到，我们之间曾经有过的爱才是世界上最圣洁的爱，可是我居然忽略了，没有好好地去呵护！

“谢谢你了。”我的声音很凄苦。我相信吕小刚的人品，果果有他照料一定会幸福的，这也意味着我该走了，因为我没有放心不下的事了。

我童年时有过短暂的不幸，失去父亲的那种思念、孤独、恐惧，都曾让我心碎和自闭。不过，我还算幸运的，遇到了一个心底善良的继父。那年我尚年幼，母亲过门后不久就想把我的姓给改了，可继父却说：“不必了，与一个不幸的生命去争最后一点骨血，太不仁义了。这不会影响我对她的爱的。”

一年后，我的弟弟林杰出世了，继父依然如故待我。我很感激，这种感激使我特别疼爱林杰。林杰顽皮、虎性，可对我却非常崇拜，崇拜得有些迷信。

一阵沉寂过后，我冲着地面说：“你现在好吗？没有受到牵连吧？”

“没有，”吕小刚缓缓地摇了摇头说，“上个月刚从外地记者站回来。我们的李副总编调到省政府政策研究室当主任了，把我一起带去，负责一个处。”

“30岁刚出头就当处长了，恭喜你了。如果能在40岁以前走完厅局长的台阶，当省部级的可能性就很大了。”我不由得抬起头，微微一笑，由衷地为他高兴，更多的也是自嘲。我也听说了，李副总编对他在我的案件调查中的表现是满意的，或许正是如此，也给他提升加了分。

吕小刚一怔，我知道他一定在想，面前的这对眼睛还是那双曾经让他魂牵梦萦的眼睛吗？我索性对着他微笑起来，让他看个够，看他还能不能找到从前的影子。

吕小刚迟疑了一会，稳稳地说：“我没想那么多，也没有那么高的期盼，只想踏踏实实地走好眼前的每一步路，规规矩矩做好眼前的每一件事。”

“唉……”我叹了口气。我知道吕小刚不是故意的，可他确确实实刺疼了我，因为“踏实”是我们争论最多的词组，我曾经把“踏实”看作为“无能”的同义语。

“对不起。”吕小刚流露出了悔意。他从来没有用语言刺疼过我，从来就不想让我吃亏。

“我只劝你一件事情，”我诚恳地说，“请相信我的真诚……”

吕小刚没有搭话，仍然默默地看着我，等我继续说下去。

“你再去找一个，成个家吧。”

吕小刚脸上掠过一丝痛苦的表情，那是从强抑的情感缝隙中泄露出来的揪心的难过。他的眼睛终于湿润了，手微微颤抖。我的眼睛也再一次湿润了，一阵揪心的疼痛，无限的悔恨。

突然，我的心底迸发出一声呼喊：“如果还有来世，如果也能让我用摔瓦罐的办法按照碎片数量来决定缘分年岁的话，我一定会高高举起瓦罐，重重地摔下，以求得无数碎片！”

吕小刚微微地点了点头，说：“不瞒你，有了，黎琳。”

“嗯，是个好姑娘。我也有感觉，祝福你。”我的声音低沉，情感复杂。

“她和你不同……老天待我太无情，为什么要这样！”

“可她比我温柔，比我更爱你。”

我们默默无语地对视着，忽然，吕小刚的眼睛里喷出了怒火，愤愤地说：“你知道吗？张国平逃跑后，据说在国外被人做掉了，是死在一所公寓里的，勒死的……”

张国平就是那家东南银行的行长。我相信，如果现在让吕小刚遇到他的话，这个有点“窝囊”的男人一定会像狮子一样勇猛，一定会和张国平决斗。因为憎恨能让人勇敢，不顾一切——从狭隘的心境来说，张国平夺走了他举世无双的老婆；从宽阔的胸襟来说，张国平是搞乱社会的人间渣滓。

“哼，报应！”我冷笑一声，继而满腹狐疑地说，“他这么一个名人怎么跑得出去？怎么一到国外就被人做掉了？好像一切都是上天精心安排的……”

吕小刚没有接话。渐渐地，他的目光暗淡了，悲伤了，死死地盯着我，仿佛怎么看也看不够，就像在和我提前诀别。

我不由得一阵悲哀。我最担心的是，他会在心里看到那具躺在洁白的行刑床上蜡质似的没有呼吸的躯体。而那具躯体曾经是天地间难得的造化，曾经令他爱得死去活来，并曾经使他立誓要呵护一生的天使。

我不想让他痛苦，也不愿意折磨自己，我毅然站起身来，退出了探视区域。

牢房里异常阴冷，我哭干了眼泪，无法入睡，眼前竟浮现出一片金灿灿的绿草地，初夏夕阳的余晖点燃了它……

那是我大学时代校园里的一块草坪，血色的夕阳悬挂在远处的天边，马尼拉草浓密柔软，温暖的晚风带着刚被修剪后的青草发出的清香滋润着每一个人的心扉。草地一侧的香樟树之间悬系着大幅银幕，银幕上淡入、淡出、摇摆、渐升、降拉，显示着学生们学习、生活的各个侧面。旁边的几棵香樟树间拉着红色的横幅——经济学院第十届硕士生毕业典礼。

典礼严肃的内容在下午就结束了，现在是冷餐会时间，毕业生们闹腾着就像卸掉了沉重枷锁的骡子，心情特别好。我们学校的硕士毕业生比较抢手，大多找到了还算称心的工作。我作为以前毕业的校友代表被邀请，还拜会了有相助之恩的校长，也对师弟师妹们说了许多，鼓励他们永远不要放弃梦想，永远不要放弃斗志。

我觉得奇怪，在那些人群里，怎么就没有看见那张圆圆的、红彤彤的、永远带着欢笑而又善良的眼睛的面孔——黎琳。她可是和我走得很近的一个师妹啊。

除了我以外，历届毕业生也来了一些，其中自然少不了吕小刚。我和吕小刚照面时，他显得特别羞涩和激动；更让我奇怪的是，他这个平时不怎么讲究穿着的人，今天竟然穿着一身特别庄重的黑色长西装，绛红色的领带把洁白的衬衣领子鼓凸出来，彰显出圣洁。他与其说像一个参加毕业典礼的贵客，不如说更像一个将要举行婚礼的新郎。

我没有多想，更没有想到这和我有什么联系。本来嘛，穿什么衣服是人家的自由，而且，我被师弟师妹们簇拥着，问这说那，索要名片，也顾不上想其他的事。这也难怪，因为我不仅是师弟师妹们心中的英雄，而且和许多人也都相识。我当过一年学生会副主席兼文宣部部长，很有人缘。我还是学校射击队的领队兼主力队员，曾带领他们中的几个参加过全国大学生运动会，还得了个亚军。

我在这所学校里学的是国际金融，硕士读的是国际政治。老师和同学们都说我很有才华，而且才气横溢，是地标性人物。我一直引以为自豪的是，许多年来社会上有这样一种说法：我们大学不是因为老师杰出而闻名遐迩，而是因为一批学生出类拔萃而驰名天下。谁要是不信就试试，没有 650 分根本别想进经济学院这扇门。

我读本科时就在全国性财政、金融、经济类杂志上发表过好几篇论文，读研究生时更是频频出手，摘得过几次全国性学术会议的最佳论文奖。我那时真敢说敢做，不论是什么层面的会议，不论面对什么官阶的人物，都毫不示弱，慷慨陈词。许多人因此评价我说：揭露时弊黑幕时笔锋犀利，维护弱势群体权益时情深意切，从使用的数据就能看出她是花了心思，费了工夫，对社会负责任的。

可有多少人知道，我的许多数据是冒着风险收集来后又经过反复推敲、论证，才整理出来的；又有几个人知道，有几次会议发言后，好心的朋友都劝我，说话要谨慎，不要血气方刚，这里不是课堂。

这种无形的压力使我感觉到社会上处处潜伏着时艰，可谓险象环生。可真正让我尝到艰难险阻的滋味的，还就是前面所说的那个ST上市公司董事长的案子。

忽然，我发现许多同学簇拥着吕小刚聚拢过来，还没有容我弄清楚是怎么回事，我就被围得水泄不通，层层叠叠地好几层。吕小刚被人推得直往我身上撞，他虽然有些勉强，却似乎是半推半就，目光炽热，内心充满了喜悦。

吕小刚追我追了好几年，真可谓锲而不舍，好多人都清楚这个公开的秘密。我是在上大三时第一次见到吕小刚的。那天他作为我们专业课老师的研究生给我们上辅导课。我发现，他看我时的目光异常发亮、凝滞而专注，我能从他的瞳孔里解读出一个大大的“爱”字。凭着女人的直觉，我知道他对我一见钟情了。果然，第二天我就收到了他寄来的火辣辣的信，字里行间迸出来的火苗可以灼伤我的神经。从此他便开始了坚忍不拔、如风似火的追求。

我看见一个学生举起双手向周围的同学摆动着，示意大家安静。我顿时预感到这帮“猴子”们接下来要演重头戏了，而且肯定与我有关，显然是他们事先经过精心策划的。

果然，有个学生一步跃上椅子，高声宣布："下一个节目是播放中国'第六代著名导演'吕小刚拍摄的新片——《彩色的云霭》。"随之他手一招，银幕上由小到大推出了片名，又渐渐地淡去，接着从银幕下端慢慢升起吕小刚的名字，紧跟着跃出的是我的清涩的大特写——侧脸微笑，瀑布般的秀发遮住了我的一部分脸，几秒钟过后又是我在学校里生活、社会上活动的画面……

我惊呆了，吕小刚从哪里摄录了这些影像资料，不过我很快就想起来了，我的确看见吕小刚鞍前马后地跑着抓拍了其中的一些镜头。有一段时间，只要我外出活动，他一般都会跟着去，身上斜背着他心爱的佳能照相机和索尼数码摄像机。不过我怎么也想不起来，还有一些镜头吕小刚是怎么拍摄的。

我强烈地感觉到，吕小刚为追求我是煞费苦心的。他制定的策略只有两个字：公开。就像非洲大草原上的狮子，在自己的领地周围留下一圈气味，发出阵阵吼声，向所有觊觎这里母狮子的雄狮子发出警告：这块领地是我的，谁要敢闯进来，我一定会拼命的。

女人们大概都是这样，只要面对的男人不那么恶心，不那么令人心烦，他的热情一定能够撬开自己的心扉，哪怕是一条缝隙；接着，他的热情便可能穿过缝隙，温暖心房。我就是如此，像被人赶鸭子上架似的接受了他的约请，和他约会进而和他拥抱，和他接吻。我看着银幕，再次被他的痴心所感动……

画面中出现了吕小刚。他手捧一束红玫瑰，单膝下跪，脸朝上仰望。

人群欢腾起来。

吕小刚以同样的姿势跪在我的面前，玫瑰花送到了我的胸前：

“芸，我们已经相识五年了，我也爱恋了你五年，请接受我的求婚。”

他真挚地看着我，期待我接过那束玫瑰花。

学生们也一个劲地呼喊起来，催促着：“接受，接受，接受……”

我感动得满脸羞红，却又犹豫不决——不是不喜欢吕小刚，也不是说吕小刚不出色。其实，吕小刚很优秀，在学校里时就有许多女孩子欣赏他，他几乎是她们心目中的白马王子。论姿色，那些女孩中有些人绝对不在我之下；论智商，能在这里读书的都不会弱到哪里去。我听说有几个女孩正大胆地追求着他，其中一个和我的关系还挺不错的。

可即便如此，对他，我还是觉得难以真正爱起来；我是说深爱不起来，或者说他远非是那种我愿意用一生去陪伴的另一半。为什么？我也说不清楚。朋友们都说我眼界太高，其实并不尽然，我总感觉他有点懦弱、内向、循规蹈矩的可怜，不是男人中的极品，不是我最理想、最合适的伴侣；而且，我的天性喜欢折腾、闯荡，我担心结婚后他会禁锢我，或者受我连累。

吕小刚依旧跪着，铁了心地跪着。我知道他在做最后一搏，我也终于明白了为什么他今天会穿得如此庄重。四下里又响起了一片喊叫声：

“同意呀，接玫瑰吧……”

“这样的男人会忠于你一辈子的……”

“不要犹豫了，一犹豫就会被人抢走的……”

起哄的人越来越多，人群中还出现了我的老师、院长，大家都想在这“临门一脚”时使点劲，将吕小刚推向他理想的彼岸。

吕小刚也被这气氛烘托到了极点，大声地说：“请接受我的求婚。请相信我，我会一辈子追随你，让你幸福的！”

我知道跨出这一小步意味着什么，就意味着我迈出了人生的一大步——把我的一生、我的理想、我的信仰的赌注都押在了这束玫瑰上。我忽然冷静下来，想起母亲所说的一句话：都 26 了，再不找个婆家就要做“剩女”了！剩女是什么呢？是一辈子嫁不出去……也不知在何种心态的指使下，我的手竟然不听控制，慢慢地伸了出去，接过了那束玫瑰花，并且本能地扶他起来。可是他仍然不愿意站起来，还从衣袋里取出一个红色的小盒子，小盒子里装着一枚钻石戒指。他捏着我的手，深情地吻了一下，轻轻地戴上戒指，然后才慢慢地站起来。

“亲一个，亲一个……”人群不依不饶地喊着。

一时间掌声雷动，我用余光瞄了吕小刚一眼，见他满眼都是泪水，激动而满足。我也一样，心里充满了喜悦。

3

俞芸：我天生就不喜欢平平静静地过日子，规规矩矩地熬年头。我时时刻刻都想折腾，如果有一段时日不折腾出一两件有响声的事情，就会觉得浑身的细胞在溶解，灵魂在崩溃。

吕小刚没有背弃诺言，婚后对我百般体贴，千般呵护，无微不至得使我感到有点肉麻。

他每天回家总是先打开音响，放一段幽雅的流行歌曲，接着就是下厨房，烹制一手地道的无锡菜。因为他知道我的母亲是无锡人，我喜欢吃无锡菜。我生日那天，他还送来一束红玫瑰，用浪漫情怀温暖着我。

他还很会揣摩我母亲的内心，总是顺着她的心思来，哄她高兴。有时候就像我母亲的一个跟班，只要母亲一开口，他就会风风火火地跑进忙出，天晓得一个文弱书生怎么会有如此大的劲道。

可这一切对我来说，越来越觉得乏味，到后来甚至只能刺激起一丁点感激的涟漪。婚姻的幸福感在我的心里很快就消退了，我每天像被禁锢在一个狭小的空间中不能动弹，日复一日地品尝着油盐酱醋烹调出来的单调的日子。可吕小刚却整天洋溢着笑容，袒露着知足。我知道他是真的中意和珍惜这个婚姻，因为他明白这段婚姻来之不易，是经过艰难而执著的追求得来的。其实他是知道我的志向和情趣的，不过他偏偏安排错了方向。

我暗示过他，眼前的景象不可能持久，我不会满足这种小家子的气氛的，奋斗才是我生活中永恒的主题。我把人生一世看作一个过程，我注重结果，但更注重过程。我追求过程中的激烈豪迈，享受过程里的跌宕起伏。我还说过，所有人的结果都一样，都是装在那个小“木头盒子”里。至于说那个小木头盒子是放在“八宝山”的前面还是后面都无妨，如果灵魂有知，即便小木头盒子不入八宝山，甚至被抛进大海，也可以过去溜达一下。

为了让我适应眼前的生活，不让我轻易产生突破这种温馨气氛的念头，吕小刚总是不厌其烦地劝我：“不要急，每天做好手头上的事，平平稳稳就是事业。比如我，我的处长 40 岁，他还要上升，熬年头也该我接班；你们的主编 50 岁了，再过 10 年、20 年的，他这一代人早就回家了，熬也熬到我们这一代了。”

我最不能接受的，也可以说当初我之所以对他的追求表现出犹豫的，就是他的这种“熬”的人生哲学和逻辑。我天生就是一个折腾命，不喜欢平平静静地过日子，规规矩矩地熬年头。我时时刻刻都想折腾，如果有一段时日不折腾出一两件有响声的事情，就会觉得浑身的细胞在溶解，灵魂在崩溃。

其实，我刚毅坚强的外表背面也很柔弱。我认为女人再强势，也总似流水一样柔和，而男人再软弱也应该是大海，宽阔、深远、炫人地接纳流水的归来。我时常遐想，自己像一只温柔怯懦的小鸟依附在一个宽厚、敦实、大得像海一样的胸怀里……我渐渐地清晰了，我心目中的白马王子是一块我能够依靠的磐石，是一个能够呵护和征服我的人，就像莎士比亚笔下的奥塞罗，哪怕他的皮肤黑得像焦煤。可漫漫的搜寻里程告诉我，能征服我、让我崇拜、被我敬佩的男人犹如凤毛麟角。我感叹的是，在茫茫人海中遇到极品男人的机会如同在浩瀚宇宙中两颗耀眼的恒星相互撞击的概率一样，非常低，低得几乎不可能。

我开始抱怨自己命运不济，赌咒老天爷对我不公，没有让我在需要婚姻时遇到我梦寐以求的极品男人。同时，我又怜惜起吕小刚来，觉得他是情人眼里出西施，把我看得太完美了，完全忽视了我美丽温柔的外表下面包裹着的一颗刚毅、崇尚自由、渴望追逐和征服的心。这颗心只能跳动在雄鹰的胸怀里，不是兔子的胸腔里。说到底，我不适合他。我有一种预感，这颗躁动的心迟早会把他现在依然沉浸在其中的梦一般美丽的幻境打碎。可悲哀的是，直到现在为止，吕小刚还没有想到自己千辛万苦追求来的姻缘到头来很可能会给自己带来一辈子的不幸，带来刻骨铭心的伤痛。

杂志社公布了最近一段时间的工作安排，这个安排对年初工作计划做了些调整，增加了许多与时俱进的新内容，要求我们更多地关注和锁定社会热点问题。社领导对这个调整讲得很简洁，落实到我身上就是："去年，你揭露了那个上市公司内幕交易的案子，社会反响总体不错，今年呢，你要考虑怎样才能保证年年有惊喜的问题？"

我的第一个感觉是，领导的思路很矛盾，对我去年做的那件事，说好的是他，说坏的也是他。这一点我可以理解他，因为这种矛盾心态很可能是社会矛盾心态的一种折射。我的第二个感觉却很不好，觉得压力很大，去年的事已经让我体验了一次精神濒于崩溃的感受，如果还要再创惊喜，我又将如何应对？

一些时日过去了，我在工作上依旧无所作为，领导整天给我看的是一张阴沉而拉长的脸，这脸就是无形的压力。没有人愿意成天和这样的脸对视和共处，而且杂志社内部同事之间的半公开角力和竞争，也让我消受不起。我忍受不住这高度紧张的精神磨难，承受不住这喘不过气来的压力。

不过，我还是理解社领导调整工作计划的动机和决心，这是为明年杂志社探索新的发展空间的一次预演，或者说是提前准备。其实，对这种调整我和社里的其他年轻人早就呼吁过，我们曾经提出杂志除了承接省领导交办的任务外，还要主动出击关心社会热点问题，不能老是刊登那些深奥的论文，尤其是一大堆数学模型、推导公式，写的人很累，读的人更累，除了那些“呆头鹅”愿意津津乐道、孜孜不倦地推导外，没有几个正常人看得下去，或者愿意看。如此下去，杂志社的路会越走越窄，最后输给博客和微博。

为了让这种呼吁更具说服力，更能蛊惑人心，我时常拿我自己的一段经历现身说法。有领导曾为我介绍了一个男朋友，据说对方是从美国回来的经济学博士。他为了表示对我的爱意，显示自己的天赋，竟然能推导出一个数学模型，证明我和他是天生的一对。这个模型使用了七八个变量，如星座、血型、生辰八字、属相，等等。整个推导过程写满了 5 页 A4 复印纸，密密麻麻的“X”、“Y”、“Z”、根号、等式、积分符号、矢量尖头等，就像无数只蚂蚁，不仅爬在纸上，而且在我脑子里乱咬。他还振振有辞地说，如果有可能做成图像的话，那就是八维空间。我一阵眩晕，心想，人世间能够看到摸到的只有三维空间，四维就虚无缥缈了，别说八维，八维空间一定不是正常人能够想象和生存的地方。这个男人竟然愿意为一个不是正常人呆的地方奉献一生，还有什么人性和情商可言？简直是天方夜谭。我被他灌了一脑门子糨糊后，只能记住和说出两个字：“拜拜。”

几天后，领导拿来了一份不怎么起眼的小杂志要我们读，说是让我们开开眼界。那份杂志揭露了一桩食品安全事件，弄得全国震动，引起了中央首长的关注，等于放了一个大炮仗。领导抱怨说：“你们看人家，要么不鸣，一鸣惊人。我们虽然都尽力了，可到现在为止，还只弄了一些不大不小的新闻案件，做不到那么大的响动。”

接着领导召集我们开会，继续在会上敲打我。他怕我误会，反复地说，不是想刁难我，而是想用重锤敲我这面响鼓，因为我是他的希望，杂志社的希望。他的态度很诚恳，我被深深打动；同事们也把我看成“王牌”。可他们哪里知道我的苦衷，因为过大的压力可能会压出成绩，也可能会压垮人，更可能会压得暗渡陈仓——作弊。

我一再表态，请领导放心，我会再接再厉，希望不久便见分晓。散会以后，我为自己的冲动感到眩晕和虚脱。我哪里能够轻而易举地抓住一个能引起中央领导重视的热点新闻追打下去？而且在潜意识里，我每每想起被跨省拘捕的痛苦时还感到阵阵后怕和恐惧。同事们都说我现在成熟和谨慎多了。其实，我很清楚，要找一个新闻热点并不难，周围就有，光怪陆离，可许多光怪陆离的现象背后都有故事，许多胆大妄为的行径背后都有原因；这些故事都很精彩，这些原因都很迷人，然而精彩的故事和迷人的原因后面都连着骨头牵着筋，不知道从哪里连通到哪里。

我不由得抱怨起来，这些应该是男人们挺身而出所做的事情，为什么偏偏要我一个女人来担当！作为女人，我时常觉得累。我明白这怪不得谁，是自己找的，是自我折磨。人生舞台有时就像古罗马的角斗场，虐杀无度，噬血成性，充满了落败者的哀鸣、胜利者的歌声、被遗弃的遍体鳞伤的躯体。可人们却是在这种死亡争斗中从野蛮走向文明的。此情此景，男人都觉得恐怖、胆怯、筋疲力尽，不堪忍受，何况女人？

这又让我情不自禁地想到，如果我的丈夫是个极品男人，我就不会有这分劳累；相反，我还可以靠在他的肩头上，借着他的光泽的反射，做个月亮夫人，天下人不是一样在为月亮的光辉吟诵篇章吗？有谁会去挑剔月亮光辉的出处。如果说做月亮夫人也有劳累的话，那也值了，因为月亮的高度足以让万民仰望。难怪《红楼梦》里贾雨村在落魄时会有一番感慨："天上一轮才捧出，人间万姓仰头看。"

我也是血肉之躯，也有利益权衡，不甘心久居他人之下，所以，即使接受了吕小刚的红玫瑰，我还有波折。人们可以说我"不安分"、"想出轨"，这又怎么样呢？人生一世，有什么代价大得过此？

既然想到了这一点，对什么是极品男人我就不能停留在一些不可操作的抽象标准上，必须具体化，有可操作性。于是，我尝试着建立标准，罗列了一串财富尺度，可马上就觉得俗气。我又选择了一串行政性尺度……剔除了眼花缭乱的东西后，我最终选定了一个尺度，那就是能够当上省、部长的男人才算得上是人杰。当然，如果这样的男人富有情商，幽默而浪漫，那就更绝了。我想，人世间应该不缺这样的男人，俗话说英雄难过美人关，称得上英雄的男人一般都喜欢美丽的女人。不过我得声明，我讲的情商、浪漫和下流、糜烂、淫色是两回事。

可现实总是让人们在无数的悬念中博弈，悬念和博弈铸就了婚姻的赌博本性。试想一个20多岁的毛头小伙子，谁敢定论他今后注定就会拜将封侯？做官，尤其是做大官的逻辑扑朔迷离，绝对不是把智商和品行简单地综合在一起就行了。人们会说，成功的人都很聪明。我却要说，失败者也未必愚钝，许多失败者还聪明无比。除此以外，即使选对了人，逮到了"黑马"，还得要有经历许多坎坷和苦难的准备。许多女人最后说，她选男人选对了，这句话往往隐含着一段艰辛的故事——很有可能是她带着坚强的信念扶着男人度过了最落魄的时光。

那么，如果人们不想在悬念中博弈，就必须面对一个严酷的现实——现成的人杰大多并不是年轻人，大多有内眷，自己硬生生地挤进去，当个情妇，那拼杀的代价可就大了，弄不好还会搞出许多绯闻，毁了人家的前程，还赔进去了自己。

有一次我偷闲走了一趟“潘家园”文物市场。我质疑摊位上文物的真实性，可那位摊主一点也不恼，还说：“从我摊位里拿出仿制品不算什么本事，因为这上面绝大部分都是仿制的。如果你真是个行家，就请从这里面挑出真的来。”

我愕然无语，马上联想到要在芸芸众生之中，挑选出经得住时间淘洗的极品男人，唯上帝才有这个智慧。

梦想归梦想，我还必须面对现实打发每天的日子。面对压力，为了生存，为了减少硬碰硬的冲撞，我免不了要向社会世俗低头，顺应潮流。尽管我承认自己心境颇高，崇尚自由和人格平等，在骨子里根本瞧不起那些只会在领导面前献媚溜须、低三下四的人，尤其厌恶那些不知廉耻，只会功利算计，什么事情都愿意干的女人。

为此，我也学会了用热面孔应对领导冷眼的把戏，用阿谀奉承的话哄领导高兴的技巧，有时甚至刻意在领导面前装出一副天真的样子，因为睿智而刚毅的女人恰倒好处地表现一些天真更能博得人们的欣赏。不过，我有一条底线，绝对不上床邀宠，谁要是想骚扰我，我一定反击，大不了走人。

我给自己的这些行径找了一个理由，叫忍辱负重，忍自己的辱，担负为社稷、为黎民呐喊、牟利之重。

4

俞芸： 我笑而不答，我的感觉告诉我，吕小刚对张国平非常崇拜，真心实意地想用媒体的力量再推一把这个为省里作出突出贡献的人，好让他尽快再上台阶，造福于民。

前些日子，母亲来探望我时说，吕小刚每天下班都来家里看望果果，带给他点心，关心他学习和托儿所里的生活。没说几句，母亲就泪流满面地说："作孽啊，好好的一个家不要，硬要往死路上走；规规矩矩的人不要，偏要相信那个爱闹腾的人。"

我知道她在讲张国平，在拿张国平和吕小刚比较。我泣不成声了，叫她别说了，因为这些话除了能扎疼我的心以外，没有任何其他用途，人世间是没有后悔药的。不过，我非常理解母亲，她是个本分的百姓，这辈子只想嫁个对她好的男人，只图两人世界充满温馨和愉快，没有太多的奢望。现在，我才真正体会到，没有太多奢望的婚姻才是婚姻的理想境界。

母亲痛心地说："我对不起你父亲，我很后悔，后悔没有像你爷爷管束你父亲那样严格管束你。"

我想起来了，在我的日记里，有我记叙爷爷的一个片段："……几十年过去了，什么都在变，就是我爷爷说的真理没有变。爷爷是共和国官员系列里最小的官——大队党支部书记。那时候农村还实行着人民公社、生产队体制。他不认识几个字，还是解放初土改那年扫的盲，说话土气、直白，却容易钻进心里。他说：当干部的道理有几千条，只要记住三条就够了——道路不要走错，口袋不要摸错，床铺不要睡错。

我失声痛哭起来，我恨自己怎么就忘记了爷爷的教诲。我多么希望爷爷能够站在我面前，用皮带抽打我。

我哭了好一会才说：“妈，你说的都对，我只求来世再做你的女儿。果果就拜托你了，小刚毕竟……”

我抹着眼泪，说不下去了，心里隐隐作疼。母亲默默地点点头，没有说话。她理解我的意思，也知道这是我的隐痛，不愿意去触碰这个伤口。

有一次，我的顶头被杂志社的主管领导叫去训斥了一番，说他工作没有进展，缺乏思路。他回到办公室时，脸上青一块、红一块的，恼羞成怒，连忙召集我和同事们开紧急会议，把一肚子怨气全部撒向我们，接着又挨个“敲打”，将任务分解到我们每一个人，还说：“任务将和提级、绩效工资挂钩。”

我原本对钱没什么概念，还经常自嘲不是个做生意的料。我每天接触的文章，谈的都是总理、部长、省长们关心的事情，既大且重，可如今被领导这么一提醒，倒觉得手头是有些拮据。

那天下班，我心情特别不好，和别的女人一样就想找钱出气，似乎钱撒出去得越多，气消得越快。正如人们所说，男人受闷气时喜欢喝酒，女人受闷气时喜欢“烧钱”。

我路过太平洋精品广场时，两条腿不由自主地就带着我往里面走。进了广场，我发现从我两边一擦而过的许多年轻女孩都挺胸平视，尽管她们中有几个挺得并不么样，简直就是“太平公主”，比我的差远了，可她们挎的包却是“CHANEL”、“PRADA”，提“LV”的已寥寥无几。我不由得垂下手臂，把挎包改为提包，让包尽可能低到贴近地面，以避人眼目；偶尔路过垃圾箱，我就恨不得想把它扔进去。

一段时间以来，这些奢侈品牌一直刺伤着我的自尊。我每次去那些高档写字楼采访时，扑面而来的全都是奢侈名牌，弄得我不好意思提着手里的这个包进进出出，很是自卑。

我早就想换掉手里的包，只是囊中羞涩。我们杂志社没有多少钱，小刚也是个没有非分之想的人，成天只想着小心做人，当好主任科员，若干年后再弄个副处当当……结果就是些死工资。

我在一个“PRADA”专卖店门口转悠了好长时间，一个服务小姐热情地邀请我进去看看。她丝毫没有怀疑我的购买力，说话也没有让我难堪：“请进来看看，式样不喜欢没关系，可以过几天再来……”

我只有一个念头，不能丢人现眼。于是，我稳步走了进去，一冲动就让导购小姐给我挑选了几只，也不问价钱，我知道问了以后反而会挫伤我的勇气。

其中有一只包做得真精致，颜色也大方和谐，我拿在手里翻来覆去地看简直爱不释手，导购小姐也在边上游说，怂恿我下手。我几次想开口问价，又咽了下去，唯恐问了以后吓一跳，没了退路，还可能给对方留下一个丑陋的穷酸形象，甚至被人耻笑。

我听人说过，来这里买包的人都不顾忌价格，买包就是得讲究掷钱有声的派头，就是要买导购小姐羡慕的眼神，哪怕这个眼神很短暂，以后再也不会遇到。

终于，导购小姐忍耐不住了，微笑着说：“已经降过价了，才 1 万 5。”

我微微一怔，内心激烈地波动起来：到底是买还是不买？不买会丢人现眼，买吧，这得花去我好几个月的工资，就为了一只名牌包……

“唉，”导购小姐轻声一叹，离开我去接待其他客人了。

这一叹息深深地刺激了我，我一咬牙，说：“小姐，这个包我要了。”

导购小姐捷步走来，引我去柜台付钱。当我的招商银行信用卡一过 POS 机时，我的手机就收到了短信……我真不知道今天回去后怎么向吕小刚解释。

我拖着发胀的小腿回到了家里，进门以前，我开始锁紧眉头，我想让吕小刚知道我心里不爽，只有这样，他才不会轻易发飙，才会接受我买奢侈品的事实。

令我诧异的是，吕小刚今天显得特别高兴，一脸喜悦，还哼着小曲，他接过我的包和装着 PRADA 的纸袋，又转身到厨房里为我端出一杯红茶，让我先在沙发上坐下，歇歇脚，接着小跑似的进了厨房，不多一会儿就奉上了精心烹制的菜肴，摆了一桌，色香味俱全，吊足了我的胃口。我真猜不透他是否掂过 PRADA 的分量，或许是另有喜事冲昏了头脑。

我讪笑着说：“有什么喜事呀，好像特别高兴嘛？”

“我前几天不是熬夜写了篇调查报告吗？交上去了，处长看了很满意，还批了几个字呢。”

“嘿嘿，”我一听就倒了胃口，“小处长表扬几句就美得不行，真是没有见过大世面。你看我做的调查报告，还有省委副书记批示哩。”

“我们省报哪能像你一样，随随便便就越级报告，而且一越就好几级，”吕小刚声音低沉，不敢看我，“我相信按部就班，稳稳当当一定会有好结果。”

“你也够窝囊的，”我冲了他一句，“还算一个男人？”

“县官不如现管。他哪怕就是你的普通同事，让他高兴也不是什么坏事。在一个单位里，人人说你好是最重要的。”吕小刚依旧微笑着。

我没有心思听他说教，也不想和他争辩，而是草草地扒拉了几口饭就结束了，几乎没怎么动他的一桌子精湛“作品”。

吕小刚有些失望，兴致被我搅了。他本来是想和我一起美美而慢慢地享受面前的美食。可他没有恼，显然已适应了逆来顺受，继而问：“你好像有什么心事，我能帮你吗？”

“又压任务了。”我没兴趣多搭理他，心想，你能帮我解决什么问题？

“什么样的任务？”吕小刚追问，还是想为我分忧。

“要和那个董事长的事情相似，有响头。”我有些不耐烦地回道。

“你是怎么想的？上次的苦头还没吃够！”吕小刚情绪有些激动，“抓那种事情风险很大，人家报复起来我们也扛不住。一句话，如果你把自己的业绩建立在别人遭罪的基础上，长此以往肯定会有危险，会捅出更大的娄子的。”

“哼，”我冷笑一声，看不惯他那种谨小慎微的德性，于是冷冷地反问，“你又有什么高见？”

“你可以做些补台、唱赞歌的事呀。譬如从表现突出的企业、事业单位、政府部门中发掘一些超常规的经验。如果你同意，我手头上就有现成的题材，我可以让给你去做，我可以再找其他机会。”

“唱赞歌？每天不绝于耳，还能吸引人们的眼球？简单说吧，如果我同时推出两篇文章，一篇是歌颂董事长共产党员高风亮节，另外一篇是揭露他贪污腐败养小蜜，你要看哪一篇？哪一篇看的人多？”我的语气有些生硬。

“我的话没有讲完，你也不要对其他内容都抱有偏见。”

“说吧，什么题材？”我料他捏着的也是些饿不死也吃不坏的内容。就凭他那种四平八稳、不想出头和突破的做人哲学，能有什么激动人心的东西！

“东南银行呀，”吕小刚看着我，语气坚定地说，“自从把张国平从省工商银行挖过来以后，东南银行发展很快，把同时间成立的其他省的几家商业银行大大地甩在了后面。到目前为止，东南银行已经在北京、上海、广州、杭州等地设立了分行，明后年还准备上市。这种超常的速度背后一定有超常的大思路。”

“我也听人说过，这个人经营思路很宽，很新颖。这种题材可能没有多大的轰动效应，因为正面题材只有行业内的人关心；揭露黑幕的题材才会有广泛的人气，哪怕许多人根本不懂银行那点事情。”

“你前半截话讲对了，东南银行有今天，很大程度上归因于张国平的个性和个人魅力。这个人的工作方式很专权，正是这种专权才有效率，才能把奇思妙想贯彻下去。东南银行里有歌颂他的曲子和舞蹈，还印发了他的语录，在一些办公室里还挂着‘国平你好’的匾……”

“这是什么气氛，我怎么觉得他像个土皇帝？”

“别这么说，这种气氛保障了步调一致。本来嘛，什么事情商量多了，八人八个意见、八种想法，一定弄不成事，甚至还会坏事。这也符合中国的国情嘛。”

“那么，他要是滥用权力怎么办？权力异化了怎么办？这似乎和社会潮流不太一致嘛。这是一个草根的时代，所谓的英雄崇拜早已离我们渐远，而且英雄能治世、毁世的也往往是英雄。”

“我佩服你的就是这个聪明劲。你说得对，这题材表面上是歌功颂德，其实，真正值得发掘的玄机就在这里，”吕小刚感慨而略带羡慕地说，“听说张国平还是省政府秘书长的热门人选，书记大人很看好他；而且，据说秘书长的位子也只是个过渡，他迟早是要进常委的，让他负责和推动金融立省的战略，进了常委可就是副省级了。”

不知怎么的，我突然有了一种冲动，表现出了极浓的兴趣，说：“我怎么才能联系得上他?”

吕小刚笑着说：“我有个小学和初中的同学，叫罗志远。他家就在我母亲家后面，一个弄堂里，隔着两栋小楼。那时我们天天在一起玩，可长大以后各奔东西，最近又联系上了，他就在东南银行总行当办公室副主任。我和他说起过做专访的事，他答应安排。”

“哦!”我有点喜出望外，却又故意显露出一丝疑惑，因为我不想让他太得意。在这个家里，我就看不得他高我一头。

吕小刚不想和我争高低，可也受不了被我轻看。他认为，被女人轻看久了，婚姻就有被拆散的危险。他情急之下为了证明自己的能力或人脉，就给罗志远打了个电话。

电话里，罗志远的声音很响，显得很高兴，而且满口答应，我听得很清楚。不过，他后面说了一些什么我没有听清楚，感觉似乎是他对自己的顶头上司、办公室主任颇有微词。他全然不顾官场忌讳——不轻易在背后议论顶头上司——急吼吼地袒露出取而代之的心情，似乎少有涵养。

吕小刚劝了他一会儿，收起手机笑着说：“搞定了，罗主任安排好了就通知我。”

我也微微一笑，给了他一个好脸色。本来嘛，帮了这么大的忙，给这点回报也算不得多。并且我凭经验知道，我的一副好脸色足以打发他了，因为假如我脸色难看一天，他就会一直挂在心上琢磨好多天，非要弄明白我为什么不高兴，想清楚他哪里做得不对，以便今后改进。果然，他马上接受了这分回报，也附和着笑了，笑得憨厚，夹杂着奉承。

“你今天的菜确实下工夫了，可惜我没有心情，以后补上吧。”我进一步夸道。

他的兴致更高了，乐呵呵地给我出点子，告诉我如何去做那个调研：“这个调查涉及面比较大，好在我收集了一些资料，你可以从几个典型的案例入手，最突出、最典型的就是金穗集团了。一个不起眼的、谁也不看好的中等企业，活生生地就在他的支持下，乌鸡变凤凰地脱胎成省里知名的大企业集团；反过来说，金穗集团也成了东南银行的基本客户，有力地支撑了东南银行的增长。”

“看来，他在判断企业的成长性方面有一套。”我说。

“是的，精明的银行管理人员赢就赢在企业的起步阶段，而企业起步阶段最需要的是银行的精确判断和准确预期。”

“你好像很欣赏他？”

“我有吗？”

我笑而不答。我的感觉告诉我，吕小刚对张国平非常崇拜，真心实意地想用媒体的力量再推一把这个能干而强势的人，好让他尽快再上台阶，造福于民。尽管他对张国平也有负面的评论，可总体来说还是正面的，那个负面的问题涉及很深，不是一两天说得清楚的，也不是一会儿工夫解决得了的。

我根据吕小刚的介绍，提炼出了一个独特的想法：张国平很可能是一个值得我观察、研究、剖析的典型人物。这个人物不仅折射着中国社会大转轨时代的特征，蕴涵着新时代英雄人物成长的特质，也正好迎合了我寻觅英雄的苦心。我非常想了解一个出类拔萃的男人在他的一生，尤其是年轻时，在各级职务转换的关键时刻，到底有什么与众不同。

我突然冒出了一个奇怪的想法，张国平长得是什么模样？可我从来没有见过他，于是就套用我梦中最阳刚的男人形象来描绘他……一个女人突然注意起男人的形象，说明她心里已经泛起了好感的涟漪。

“你在想什么？”吕小刚小心翼翼地问，“是不是又想着有一天让你的名字和那些被历史垂宠的名字排在一起，譬如张爱玲、徐志摩、老舍、巴金、冰心……”

“哪里呀，我只是想写一本书。”我开玩笑地说，“当我把十个张国平研究透彻了，我就可以写一本书，叫《如何判断金龟婿》，女孩子们一定会抢疯的。”

“哈哈……”吕小刚大笑起来。

我见他心情特别好，就把话题引到皮包上了，说：“你没有看见我今天买的那个包了吗？”

“看见了，我做记者的能不知道它的价钱吗？只要你喜欢，我就高兴。”吕小刚有些羞涩地说，“你的人都是我的，这个包不就是我在用吗？”

我一阵激动，深情地看着他，吻了他，说：“难得你有这样的想法。”

吕小刚抱起我，走进卧室……

事毕，吕小刚斜伏在我身上，看着我调侃起来：“这世间许多人比我富贵，可都不如我有艳福。你知道吗，据说张国平的老婆……”

5

罗志远：我怎么才能挤兑我的顶头，我的优势在哪里，我的秘密武器又是什么……我有一个天大的优势，而他没有，那就是张国平离不开我，我以张国平马首是瞻，帮他做过的那些活，替他安排过的那些事，恰恰都是我的顶头不愿意做而且羞于安排的事。我记得有一本书上说过，为领导办十件好事不如为领导办一件坏事。为此，我信心十足，只等机会上门。我相信，只要有耐心，老天一定会赐我良机。

逮捕我的那天，我很恐慌。我过惯了放荡不羁、自由自在的生活，一想到从今以后要在阴冷的牢房里度过漫漫长夜，就有一种难以言表的恐惧。我顿时后悔莫及，可如今也麻木了，因为路是自己走的，应该料到迟早会有这样的结局。不过，不幸中的大幸是，除了告我受贿、挪用银行资产外，没有说我强奸——强奸下属孔红，否则数罪并罚，我真的要被关到老死为止了。

检察官说我，做了那些事情应该料到会有今天这样的结果。我不接受，如果这种因果关系是必然的，我断然不会去做那样的事。我相信很多人也会三思而后行。事实上，不是还有许多人依然逍遥法外吗？谁让我生活在这个年代，赶上了这个时光。

那天，我接到老同学吕小刚的电话，请我安排他老婆——俞芸专访张国平行长，我高兴得一宿没有睡好，因为我一直在想找一个机会狠狠地捧一捧张国平。

张国平对我有伯乐识马之恩，读得懂我的长处，是他把我直接从分行下的支行行长越级提到总行办公室当副主任的。我听说提我的时候，总行、分行很多人有意见，有的意见还相当尖刻，至于说张国平是怎么力排众议，平息议论的，我不是很清楚。可有一点我是知道的，只要张国平愿意、想干，随便什么东西都是理由。据说在总行党委会上讨论提升我的议题时，张国平拍板后，没有人再敢公开反对了。

说实在的，我也看不出自己有多少过人的本事和业绩，当然也不是说我不能胜任副主任这个职位。如果有人敢当面说我不能胜任，我还真不服，还真要和他较较劲，理由很简单，如果让我去考省里最好的大学，我是八辈子也考不进的，可让我直接进去读书，未必读不下去，未必不能毕业。至于说张国平为什么那么看好我，肯定我，我也知道其中真正的原因，只是不想白底黑字地留下把柄。

其实，我还有一个考虑，想继续升级，扶正当主任，人若不能上升就必然会被其他人踩下去。自从我当了办公室副主任后，就和我的顶头上司——办公室赵主任搞不到一起去，关系处理不好，他对我不屑一顾，冷不丁什么时候就会挖苦我一下，作弄我一会。我也知道和他改善关系很重要，曾几次主动讨好他，找机会送礼给他，想和他套个近乎，可换来的全是白眼，真是热面孔贴了冷屁股，再是个无赖也有自尊啊。最近更让我难以忍受、如芒在背的是，有人告诉我，他频频在其他行长面前贬损我，说我路数不正。

这等于把我逼上了悬崖，使我不得不考虑一个问题：既然不能在一个锅子里吃饭，就要敢于掀桌面、砸锅子，闹个你死我活，否则永无宁日。可我也有自知自明，就凭我的底子，在正道上或者说在正面战场上是斗不过他的，因为和他相比，我的文化功底较差，根本谈不上有什么经济理论的修养，操守名声也不如他，行长的各种报告尤其是给省里的汇报材料离开他就做不成，而且他在省里也有一定的关系，为官的资历在我之上……可我不甘心啊，如果我接受和承认了这样的优劣势比较，那还有什么好斗的？不就只剩下投降一条路了？

我为此痛苦过很长时间，甚至还狠狠地捶过自己的脑袋，质问自己，难道我真的无路可走了吗？难道在常人脑力所能及的路子以外，就真的没有其他路数了？或者说，还有没有一条路子隐藏在哪里没有被我发现？如果真是这样的话，我束手就擒就冤枉到家了。

我偏不信这个邪。我的人生哲理就是“好死不如赖活”，幸福，财富，充实的人生，是我永久的追求。有人对我说过一句俏皮话：“没有拆不散的婚姻，只有不努力的小三。”我也应该下这个决心：没有挤不走的能人，只有不努力的庸人，没有胆量的懦夫。

那么，我怎么才能挤兑我的顶头，我的优势在哪里，我的秘密武器又是什么……经过一番琢磨，我发现，我有一个天大的优势他没有，那就是张国平离不开我，我以张国平马首是瞻，帮他做过的那些活，替他安排过的那些事恰恰都是我的顶头不愿意做而且羞于安排的事。我记得有一本书上说过，为领导办十件好事不如为领导办一件坏事。为此，我信心十足，只等机会上门，我相信，只要有耐心，老天一定会赐我良机。

为了安排好这次专访，让张国平高兴，我特意约见了一次俞芸，我的初衷是想详细了解俞芸的想法，好细致安排。

俞芸应约而来，当她缓缓步入万豪大酒店的商务酒吧时，我惊呆了——人间怎么会有这样美丽的女人，简直就像从画里走下来的一样，天上掉下来的一般。我不敢正视她，把目光移向别处，就像许多男人不敢正视绝色美女一样，可又心猿意马地瞄了回来……她的皮肤白皙细润像乳玉，眼睛被黑色的细线勾画得又大又亮，白色的套装衣裙收紧着腰身尽显撩人的曲线。

俞芸落落大方地伸手给我。当我握着那细嫩柔软的小手时，心怦怦乱跳，简直有些醉了。可我心里很清楚，这种女人不是我能碰的，连想都是一种奢侈。我不由得夸奖起来："俞小姐真漂亮，而且气质也很好。"

"谢谢。"她微微一笑，细声细气。

我几乎无法控制住自己的冲动。不知怎么的，我有了一个想法，如果把她安排和张国平相面相识，无异于是替张国平找到了一位最杰出的心灵按摩小姐、灵魂与身躯的挚友，一定能够让张国平体验到前所未有的爽快。

我相信张国平绝对抵挡不住她的诱惑，如果再加上我的撮合，他们今后一定会有故事……忽然，一阵阴郁袭上心头——我这样做对得起吕小刚吗？不是在出卖他吗？这一切还都是他起的头呀。如果被他知道自己被卖后还帮着数过钱，他再老实也会拿刀来杀我的……可是，这机会……

我急不可耐地把俞芸的想法转达给了张国平，他开始还有些为难，说现在是他的关键时刻，太张扬了容易得意忘形，容易树敌，对前途没有好处。

我坚持着，不依不饶地劝说着，暗示他绝对不会后悔这次会面。我心里很清楚，我不能退却，一退却就等于少了一次讨好的机会。

张国平见我很认真，就犹豫了。我趁势把俞芸赞美了一番，把她描绘得像西施一样美丽，像李清照一样智慧，说得他眯缝起眼睛微笑着频频点头，说："那好，就见一下吧。时间不要长，半个小时。在后天下午，插在两个专题会议之前。"

"要不要和赵主任说一下？"我赶紧接上一句。我知道姓赵的最烦我瞒着他安排张国平的活动，最警惕我在张国平面前的表现；许多事情只要由我先向他提出来，他都会找出千条理由予以否决，让我什么也做不成。

"这事就不用了，我去和他说。其他的事另当别论。你呀，要和他处理好关系。他在省里可是认识不少人的。"张国平不满地瞪了我一眼，冷冷地说。

"好的，你放心。"我不由一阵窃喜。虽然挨了训，可很舒服，因为我听出来了，张国平并不是处处把姓赵的当一回事，张国平之所以还重视他，不是因为他有才干，能把事情干好，而是他有人脉。这就进一步证实了我一直以来就有的一个猜测，张国平决策做任何一件事情时，首先权衡的是利益，而不是"是非"。那么，只要我这个猜测是准确的，我就绝对有戏。

这时我觉得当领导的也很可怜，贴身的下属随时随地可以为自己的利益出卖他。

访问张国平的那一天，俞芸刻意穿着我夸奖过的那一身白色西装套裙，乌云高盘在脑后，胸脯直挺。

"很抱歉，他只给了半个小时，还是特意挤出来的，因为后面还有两个重要会议，是赵主任早就安排好的。"我表达得很清楚，那就是突出自己为她的事情尽心尽力。我有一种预感，用不了多长时间，她一定会成为张国平的红颜知己，关系超过我，说话比我管用，到时候我还得靠她照应。

“没有关系，过几天再约。”她稳稳地说。

“后面很难。明天，张行长要去省里开一天会，后天就出差去北京谈上市的事，再要安排的话只有下周了，那时候有没有时间还真不好说。”

“原来是这样，有半小时也已经够好的了。”

我看得出来，俞芸很自信，她一定在想，只要给她机会，让她面对面地和张国平交谈上，不管多长时间，哪怕只是一个照面，不要说张国平，就是比他职级更高的男人也一定抵挡不住她的魅力，一定会再约时间和她深入交谈。

我领她去了张国平办公室，同时发现，张国平今天打扮得格外帅气、清爽。他目光似剑，白色的衬衫领子异常洁净，配以笔挺的黑色西装，头发整齐干净，皮鞋乌亮。我知道他的这一身打扮能博得女人第一眼的好感，尤其像俞芸这样的知性女人。

果然，张国平一见到俞芸，眼睛就发亮，赶紧上前紧紧地握住她的手，注视着她……这景象就像被磁场包裹，被电场击穿，我赶紧知趣地离开了。我知道，如果我无意中窥探到了张国平心灵深处最真实的情感、最难以启齿的阴暗部分，就等于是在亵渎他的形象，侮辱他的人格，这是绝对不会有好果子吃的。

我溜回到自己的办公室，看着手表，想在专访结束前五分钟提醒他们。

……

半个小时快过去了，张国平没有出来的动静。我悄悄地走到门口，侧着耳朵往里面听。我发现他们不在外间——会客厅里交谈，而是在里室，那个地方很少有人能进得去，即便是行里的人。我很快就听到了张国平振振有辞的叙述，间或还有俞芸“扑哧”、“扑哧”的笑声，根本没有终止的迹象。这气氛告诉我，他们谈得很投机、很融洽、很享受。我不由得一乐，心想，这次专访开局不错。

我开始犹豫起来，是不是要提醒他，如果不提醒，耽误了后面的会议，我可能要挨批评；如果提醒了，打扰了眼前的浪漫气息，会让他很不舒服……

我听到了背后熟悉而急促的脚步声，猜想就是那个姓赵的小子来了。我急忙回头，就看见赵主任一个劲地朝我瞪眼睛。

“进去提醒一下，开会的人都等着呢，会议又那么重要。”赵主任板着脸说。

“这个……”我支吾了一阵，“好像不太合适。”

“什么不太合适?”赵主任朝里探望了一下，严肃地说，“这情景会给人误解的。”

“我不敢，要不你去?”我装出可怜巴巴的样子，像一个没有勇气的人。其实，这是我的一个智慧，因为我发现，眼前这情景是个千载难逢的“局”，我一定要让这个姓赵的钻这个“局”——让他去打扰张国平。历史就上演过这样的戏，那是 2 000 多年前的秦朝，赵高为了离间秦二世和丞相李斯的关系，就想出了这么一条计策，即每当他发现秦二世和美女们玩得正高兴，正在兴头上时，就通知李斯去觐见秦二世，去劝进或直谏。生硬枯燥的进谏声和美女娇柔的喘息声形成强烈的反差，秦二世愠怒不已，如此接二连三，秦二世就被惹得异常愤怒，最后灭了李斯三族，腰斩于咸阳街头。

“你不去我去。”赵主任不知是计，大步走了进去。

我差点笑出了声，心想，这小子真笨，一点也不敏感，一点也不理解领导的心思，还敢在背后含沙射影领导，说什么“容易引起误解”，什么“误解”？不就是桃色新闻？有机会我一定要把他的这番议论转达给张国平听，把他们之间的缝隙再扒拉得大一点。

我不等赵主任出来就溜开了，躲在自己的办公室门口观看动静。不一会儿，赵主任耷拉着脑袋，面色铁青地过来了。我以前见过他的这种表情，一般都发生在被领导训斥过以后。

“取消一个会议，等一会直接开第二个。你过一个小时后再去叫一下。唉……”赵主任唉声叹气地走了。

不一会儿，楼道里响起一阵嘈杂声，渐渐地又安静下来，是开会的人走了。

……

又过去了一个小时，赵主任不敢再贸然闯进去了，而逼着我去叫。我有他那么傻吗？当然不会去。我这才真正体会到了，擅长干正事的人往往看不上雕虫小技，热心钻研业务的人一般缺少旁门左道，而正是这些雕虫小技、旁门左道能够置他们于死地。

“你不去叫怎么办？明天？以后？就没有时间开会了呀。”赵主任有些不高兴了。

“随便了，听天由命吧。你没有看到吗……”我故意把话截下一半，想引他顺着我的思路接话，说出那些对张国平大不恭的言语。

“看你安排的事，”赵主任火了，却没有接话，“半个小时怎么够！”

天渐渐黑了，快下班了，张国平用手机通知我：“去告诉开会的人，不要等了，今天不开会了，叫赵主任也不要等了。”

我赶紧跑去找赵主任，这种招人怨的话还是由他出面说比较好。

“怎么对他们解释呢？还有两个副行长，他们都站着等到现在了。”赵主任扫了一圈站在会议室门口的人，颇有些为难。

我说：“张行长还说了，如果你有事，也可以走了，这里有我。”

“我还是等一会儿吧，反正我也没有什么大事。”赵主任说。

“你真的不要留了。”我极力劝说。

赵主任犹豫了一会，说：“那我走了，这里就交给你了。你一定要做到张行长随叫随到，不能找不到人。”

我望着赵主任和等候开会的人离去的背影，刚松一口气，却又犯难了，心想，我该不该走呢？按照惯例和行里规定，行长还有社交活动，没有下班，主任就不能走。可我又觉得今天的情况十分特殊，张国平未必希望看到有人守候在那里，关注着他和一个漂亮女人交谈。

忽然，我听到张国平办公室门口有了响动，也来不及多想了，本能地跑出自己的办公室迎了上去。

张国平逗着俞芸有说有笑地走来，突然看到我出现在他面前，先是一怔，有点尴尬，马上沉下脸，摆出一本正经的样子。俞芸也收敛了笑容，一副矜持。

“我已经安排好司机了，可以送俞小姐回家。”我知道这个时候只要抓住俞芸，张国平一定会给面子，毕竟是我引来了这次艳遇。

果然，张国平转怒为笑，说：“不用了，你也早点回家吧。我还有一个应酬，俞小姐也想见见那个省里的客人，一起去。”

什么应酬？什么省里的客人？我还能不明白！

6

俞芸： 越是压抑，我就越崇拜面前的这个男人。我必须承认，不管提出什么问题，不管提得多尖刻，有多敏感，都难不倒他；不管我的独到见解有多少牵强附会，他都包容，巧妙解说。他的胸襟、眼界和智慧，能够轻而易举突破我的知识边界。

那天，罗志远领我走进张国平办公室时，我就感觉到了宽大、庄严、厚重的气氛。张国平随后健步如飞地从里屋出来，我不由一怔，同时也发现他一看见我时也微微一怔，就像被电了一下似的。张国平给我的第一感觉是长相帅气，精力充沛。

当我落落大方地伸手给张国平时，他急步上前，紧紧握住我的手。我慢慢抬起眼睛，就在和他的目光撞击的一刹那，我震撼了：这个男人太令人着迷，而且从里到外都是迷，从上到下都是超乎常规的意外。我想此刻，我也一定给了他同样的感受，因为他也震撼了。

"欢迎，欢迎啊。"张国平微笑着说。

我注意到张国平的目光一直没有离开过我。我也直勾勾地看着他，注视着他的表情……我对自己的容貌和气质很自信，我敢肯定，张国平在现实生活中肯定没遇见过像我这样的美人坯子，或者说像现在这样近距离地欣赏过。

我被他盯得不好意思，羞涩地低下头。但即使这样，我仍能感觉到他的炽热、执著和想征服我的欲望。他浑身就像是一块巨大的磁石，磁力线能够轻易穿透任何一个女人的心扉，而我又偏偏喜欢他的这种逼视、热情和咄咄逼人的征服感，着迷于他的磁力线。

我渐渐地感到脸上燥热起来，这种燥热说明我的脸上已经泛起了一层红晕。我知道我脸上的红晕加上羞涩的目光，一定能使任何男人遐想，乃至冲动。

张国平果然冲动了，不过他尚能抑制住自己。“专访不要搞得太严肃了。”他很快回归了常态，说。

我木讷了，没有理解他的意思。

“要了解一个人，也可以从他喜欢的工作环境、办公室的布置开始。你觉得怎么样？”

我点头答应。

接着，他引我到里屋谈，以表示对我的热情。我也很想了解这个男人的更多细节，更清晰地观察他。而且我认为眼下的机会是再恰当不过的了，因为当这个男人喜欢上了一个女人以后，就会毫不掩饰，甚至夸张地把他自己最光辉的一面展现给那个女人看。这种心态下展现的光彩不正是饱满地、细腻地、立体地、生动地刻画着一个活生生的人吗？不正是我期待的吗？

里屋正对面的墙上，挂着的一幅巨大的中国画——《山远海阔图》，图中有一轮红日喷薄而出，左上侧临摹着毛泽东的《沁园春·雪》。我很熟悉也喜欢这首词，每当我念到它时，都会被其中的王者气势所陶醉，而且不管时隔多久，我都能一字不差地背出来。

我嫣然一笑，莺声燕语地说：“这首词充满了王者气概，据说当年毛泽东在重庆谈判时，就重新发表过这首词，让蒋公坐立不安。”

“蒋公掌控着千军万马，背后还有美国人撑腰，可毛泽东的一张薄薄的纸，就足以令他危机四伏。”张国平接道。

“千古伟人，真是中华民族的福啊。”

“听说蒋公后来也想找人填一首这样的词，可就是找不到。自古唐诗宋词名满天下，但从来就没有人能和毛泽东的相比较。那气、那势、那情，前无古人，后无来者，至今都几成绝唱。在毛泽东的众多诗词中，我最喜爱的就是这一首。从古至今，在抒发豪气方面，还没有哪一首诗或词能够达到如此高的境界！”

“我接触过许多人，凡是喜欢这首词的，都有英雄气概。张行长如此年轻，就重任在肩，再加上有这般山高海阔的心境，今后一定会大有作为的。”

“哪里，哪里，我只想努力工作，让领导放心，不敢有其他奢望。”

张国平嘴上这么说，可他的表情还是告诉了我他内心的得意。我忽然有点明白了，他刻意让我参观他的办公室，就是想要我从中看出他的鸿鹄之志。我深感张国平太会琢磨女人了，太了解女人的心思了，而且一下子就能抓住我这样女人的最爱——美貌且要强的女人唯独仰慕英雄，只有英雄才能俘获她们的心，才能让她们变得更加娇柔。

“张行长谦虚了。”我的目光扫着地板，不敢接触张国平火辣辣的眼睛。这是我有生以来第一次没有趾高气扬地直面对我有“邪念”的男人。

“看得出来，俞小姐也非同凡响，不仅对诗词颇有造诣，而且心气颇高。来我办公室的人很多，唯独俞小姐一下子就能盯住这首词，难得啊，真乃巾帼不让须眉！”张国平温和地说。

落座后，他主动拿出自己的名片，写上了一个手机号码，温情地递给我说：“有事就打这个号码，我一定会接的。”

我这时才想起来，还没有和他交换名片，于是拿出自己的名片递给他。

张国平接过我的名片，装进西装内袋里，捂住自己的心说：“俞小姐的名片就是要放在这里。”

“张行长客气了，这不过是张名片而已。”我顺势跟了句。

张国平还亲自为我沏了一杯茶。“这是新茶，高省长上个礼拜送给我的，只有接待贵客才可用……对了，还是谈正事吧，否则半天过去了，谈的都是诗词、茶叶，俞小姐回去怎么交差呀。”

我挺了挺身子，调整好坐姿，表示专访正式开始。张国平也收住了刚才的随意和谈笑，正襟危坐，那认真的样子表示出了对我的极大尊重，对此次专访的高度重视。

我按照事先准备好的提纲一一提问，张国平有问必答，不玩弄“外交辞令”，而且还特意引出许多题外话，耐心解说，尽其所能地让我更透彻地了解和理解。

说着说着，张国平的思绪就像决堤的浪潮，奔腾喧嚣而出，拦都拦不住——说到内部管理，如数家珍，数据精准；谈到市场竞争，淡定自信，从容执著；讲到宏观大势，指点江山，激扬文字……几乎没有给我插问的机会。怪不得听罗志远说，张国平不论在什么场合，都喜欢脱稿发言，从来不用办公室为他准备的稿子，而且每次讲完，秘书只要根据录音记下每一个字，添上标点符号就是一篇层次清晰、文才流畅的好文章。除了文才，张国平的发言极有鼓动性，在许多场合，只要他愿意，随时都能成为那里的主角，众星捧月，那里的主流思潮也一定会按着他的思绪游弋。

当然，我也很自信，他今天的才思之所以能够发挥到极致，恰如其分地加入了那么多炒作和渲染的成分，也应该和我坐在他对面有关。

正在张国平滔滔不绝的时候，办公室赵主任进来了，毕恭毕敬地请他出去主持会议。张国平马上拉下脸，不耐烦地挥了挥手说：“你没看到我正在谈正事吗?”

“已经到时间了。”赵主任指了指他手腕上的表。

“通知他们推迟,来不及就取消。”张国平口气有些粗暴,接下来的声音很低,“一点也不会见机行事。”

赵主任悻悻然地走了,脸色阴沉。

我这才注意到,时间已经超过了半个小时。我内疚地说:“都是我不好,打扰了你后面的工作安排。”

“和你没有关系,请尽管宽心,后面的会议也没有那么重要。”张国平转而一笑,“你不想多提一些问题了?”

我琢磨起来,我不是在考虑提什么问题,而是在思考怎么提,怎么才能提得尖锐,问得敏感,并且在提问中要凸出自己的能量。我觉得,在我面前有两种方式可以选择:一种是仰视他,请教他问题,让他像对待学生那样解说;另一种是和他针锋相对,达到互相讨论的目的。

我略微考虑了一下,决定采用后者,这不仅是为了工作和杂志社的荣誉,也是为了不让他看低我;最好是让他重视我,永远不会淡漠我。我很清楚,对史诗般英雄的男人来说,漂亮不过是他们一时的玩物,温柔只能使他们短暂地舒心,两者都不能长久,因为男人也有脆弱的一面,也有需要依靠的时候,尤其当他们搏杀到筋疲力尽时,有人挺身而出,支撑住他,哪怕依靠的胳膊细如嫩枝,支撑的力量弱不经风,他都会感激涕零。如果这时他扭头发现这股力量来自于一个女人,他一定会激情万丈,拿出全部生命来爱戴她……我突然觉得奇怪,自己怎么会有这样的想法,而且如此强烈?要知道,我和张国平还只是第一次相见,我和他都已经过了那个激情浪漫的年华,都是有家室的人了,不该有太离谱的想法和感情呀。

可我越这么想，就越抑制不住自己的情愫，越会渴望博得张国平的好感。我承认，我现在的情感里潜伏着爱，这种爱是潜意识的爱，潜意识的爱是大脑皮层里化学反应的产物、弱电波活动的表象，不可能被意志所约束；而且只有依依相存的心灵碰撞在一起时，才会有如此的反应。

我打定主意要和他针锋相对，要让他知道，在这个世界上还有一个不服输，也不会输给他的美丽女人。于是我的头脑又高速运转起来，拼命搜索着他逻辑上的破绽和软肋……很快，我的脑海里就翻腾出一连串尖锐而敏感的问题，我庆幸自己有个好脑子，在关键时刻就这么管用。

我像扣动了扳机的高速机枪一样，向他连连发问，并且毫无顾忌地和他热烈地讨论起来，有时甚至达到唇枪舌剑的程度。我尽量表露出自己不同凡响的思辨和独特见解。我们谈的问题涉及人生观、经济形势、金融黑幕和社会热点……经过一番热烈讨论，我发现张国平改变了以他为中心的思维定势和姿态，眼睛里流露出了好奇。我猜测他一定对自己的态度有些后悔，一定在反思，千万不能把我简单地看作只会对成熟智慧男人崇拜和迷信的小女生。他开始认真地应对我的每一个问题，还时不时地征求我的意见："怎么样，我说得对吗？"

我必须承认，不管提出什么问题，不管提得有多尖刻，有多敏感，都难不住他；不管我的独到见解有多少牵强附会，他都包容，巧妙解说。我内心不由产生了阵阵涟漪——我被征服了。我多少年来缺憾的、渴望的、在初恋时没有品尝过的就是这种征服，我接受这种征服，享受这种征服带来的激动。我也尝到了完美恋情的甜蜜，圆了幸福初恋的美梦。

这时，我最怕的是他因种种原因中断我的专访和讨论，终止这短暂而幸福的会面。为了鼓励他排除干扰，忘乎一切地和我在一起，我应该不失时机地透露出一些信号，让他理解和感觉到我内心的这一丝向往。于是我开始显露出纯情、天真的一面，对他的说教如饥似渴。

果然，他马上以更强大的信号反馈过来，想和我一直交谈下去。他没有征求我的意见，就一个电话通知罗志远推掉一切既定的会议。

张国平也越谈越多，兴致越来越浓。看得出来，他的内心世界已经完全被我占据，他的心灵已经彻底被我俘获。他强烈地表露出想和我长相厮守的欲念，似乎只在等待我更明确地释放给他——“我爱他”的强烈信号。我相信，若不是在办公室里，若不是我们初次见面，他早就疯狂了。我真不敢想，他疯狂的神志接下来还会驱使他演绎出什么样的故事。我期待着，可我不能够没有自制力，要知道女人的高贵就在于矜持，尤其面对自己崇拜的男人。

天色黑了，张国平提出希望和我共进晚餐。我鬼使神差地答应了，完全忘记了吕小刚还在家里等我。我们昨天就商量好的，今天一起在四季大酒店吃西餐，享受那分幽静、甜美。

临出发时，张国平从办公室的保险柜里拿出一个礼品盒子，郑重地送给我，说：“请打开看看。”

我从他神秘的微笑中猜出，盒子里的东西一定很珍贵。我打开一看，里面的红色绒布上平躺着五块金条，周围 4 块，每块 10 克，当中的是 20 克，99.99％的纯金，上面还印有东南银行行庆的纪念标记。

“这个太贵重了，我不能收。”我心猿意马地推辞着。

“这是礼品，是为北京、省府、大客户准备的公关礼物，”张国平说得很轻巧，“你也知道，没有这些东西不行，寸步难行。”

“那就谢谢了。”我报以微笑。

张国平开车进了一条被浓密的梧桐树叶遮蔽的小马路，接着熟门熟路地拐进了一座老式的花园别墅。张国平下车后，快步跑过来替我拉开车门，扶我下车。我心头一阵热乎。

花园很宽敞，花园中央有个喷水雕塑，面朝喷水雕塑的是一栋很大的房子，体现英伦的风格。

我马上就认出来了，这别墅现在叫“香檀”酒店，是建造于上个世纪初的私人住宅，被定为“省级保护性建筑”，最早的主人是一个外国的总领事。如今，这别墅被政府借给了“香檀”餐饮集团。政府规定，别墅装修可以，但不能破坏内部结构和外部形状。

“香檀”酒店的牛排很出名，价格不便宜，至于牛排的风味，很多中国人不喜欢，觉得单调，甚至还比不上“百叶结红烧肉”、“葱爆鳝丝”。可还是有许多人喜欢来这里吃饭，尤其是在本省工作的外国人和本国高级白领，他们实际上是来吃一种情调，顺便体现一下自己的身份。

张国平挺了挺身子，正了一下西服，像绅士一般陪着我走进酒店。酒店经理一溜小跑过来，似乎和张国平很熟悉，寒暄了几句后就引我们走进二楼的一间小包房。包房是鼓向外面的一个半圆，窗户正对着花园。

张国平站在我身后帮助我脱下风衣，小心翼翼地挂到衣架上，接着又为我拉开桌边的椅子，请我入座。

“谢谢。”我朝张国平微微一笑，就势而坐。我没有觉得他的这一细微举止过于做作、夸张，反而觉得很得体、很惬意，因为在这样的环境里应该配有这种教养和礼节。

张国平坐在我对面，挺直的上身透着健康和力量。他拿起菜单，与眼睛保持着一尺多距离，斯文而熟练地翻阅起来。我也像他一样，翻动菜单，可我对里面的许多英语描述十分陌生，又不好意思多问，怕一不留神会露出自己对这种生活方式所包含的知识和经验的缺失。

服务小姐很有耐心地等着，她越等，我越心焦。张国平很快觉察出了我的窘迫，主动向我推荐了一些菜，又做了一些解释，才使我趁势下坡，点头应允。张国平微笑着对酒店经理和服务小姐点点头，示意就这样去下单。

“这家酒店是我和朋友们私下聚会的地方，来这里从不谈公务，你是一个例外。”张国平笑着解释道。

其实我听明白了：张国平是在暗示我不要谈公务，而是要融洽、暧昧地讨论一些有情趣的事。于是我开玩笑似的说：“专访的内容有时分不清是公还是私呀，譬如个人的性格、人生的经历，以及与公务纠缠在一起的私人生活，等等。”

张国平神秘地一笑，说：“你知道吗？这个小包房原来是这家主人的卧室，白天外面的景色非常美丽……我们先前谈到哪里了，我指的是在办公室那会儿？”

“就谈谈你的私人生活吧，从小开始谈。”

“这都是些琐事呀。”

“大人物抬手举足之间没有琐事。”

“你真有兴趣？”

我确实很想弄明白这个出类拔萃的男人在私生活方面的细节，通过研究这些细节，可以发掘出隐含在其中的名人基因，从而更全面地了解他……这个念头不是理性思辨的结果，似乎更像是条件反射的产物，换句话说，到了这个时候，它便会自然而然地迸发出来。

张国平眼睛发亮，笑而不答，似乎已洞穿了我的心思。我又喜又怕，喜的是这个男人对我很依恋；怕的是和这样的男人搅乎在一起，自己就会像离开了土地的浮云，随他牵扯。

张国平读懂了我的眼神，悟到了我复杂的表情背后的心理活动。他想用坦诚来打动我，让我宽心。于是，他平和地述说起来，从孩提开始，经过大学深造，一直讲到银行最底层的柜面点钞工作……他讲得很详细，远远超出了一般介绍，或者说更像是为了让一个女人充分了解自己。这种坦诚一般只会发生在男人向自己钟爱的女人倾诉爱慕之情时。但我始终没有插话，我知道长久而耐心地聆听一个男人的倾诉，是对他最好的尊重，是对他的一切的接受。渐渐地，我看到他眼睛里闪现出感激的光泽。

随着他叙述的渐次深入，我眼前浮现出一条银色的线路，那是张国平成长的线路图；在那条线路上，布满了闪光点，而每一次闪光又都有一个扣人心弦的故事，每个故事在最初出现时似乎都是稍纵即逝的流星，很偶然，非雄才大略不可能抓住。

虽说他在讲述自己如何捕捉这些机遇时，有些故弄玄虚，我能够感觉到他在刻意夸张。奇怪的是我并不反感，甚至陶醉在其中，因为不管怎么夸张，他围绕着的核心是真实的，这个核心是他智慧、精明、勇敢、魄力的结晶，到处闪着光亮。我也很清楚，张国平就是想用这种闪光冲击我，击垮我心灵上的最后一道屏障，彻底融化我心中的那堵“围墙”。我承认快抵挡不住了，因为他真的是同龄人中最优秀的一个：他在大型国有商业银行当副处长时只有 26 岁，当总行部门副总经理时 32 岁，当省分行副行长时 35 岁，来东南银行的时候 38

岁……一个人如果能在同龄人中脱颖而出的话，除了勤奋以外，还包括天赋——综合性的天赋。

“我和你讲了许多我的私事，只是想让你更多地了解我，不值得大书特书。我之所以要说这些……我之所以这么说……其实……我也没有别的意思，请谅解……”张国平说着说着，竟有些语无伦次起来。

我知道他想进一步表达什么，可又怕太唐突，刺伤了我。我微笑地等待着，用眼神鼓励他，渴望他再大胆一点表露出更明确、更出格的意思。

令我意外的是，张国平没有顺着我的期盼走下去，而是平静下来，轻轻地说：“我这个人不喜欢张扬，过度张扬对前程没有好处，所以我向你提一个建议，不要写我。”

我眼睛一跳，心想，不写你写什么？

张国平看懂了我的心思，说：“可以改写另外一个题材，譬如，‘金融人’，从金融对生活、对社会活动、对政治的影响力切入，题目嘛，可以叫做《金融改变一切》，或者叫《金融是什么玩意》，再或者你自己考虑。如果是这样的话，我就可以没有任何顾忌地帮助你了。还有，我还可以安排你去见金融界的其他高级管理人员。”

“可是，我对金融界的了解还比较肤浅。”

“你不要担心，我一定会全力以赴的。”

我轻松地笑了，触摸到了他心底深处隐匿着的心思——一旦我接受了他的帮助，我就不可能再离他而去，至少在一段时间内需要和他频繁接触……可我突然想起了吕小刚，犹豫了，我不知道将如何在这两个男人之间游走。

张国平见我在沉思，又说：“其实，多少年来我一直打算写一本书，而且已收集了相当一部分资料，只是没有时间静下来，沉下去。写书和做事一样，不能做到尽兴，就宁愿不做。如今遇到了你，遇到了可以托付帮忙的知音，也算是我的这番心血有了放心的归属，就拜托你了，非常感谢。”

“是我应该感谢你给了我这样的机会……我还有一个想法，或者说是一个问题，就是你先前介绍时，谈到过一个企业，金穗集团，这个案例太典型了，能不能再详细地介绍一下，我想把它作为整本书的引子。”

“哦，”张国平停顿了片刻，严肃而温和地说，“今天太晚了，改天吧。要知道每家企业都有自己的隐私，作为上市公司，该披露的它都披露了，你可以从网上去查找。”

一阵难堪的寂静……我看得出，他不愿意多谈。

桌面上的烛光微微摇曳着，包房里安静得出奇，我不忍心弄碎它。我的脸微红发热，是喝了太多的红葡萄酒。

张国平扶我出酒店时，我们已俨然像一对恩爱的夫妻。刹那间，我发现他的脸和我的脸贴得很近，我的呼吸能够拨动他的眉睫，他的气息掠过我的脸颊就像温柔的抚摸……忽然，他轻轻地吻了我一下。是的，吻了我一下！而我竟然没有任何躲避，更没有责怪，一切好似水到渠成般地顺理成章，不可逆转。

“抱歉，真的很抱歉，我失礼了。”张国平又忽然退缩了，退缩得很有礼貌，恰到好处。

“我不介意。”我轻声地说着，心跳在加快。此时此刻，我只知道我们难舍难分。我只相信女人专情，为了爱愿意付出一切；男人多情，为了爱愿意抛弃一切。

小车终于到了我家的小区门口。张国平替我拉开车门，扶我下车，轻声地说："你到家了。"

我含情脉脉地凝视着他，胸脯起伏得厉害。我多么希望他能给我一个拥抱，再深深地吻我一次。

"我要走了，这是你的家门口。"可惜他说。

他的这种抑制力又一次猛烈地撞击了我，使我不知如何回应。

"保持联系。"他说。

我只顾点头，看着他渐渐远去。

7

吕小刚：我伏在朝向小区门口的窗台上张望、等候，看见一辆黑色的奥迪驶过来停在小区门口一侧，一个男人跑下来拉开后车门扶俞芸下车。他们没有马上告别，而是面对面地站立在那里，凝视着。虽然他们之间没有过火的动作，可身影却清晰地显示出在这两具躯体之间有股强烈的磁力团，牢牢地吸引着，难舍难分，如恋人，似情侣，忘乎一切。

我把俞芸追到手了，我幸福了很长时间，压在心头的沉甸甸的石头落地了。因为在追俞芸的漫长过程中，我放弃了许多机会，有人劝我说，俞芸是天上的金星，没有几个人能够到她，如果哪一天你真的失败了，那代价就太大了。所以我格外珍惜这来之不易的成果，极力呵护我和俞芸之间的感情。

可我也不得不承认，我和俞芸的差距很大，主要是观念和社会活动能量上的差距，可以说几乎不在一条道上和一个层面上——我的精神世界包容不了她喷薄四射的智慧、能量、心欲。我的处世哲学是安分守己，循规蹈矩，一步一个脚印，我相信水到渠成，最后的结果是什么，我相信宿命论——命中早就给你安排好了，这命是由多种元素组成的——性格、智商、环境、从小的经历、后天的勤奋等等，一句话，不是当总统的命别去做那个梦，不是做巴菲特的料别去追那个梦。

因此，我不喜欢打破常规去冒险，绝对不会去冲撞法律或者钻法律的空子，甚至怀揣两本护照把每一次社会变动出现的空间都当作机会去赌人生——去谋求极高的社会地位和财富。可俞芸的想法和做派与我的完全相反，为此她总是奚落我无能、柔弱，不适应市场经济，不具备市场需要的那种开放、自由、活力。

我承认，市场需要活力，推崇自由，财富不可能均匀地落在每个人头上，权力不可能不受金钱污染，可我始终认一个理，什么事情都有规矩，都得讲度，不能太自由了，不能说财富装在谁的篮子里就是谁家的饭菜；权力落在谁的手掌里就是谁家的东西，根本不在乎这个财富是怎么装进来的，这个权力是怎么使用的。

尊重领导是我自幼养成的品格，可我发现，许多次我请领导拍板决策某些事务的时候，领导除了考虑公务要素以外，总要兼顾考虑一些别的什么要素，包括不好明说的私人要素，这是我最大的困惑和苦恼，因为我始终无法学好如何平衡和协调领导需要兼顾的方方面面。

我恨自己愚钝，恨自己无用，恨自己缺乏吸引力，更恨自己愚笨得教也教不会。可让我万万没有想到的是，就我这么个循规蹈矩的人竟然连老婆都守不住，连家都稳不住。我真想不通，这年头到底怎么了，这市场到底是怎么回事，明明是已经打上了我吕姓标记的“东西”，怎么还会自由地有人要来硬抢！

为此，我嫉恨张国平，嫉恨他哄女人的本事不学就会，嫉恨他风风火火张罗起事情来的能量就像是从娘胎里带出来的。

采访的那天晚上，俞芸迟迟没有回家，我很不放心一个漂亮的女人在夜色里单身行走。

我伏在朝向小区门口的窗台上张望、等候，看见一辆黑色的奥迪驶过来停在小区门口一侧，一个男人跑下来拉开后车门扶俞芸下车。他们没有马上告别，而是面对面地站立在那里，凝视着。虽然他们之间没有过火的动作，可身影却清晰地显示出在这两具躯体之间有股强烈的磁力团，牢牢地吸引着，难舍难分，如恋人，似情侣，忘乎一切。

俞芸穿的套裙下只有一层薄薄的尼龙连裤袜，春天的夜晚要比白天差10度，而且还有风，可是她不在乎。

他们之间的电波、磁场和隐情，我都能明显地感觉到，并且烙刻在记忆深处。我有一种说不出的苦涩和忧伤——任何男人只要一见到俞芸都会有非分之想，都会去追。我为此感到过荣耀，荣耀的不仅仅是俞芸美丽，而是因为俞芸不容易被追上。可我也知道，一旦俞芸打开了心灵的窗户，奔泻出来的情感是没有任何人能够控制得住的，我更不在话下了，充其量只是一颗横路的小石子，会被冲得无影无踪。如今，俞芸正在向一个魅力四射的男人开启她的心灵之窗，我确实不好受，也受不了，因为我还有一个隐忧，那就是她嫁给我时，多少有点勉强；她接受我进入时，鲜有激情。

我听到俞芸开门进来的声音，连忙扔下刚才的不快，迎上去，和往常一样接过她的包，替她脱风衣，拿拖鞋。可她表情木讷，失落，疲惫，浑身散发出浓烈的酒精味。

我把她扶到沙发上，又端给她一杯热腾腾的茶，柔声柔气地说："喝点茶，解解酒。"

俞芸慢慢喝了几口茶，靠在沙发上，半闭着眼睛，似睡非睡地没有搭理我，似乎还沉浸在刚才的场景里，迷恋着醉人的气氛。

我摸着她的手、小腿，觉得冰冷；看着她的倦容，觉得可怜。我有些不知所措——是和她交谈，还是不交谈？不交谈就会冷落她，如果交谈的话又会使她感到疲倦，若得她生气……犹豫间，我默默地凝视着她，用手温暖她的手、用身躯温暖她的小腿。我的手能够完全包裹她的小手，她的小手又软又细。

过了好一会儿，俞芸渐渐缓过来了，说："今天我有些累，思路也很乱，让我一个人安静一下。”

“那你今天晚上就不要忙了。我给你拿换洗的衣服，洗个澡。”

“不用了，我自己会弄的。”

我有些茫然，这是她第一次拒绝我为她服务。从结婚到现在，除非我出差，每天都是我替她拿衣服，然后把换下来的衣服扔进洗衣机。

俞芸站起来走进书房，坐在书桌前操弄起电脑。我感觉得到她有些心神不定，心烦意乱。

为了挽回我的失意和因失意引起的尴尬，我急忙拿起俞芸的茶杯跟了进去，轻轻地放在书桌上，她的手边。

她白了我一眼，很不情愿我在她边上。我不由一怔，心想，她是否有意不想让我看到什么。她敏锐地察觉了我的表情，马上婉转地说：“你快去睡吧，我一会儿就好。”

接着，她以极其缓慢的节奏翻阅文件，好像故意在拖延时间，不想让我看到什么。我满心狐疑，怏怏不乐地退出了书房。

她是在等待收信，还是要上 QQ 聊天？我猜测着，总觉得她今天晚上要发生什么事，或者已经发生了什么事。不管怎么说，她不希望我看见或知道什么就已经说明了一切。我不由得担忧起来，如今“八”字才刚刚有一撇就想隐瞒我，把我当外人，那么事情再继续发展下去，又会走向何处？

我不敢想下去，看着厨房操作台上放满的精心制作的半成品夜宵，心里一阵阵苦涩。

我没有去卧室睡觉，而是坐在厅里的沙发上看电视。我从来没有在她之前上床的习惯，何况前几天我们就约定好了，今天晚上要做一次那事。

我心烦意乱地调换着频道，觉得今天晚上没有一个频道能吸引我：我眼睛不住地瞄向她，发现时间过得比蜗牛爬还慢。

我看见她仰靠在椅背上，闭着眼睛，露出甜甜的微笑。这种微笑我见到过，只有在恋爱时才有，可这个微笑没有献给我，而且比较刚才对我的态度简直判若两人……我又是一阵苦涩。

我没法描绘她具体在想什么，可我知道，她一定在回忆刚才的事。从她的表情中我可以想象到，她和张国平在一起一定很快乐，很幸福。张国平的风度、音容笑貌一定牢牢地萦绕在她的脑海里，挥之不去。

我过去远远地见过张国平，我也听人说起过张国平精力充沛，做事有激情，待人总能恰倒好处，深得省领导的器重。这些我都自叹不如——他在我这个年龄就比我有出息，我上了他这个年龄也不见得有他这样的成就……我听见俞芸起身的声音，发现她已经关了电脑走出来了。我也站起身，迟疑在那里，等候她吩咐。

"怎么没去睡觉?"俞芸客气了一句，温柔地说，"去拿我换洗的衣服吧。"

"好。"我应声而动，把刚才的烦恼全部抛到了脑后。我不想惹得她不高兴，更不想在事情刚刚冒芽时就大做文章，醋劲十足，像个没有教养的卤莽汉子。

她见我表情还有些僵直，追着我的背影挑明了说："我在等张国平的邮件，他白天答应发给我的，是有关写一本书的资料、提纲、省领导的报告和政策文件等，大约有10多万字。"

如此坦白，我无话可说。可我脑中的疙瘩依旧存在，并且反映在脸上就是一片阴云。我想给她看到我内心的不快。

俞芸沐浴后换上真丝睡衣走进卧室，上床了，看也不看我。我那副表情白做了。

我也匆忙冲洗完毕来到床边，轻轻按摩起她的头。这已经成了默契，因为俞芸有个毛病，如果临睡前大脑高度紧张过了，就容易失眠，这时最好的安慰就是替她做脑部按摩。我也很喜欢做这份差事，因为在这时她会小鸟依人般地依偎在我怀里。

俞芸感动了，依偎着我，闭目虚睡，可就缺少往日给我的一个吻。可我已经满足了，我可以搂住她那娇小柔软、散发着芬香的身子吻她。

“今天采访得怎么样？收获大吗？”我微笑着问，“我那个同学安排得好吗？”

“还可以。”俞芸淡淡地回道。

我小心翼翼地观察着她的表情，接着说：“我们能不能换一个题材，不写张国平和东南银行。我已经有了更具分量的题材。”

她对我的提议很敏感，也猜测到了我的真实用意是不希望她和张国平再交往下去。她轻描淡写地说：“知道了，我也已经改题目了。”

“什么题目？”我笑了，只要不和张国平打交道，写什么都行。

“《金融改变一切》，”她瞟了我一眼，“不过，少不了要请张国平帮忙。”

“唔。”

“今天就到这里，睡觉吧。”

尽管我们的交谈让我扫兴，可“睡觉吧”三个字依然使我心跳。我钻进她的被窝，抚摸起她的身躯。她没有拒绝，却心不在焉，不一会儿就有些烦躁了。

为了缓和气氛，我温柔地说：“听说张国平早年发迹主要靠他的老丈人，省财政厅前厅长。也难为他了，一个从农村出来的人，没有任何背景，要想在省里出人头地，想攀高枝也很正常。”

俞芸没有搭理我，表情依旧平淡。

“不像我这种没心没肺的，只有平常心态，才会去追求爱情。”

俞芸依然像没听见似的，一声不吭。

我把手慢慢伸向她下部的敏感区，她只像被刺激了一下，就没有了反应。我爬上她的身子……忽然她挣扎起来，如同在保护什么。

“为什么？累了吗？”我问。

她还是不说话，扭过头去，只留给我一个大脊背。

我的心一下子凉了，越想越不对劲，今天不是我们商量好要做这事的日子吗……我有些生气了，翻身坐起来，又侧身看着她。她似乎也没睡着，可双眼紧闭，非常冷漠。

“其中一定有原因，一定……”我心里念叨着，声音越来越震撼。

我披上睡衣走进书房，用手机拨通了罗志远的手机。他手机的背景声音很嘈杂，有歌声，也有女人的叫声。

罗志远爱玩“夜市”，夜生活疯狂，有一阵子还把他们行里一个尚处试用期的女孩的肚子搞大了，这事全靠张国平出面摆平，批准女孩转为正式职工，并且给罗志远一个警告处分。可没过不久，罗志远的警告处分就撤消了，还丝毫不影响前途。眼下他正和老婆闹离婚，已经分居了，难点是财产分割。

“你等一会，让我出去找个安静的地方。”罗志远说着就没了声息，过了少顷，电话里没有了嘈杂的背景声音，传出了清晰的问话，“这么晚了还打电话给我，出什么事了？”

“我只想问你，白天俞芸专访做得怎么样？有不愉快的事发生吗？”我含蓄地问，有些话又难以启齿。

“没有啊，专访很成功。”

“那专访以后呢？”

“晚宴是我安排的，我也在陪。”

“你可不要瞒着我。”

“我绝对不骗你。你我可以称得上是刎项之交了，能出卖你吗？”

我依旧疑虑重重。我从小就知道罗志远喜欢发誓，一会向毛主席发誓，一会向老天爷发誓，可后来总是被证实他的发誓至少有50％的水分。

我迟疑了片刻，说：“别的不说了，我只有一个想法，也请你帮忙……这个课题我们不做了。”

“为什么？俞芸也是这个想法？”罗志远有些着急了。

“也许吧。我请你想办法阻止，而且是千方百计。”

“这个……我恐怕无能为力……”

“你一定要答应我。”

“好好……”

我挂上电话，心里越来越不踏实，觉得事态发展已经超出了自己的控制范围，而且会渐行渐远。我狠狠地骂了一句自己：“真无能。”

我回到卧室，听到了俞芸微微的鼾声。看着她舒坦而平静的睡容，我能感觉到她的梦很甜美。

我迟迟不能入睡，又不敢打扰她，僵持着缩在床铺的一条边上，迷迷糊糊地保持着一个睡姿熬到天亮，醒来时颈疼胳膊酸。

俞芸也起床了，像没事似的梳妆打扮起来。我还得为她准备早餐……羞辱、焦虑、冤屈交替着袭扰着我。

我发了狠心，不会听任事态发展下去，我要用命来维护我的利益和尊严。

吕小刚：我内心浮现出很复杂的情感，不仅仅是沉重，还有喜悦。因为东南银行有可能发生巨额贷款损失，东南银行美丽的画皮下面竟然是一副丑陋的面孔，张国平创造奇迹的神话背后却是黑洞和灰幕。

俞芸走了，我也上班去了。这几天公事特别多，上市公司扎堆似的开始披露年报，我必须根据这些年报写出我分管的一个板块，以及这个板块内的几家企业的分析和评论文章。

我请报社的财税专家李强帮我做分析，没有他，我不敢枉加评论。分管我们处的副总编也说了，凡涉及单个上市公司的评论、财报分析，一定要请李强把关，尤其是重要文章，没有李强的签字认可，他不会签字的。所以我早就想好了，与其说写完文章请李强修改，不如事先请他帮着定调，既可以少走弯路，又能跟着他学，此外还可以套个近乎，密切关系。

李强是我们隔壁一个处室的主任，注册会计师，会计学硕士，在大学里教过会计，又在美国大学当过访问学者，后来到上市公司当会计主管，跳槽到国际四大著名会计师事务所之一的德勤任高级分析师，是我们报社专门从那里挖来的专家。

我的板块里有金穗集团，我也向俞芸推荐过它，它既像一个谜，又像一个奇迹，还牵扯着东南银行、张国平，所以我对它特别敏感，特别有兴趣。

我首先抽出金穗集团的年报请李强帮忙分析，李强一口答应。

“你放心，即使总编交办的事也得搁下，先帮你。”他开玩笑地说。

“你别这样说，如果被总编听到了，非卡断我的脖子不可。”我乐呵呵地回敬道。

“看得出来，师兄又在为嫂子的事忙了。出色的师兄找了这么个优秀的嫂子，真羡死人了。我是没有机会了。”一个女孩的身影冷不丁地凑了过来。

我一看，是小师妹黎琳，圆圆的脸庞，红彤彤的，略带羞涩。她是什么时候进房间的，谁也没有注意。

李强接过黎琳送上去的文件，笑着对我说：“你看，人家多么在乎你，注意你，你可别把她带坏了，折我一员得力干将啊。”

“看你说的，我哪里敢啊！真到那时候，就算你不扒我的皮，俞芸也会吃我肉的。”我也笑着回答。

李强拿起金穗集团的年报，粗粗地看了几个关键的数据，掐指盘算了一会儿，说：“你怎么单挑这一家？”

“怎么啦？”我不解地问。

“有些妖，”李强合上年报，抬头摇了摇，“我晚上带回家静静地看一遍，好好地算一算，快的话……明天上午一定给你一个答复。”

第二天上午，李强来电话要我去他办公室。他话音急促，似乎看出了什么问题。我赶到他办公室时，发现黎琳也在那里，神情严肃。李强脸色灰暗，眼睛充血，累得连欠身招呼我一下都有些勉强，显然这个差事折腾了他一个晚上。

“李主任，怎么啦？”我不安地问。

“你抓到了一个好业务，让我一晚上不得安歇，还搭上我德勤的一个朋友和黎琳一起受累，”李强递给我金穗的年报和一叠纸，“你自己去看吧，要点都用彩笔画出来了，对应的简要说明都在纸上。”

金穗的年报被李强涂抹得一块一块的，另一叠纸上写满了问题和解答。我静不下心来阅读，只想请李强先给我说一个大概："到底发生什么事了？怎么还连累了你的朋友和黎琳？"

"我把年报中的主要数据，如销售收入、利润、产量、成本等等，计算了一次又一次，怎么都对不上，疑点很多啊。我怕自己计算错了，就把资料传给黎琳，请她帮着复核，她的脑袋你应该不怀疑吧！"

我感激地朝黎琳笑了笑，黎琳脸一红，有些羞涩。

"我还担心自己分析错了，专门找来德勤的朋友一块分析，结果……你猜怎么样？"李强卖起了关子。

"不会是做假的吧？"我半开玩笑地说。

"算你猜到了，就是做假。这是我和那个朋友的一致结论。"

"上市公司做假可是要坐牢的呀。是利润做假，还是隐瞒重大损失？"

"销售做假，利润做假，资产和负债方面都有重大隐瞒……嗨，你这小子可是要出名了！"

"出什么名？你就别拿我开涮了。"

"如果你追踪调查下去，没准还能刨出些重大新闻，到时候往报上一登，或者登在内参上，最后再往上一送……一个记者一辈子不就图发表几篇重磅'炸弹'，引起领导和社会的关注？"

"干这种事也是有风险的，尤其是金穗集团，在省里根基很深。"我犹豫起来，"我们只要一折腾，就害苦他们了，没准金穗集团从此就一蹶不振。所以，我们要特别慎重。"

李强眉头紧锁，沉思起来。

黎琳忍不住说："你不揭露他们，他们不就害了投资人了吗？做咱们这一行，有四成把握就值得干，虽然是冒险了一点，可等到有九成把握再干，事情早就明朗了，就不叫新闻了。”

黎琳意气风发，正义凛然，可我还是顾虑重重。

李强瞟了黎琳一眼，说：“这也是个说法。我看这样吧，咱们先把情况搞清楚，抓住证据，主动权在手；至于怎么捅马蜂窝，何时出手，可视情况而动。你们说呢？”

我连忙说：“这个办法好，就按你说的办。”

黎琳也附和着点头。

李强又说：“目前情况下，对外先不忙于声张，关键是抓住证据。注意，这事暂时就我们三个人知道，谁也不可以外传。”

“我没意见。”我点头道。

李强最后说：“我们先搞个微服私访，实地考察一下，不惊动任何人。金穗集团的主要药材种植基地是在天河县，也就 50 公里的高速公路，开我的车去，现在就走，晚上回来……”

一个小时以后，我们到了金穗集团的生产基地——金穗农场。为了不打扰金穗集团的人，我们来到金穗农场现代农业旅游示范区。该示范区对外开放，后面有小路通到农场的大田。

我们假扮游客进入旅游示范区，穿过成片的草莓、瓜果、蔬菜大棚、果树林，我们踏上河边小径，沿着小河一直往前，走过一座简易的木头结构小桥，钻进一个绿化带，远远地就能看到大田了。

我们走出树丛，眼前一片开阔——绿色的田野伸向远方，又被田埂隔成一小块一小块。

李强扫视了一周，轻声地说：“就是这里了，药材生产基地。”

我也像他那样扫视了一番，说：“你觉得怎么样？有问题吗？”

“还能怎么样？”李强有些激动，“我们先沿着田埂走一段，看看再说。”

李强只顾自己走，而且越走越快，把我们远远地甩在后头。“快过来！”忽然他大声招呼我们。

我和黎琳气喘吁吁地走到他面前，只见他脸上掠过一丝神秘的微笑，我诧异地注视着他。

“你们看，这些地块都比较整齐，大概三亩一块。我们再计算一下大概有多少块就差不多了。”

我忙着计数地块，反复数了几遍。我说：“李主任，你的眼睛真毒，它们的土地似乎是少了许多，支撑不起那么大的产量、销售量。”

“你说对了，就这么点地方能干什么？可据他们公开披露的资料说，他们每年销售的中药材达 100 多亿元，”李强轻蔑地一笑，“嘿嘿，100 多亿啊，这要多少吨呀。就是不种，把这种中药材横过来铺在地上一层层往上叠，也要叠到天上去，叠不住啊！所以，他们只能做假，从两个方面做文章，一面虚报销售量，另一面虚报销售单价。尽管他们的中药材比较贵，可再贵也贵不过黄金！”

“会不会还有转手业务，譬如贸易，就是说，从其他地方买进来再卖出去？或者在其他地方还有生产基地？”黎琳提醒道。

李强说：“这个年报里没有披露。如果有这么好的消息，还不吹到天上去？不过你提醒得也对，为了慎重起见，我回去后再找人了解一下。我有个朋友很熟悉金穗集团的情况。”

我突然联想到了东南银行，说：“听说金穗集团的主办银行是东南银行，有 20 个亿贷款，如果真是这样，东南银行可就惨了。”

“等我们了解清楚情况以后再说。当然，如果你有朋友在那里，你可以暗地里给他们吹点风，让他们赶快收回贷款。”李强语气很肯定。

我说："金穗集团可是省里叫得响的私营企业，万一我发布了错误消息，引出巨大麻烦，搞垮了金穗，我可得吃不了兜着走的。"

"别多想了，我们应该尽快找到金穗集团内部的人……"李强忽然想到了什么，"你有什么关系吗？也可以动员起来，多找几条渠道，多收集一点信息，我们再碰一下情况。"

我刚想提罗志远，建议从东南银行绕过去调查，可马上就咽下去了，觉得不妥，怕李强乘机撒手，把这个烫手的山芋留给我，有事无事都让我一人担当。对这种遇事留后路的小聪明、小心眼，我不知被俞芸讥笑过多少次了。

"你老婆也挺厉害的，认识的人也很多，不妨也让她关注一下，找些人？"李强说。

"真是哪壶不开提哪壶。"我暗自抱怨着，不知所措——就目前情况来说，我哪里还敢把俞芸拖进来参加东南银行的事情，让她堂而皇之地和张国平保持联系？

李强又补充了一句："你老婆比你厉害，有魄力，敢担当。就这么说定了，无论如何请她帮忙。当然，我也找人，我就不相信金穗集团内部能够铁板一块，尤其是做假的企业。"

"好……"我支支吾吾地应付着，一转话题，"我还有一件事想请教。"

"说吧。"

"金穗做假仅仅是为了报表好看，还是另有所图？"

"肯定不是单一目的。从他们资产、负债做假来看，似乎和大额资金借款，借款流向有关，因为只有做大销售数额，才能从银行借到大额资金。"李强若有所思地说。

我说："借这么大额的钱，用途可能是什么？"

“凭我的经验，一般有好、坏两种可能，好的可能是，金穗集团发展后劲不足，要找新的投资方向，就像有些公司那样，找到了一块土地，开发房地产去了；坏的可能是……”李强面色阴郁。

我和黎琳屏住气，直直地看着他，想听到他接下来的分析。

李强摇摇头说：“我不能枉下结论，但愿只是杞人忧天罢了。”

我内心浮现出很复杂的情感，不仅仅是沉重，而且还有喜悦，因为东南银行有可能发生巨额贷款损失，东南银行美丽的画皮下面竟然是丑陋的面孔，张国平创造奇迹的神话背后却是黑洞和灰幕。

“这下要看东南银行的好戏了。”我脱口而出，多少有点幸灾乐祸。

黎琳说：“银行的人怎么会这么粗心？要是都像李主任这样认真地做真实性调查，哪里会出什么问题！”

我说：“李主任曾经和我说过，他在海外实习时，老外的要求严格多了。有一次，为了核实一个超市停车场的车流量，硬是每天从早到晚依次守着各个进出口计数……”

“嘿嘿！”李强得意地笑道，“这不完全是工作态度的问题，恐怕还有其他原因。如果我陷在这种其他原因里，可能也会身不由己。”

9

俞芸：我一阵苦涩，除了失态以外，再也说不出话来。我最不希望看到张国平那里出纰漏……直觉告诉我，我的情感已经和张国平融合在一起，分不开了。

前天晚上，我接收好了张国平的邮件关上电脑后上床了，吕小刚来挑逗我，要我尽妻子的义务，对他做“奉献”。且不说我和他有约在先，答应他快乐一个晚上，就说两具充满活力的躯体贴在一起，荷尔蒙也会冲破一切精神枷锁……可是我拒绝了，竟然产生出一些荒唐的想法——以前我“奉献”给他是个“过错”，从现在起就不能再“犯错”了。我毅然扭过头去，背对着吕小刚，我想睡着，可白天的画面接二连三地浮现在脑海里，张国平的音容笑貌死死地占据着我的心——太迷人了。我突然自问，这是否意味着我已经悄悄决定把自己的今后留给他，奉献给他了呢？

我听到吕小刚起身离开了，心里竟没有一丝怜悯和愧疚。迷迷糊糊地不知过了多久，我又发现吕小刚僵直着身子缩在床铺边沿上，知道他不想扰醒我。我心头不由一热，差点流出眼泪——他是不是太可怜了？说心里话，他没有对不起我的地方，没有做对不起我的事，也没有什么大的缺点，只是性格偏软了些，而且他真心爱我，谦让我，呵护我。在我们俩的世界里，我占据了大部分的空间，无拘无束，而他却处处小心谨慎，就怕惹得我不高兴。我想到过，他在单位里要小心伺候领导，在家里要时刻留意我的情绪，成天绷紧着神经过日子，一定活得很累，很遭罪，这是要折寿的呀。我真想不通，他为什么不听别人的劝告——男人有 100 个理由不娶美女当老婆，可我偏说“有 1 000 个男人执迷不悟”。

我忧心重重，生怕他会隔着我的身躯探得我内心跳跃着的念头。我无法想象当我坦诚地告诉他时，他会有什么样的想法和表现。无可置疑，他一定很痛苦，很悲愤，就像要拆掉他的脊椎骨，折断他的生活支柱一样，再老实懦弱的人也会有剧烈的反应，也会疯狂报复毁灭他爱的人。我开始设想吕小刚前程的轨迹——那条轨迹平坦、缓慢延伸、上坡，却一头扎进了迷雾里……

我不否认吕小刚人生哲学中的称之为“精华”的部分——胆小谨慎，按部就班。我给这“精华”起了一个贬义名字——“圆滑”。我相信凭着他的按部就班，他是能够过上既稳当又上品的普通人的日子。

“一辈子平淡乏味的日子消受得了吗？不冒险又怎能成就事业？”我突然自问。

我天生是一副“折腾”命，不愿意享受普通人的平静生活。平时最折磨我精神的东西是“平庸”和“安宁”，只要过上几天平庸和安宁的日子，我就会产生一种莫名的焦虑，就会厉声质问自己：人生没有来世，难道只应该在奄奄一息躺在病床上时，才想到应该为那一个个失去的机会而撕心裂肺地追悔吗？“不行”，一个强悍的声音从我心底迸发出来。

我脑海中忽然划过“离婚”这两个字，心想，既然已经发现自己错了——走错了，嫁错了，就应该马上改过来，否则便是一生的错误。一生的错误是最大的过错，人世间最大的代价就是用一辈子去捆绑。人为什么要去在乎别人怎么说？为什么一定要为那些看不见的东西——陈腐的道德观念洁身自好？为什么就不能为改变命运而勇敢地挑战它们？

吕小刚微微动了一下，接着我就发现他偷偷瞄了我一眼。我知道他为自己的这一动弹惊醒了我而后悔，可是僵直在那里一直不动弹该是多大的折磨呀。他无微不至的关怀又一次撞击了我的心灵，把我刚才无所顾忌的想法一下子冲得七零八落。我又犹豫起来，隐隐约约感觉到自己心里还是有吕小刚，有他的那份情、那份爱。他的爱千丝万缕，他的情山高海深，要割舍它们真的不轻松，而且自己和张国平相识还是他牵的线，如果他知道是他亲自把我的手交给张国平的，那种被出卖和被耍弄的感觉一定会使这个软弱的男人变成一头狮子。

我觉得脑子发涨、发晕。我终于尝到了婚姻的苦涩——婚姻似枷锁，是累赘，自己的人生道路原来只要自己决定就能走了，自己想做的事原来只要自己答应就能做了，现在却都不行，都必须顾及另外一个人的感受，必须和另外一个人商量并征得他的同意。

我质问自己，在这么一个追逐财富、权力的年代，什么才是道理、真理，什么是检验标准？社会在裂变，人人都在“创业”，大市场、大社会就是一个眼花缭乱的舞台，这个舞台崇尚自由，再平静的人心也会被搅得不平静，再善良的人心也会从心底深处呼唤出贪婪。此情此景，还有必要约束自己吗？还能找到为道义英勇就义的人吗？我的这些行为举止又算什么？有必要斥责自己卑鄙、自私、无耻吗？

天蒙蒙亮，我感觉到吕小刚僵直着身子缩在床的边沿熬了一个晚上，心里既酸又苦，不由心疼起他来。

今天上午，罗志远打电话给我，说吕小刚不希望我和张国平继续接触，弄得他很为难。

我非常恼怒，家里的事，关起门来的想法，怎么能够随便对外人说呢？我马上想到这很可能是昨天晚上我没有让他碰的缘故。此刻，我对他仅存的一丝怜悯都被抛到了千里之外。

晚上吕小刚回来了，他满脸尘土，身上略带酒气，就像是跑了一趟远程。他脸色很凝重，一副忧国忧民的样子。

吕小刚顾不得休息和擦洗，说："我今天去了金穗农场，发现了一个重要情况，涉及东南银行的巨额贷款。"

"怎么回事？"我不由得紧张起来。

"金穗集团可能做假，"吕小刚沉重的表情里一闪而过了淡淡的笑意，"如果金穗集团做假被证实的话，东南银行的巨额贷款就会有问题，就要追查下去，就会涉及为什么要贷款，贷款被用到哪里去了，等等。"

吕小刚幸灾乐祸的心眼隐匿得很深，可还是抑制不住地往外冒。不过我已经顾不上指责他，而是不安地问："你的判断准确吗？你怎么会想到去那里的？有根据吗？"

吕小刚微笑着说："我哪有这样的本事，是李强发现的，今天是和他一起去的。"

"李强！"我不由一怔。我听吕小刚说起过他，也因为公务和他见过几次面，知道这个人在财务分析方面很厉害，有几把刷子。我不免忧虑起来。

"是的，"吕小刚点点头，肯定地说，"过几天我们就会把一切弄清楚的。我知道这个情况对你很重要，我会第一时间告诉你的。"

吕小刚显得很神秘，不愿意多透底。

"谢谢，到时候一起研究。"我摆出一副不以为然的样子，很淡定，可心里久久不能平静，一个劲地自问，"要不要和张国平通个气？"

我不敢说吕小刚是否出于狭隘的动机而故弄玄虚，也不能断言他是否为了看张国平笑话而小题大做。我太了解吕小刚了,他有时候就喜欢耍小聪明、小鸡肚肠,尤其牵涉到张国平——男人的这种心态有时让人作呕,可正是这种心态驱使着人群竞争、争夺、进步,这是繁衍了上百万年的动物的本能。

张国平没有食言,一段时日后,特意在万豪大酒店安排了一个晚宴,将我隆重推出。

参加晚宴的都是省里金融界的首脑人物,除了各大银行的分行长以外,还有各大证券公司、基金公司在当地的要人,张国平和他们很随意,笑谈之间很幽默,就像是老朋友似的。

所有的人显得都轻松、愉快、无拘无束,嬉闹起来全然没有身份礼遇之虑,和他们在办公室里正襟危坐的形象判若两人。我不敢想象,这些在公众面前的威严面孔也有如此滑稽俗气的表演。

谈话主题主要围绕两件事,一是捧张国平,都说有朝一日张国平进了常委后不要忘记照应他们在省里的业务;二是关于我,转弯抹角地影射张国平,言语中多少带着羡慕、嫉妒,为张国平能找到可心的红颜知己赞叹不已,帮我成书的事自然不在话下。

张国平极力否认和我之间有什么故事,不过我看得出来,他很兴奋,他乐意人们在这点上肆意渲染。

宴会后,张国平执意要送我回家。一路上,他开着车说:“今天的场面怎么样?喜欢这个气氛吗?”

“我很激动,震撼,这些人平时约一个也不容易。”我兴奋地说。

张国平淡淡地笑道:“今天来的只是金融企业界的人,政府官员还没有请,譬如银监局、证监局、大区人民银行、联系金融界的省府秘书长,等等,我安排好了再通知你。”

“谢谢了！”我突然想到应该用某种方式来感谢张国平，于是又说，“听说有人盯上了金穗集团和你们的贷款。”

“噢？”张国平一怔，用试探的口吻说，“金穗会有什么事？省里都挂了号的。”

“是省报的人透露的。”

“这些记者吃饱了撑的。你放心，金穗没有什么事，东南银行不会有事，”张国平踩下刹车，侧过脸看着我说，“如果有进一步的消息，请尽早告诉我。”

晚上，我依旧忙着《金融改变一切》的书稿，吕小刚回来了，我和他打了个招呼，发现他一脸凝重，面部紧绷，可时不时地又被一丝丝喜悦冲散，我觉得凝重是假装的，喜悦才是真实的。我一下子就猜出来了，他收集到了有关金穗集团不好的消息，有关东南银行不利的情况。

吕小刚显出一副沉重的样子，从包里拿出一叠厚厚的材料，郑重其事地递给我，说：“这几天我一直在和李强收集、分析、研究金穗集团的情况……”

我不动声色地看着他，心里嘀咕着：“这回你高兴了吧。”

吕小刚发现了我眼神里的不悦，忙说：“当然，我不是有意要找谁的茬，故意要难为谁，这是例行公事。我们分析上市公司是对资本市场、金融体系安全运行负责。”

“哼，”我冷笑一声，心想，这年头人们根本不可能只有高尚的动机和念头，无论追逐什么样的目标，出发点都是自私的。

吕小刚假装没有听到，继续说：“李强在财务分析方面的本事堪称一绝，他的感觉还从来没有失过手。”

我觉得手里的材料沉甸甸的，不由得为张国平和东南银行担忧起来。我的脸色一定很难看，吕小刚直直地盯着我，很犹豫。

片刻沉寂后，吕小刚小心翼翼地说："如果真是这样，张国平他们是够麻烦的，栽在里面有 20 多个亿啊。"

我像被羞辱了似的，因为如果最终证实一切都像吕小刚说的，那么我对张国平的判断就是错误的，我对自己的人生做了最大的误判，对自己开了一个天大的玩笑；我那一直受人尊重的判断力、一直引以为自豪的智商无意中被贬损到地狱里去了。

我没好气地说："李强真是这样认定的？金穗在做假？"

"是的。"吕小刚很肯定。

我"咯噔"一下，说："李强还有什么建议？"

"要给东南银行透个风，赶紧收回贷款，否则等省证监局插手调查，风声一大，其他银行都动手回抽资金时，就来不及了。"

"银行一抽回贷款，企业不就死了吗？好企业也会被抽死的。就算是'中石油'，它也扛不住。这么重大的事情还需要谨慎。"

"当然需要谨慎，可没有时间了。我想到过要给罗志远通个气，让他跳出来呼吁，可没有这样做。因为我怕他已经陷在里面很深了，他和金穗集团的关系很复杂，他曾经对我说过，给金穗集团的第一笔贷款就是他放的。我真不知道向他透个风好不好。"

"是的，谨慎一点不会错，我们确实不了解他们内部的关系。"

"李强说，你比我有闯劲，有魄力，这事你能不能参与调查？"

"你还是个男人？哪有让老婆顶在前面的？"

我有些生气，知道他让我参与的动机是什么。我一阵苦涩，除了失态以外，再也说不出话来。我最不希望看到张国平那里出纰漏……直觉告诉我，我的情感已经和张国平融合在一起了，分不开了。

我披上风衣就走，在即将跨出房门时，我瞄了一眼吕小刚，见他脸色很难看，很痛苦，很矛盾，也很无奈。我明白他断定我急切地想去见张国平，可又不敢阻拦我。不错，我是这么想的，而且抑制不住，也顾不上掩饰了。我也知道我的急促举动会让他感到意外，我的激烈情绪会使他难以承受。他一定会深深地悔恨，悔恨自己把这个消息透露给我，恨自己把我再一次推向张国平。他已经完全摸到了我的脉搏——在我心中，张国平的分量比他重，而且重得多。

我心急火燎地闯进了蓝梦会所歌舞厅的一个包房，张国平一下子愣住了，“这么晚了还要碰面，有什么急事吗?”他问。

我沉不住气了，直截了当地说:“金穗集团要出事，和你们银行有关。”

“金穗集团会有什么事? 和我们银行又有什么关系……你在电话里急吼吼的样子，吓死人了。这年头，在你们眼里到处都是不平事、冤屈、黑幕，什么事情让你们一参与，好事也会变味，小事也会变大。”

“别开玩笑了。金穗集团做假报表，虚抛销售规模、销售价格。”

“哦，我当什么事呢。这家企业我太熟悉了，不会有这样的事。”

“千万不要大意，你们银行可是有巨额贷款的。”

张国平没有回答，而是叫服务小姐送进来茶水、果盘和XO。他给我斟了酒，干杯后才慢悠悠地说:“先告诉你一个消息，可能要让我去党校学习半年。”

“恭喜你了，回来后是不是要到省里当秘书长了?”我笑着说，心里一下子充满了喜悦，就像自己要当秘书长似的。

“有可能，那可是进常委的捷径啊。”张国平很沉稳。

“进常委就是副省级了，真要祝贺你了，”我又恭维了一句，却马上把话题转过来，“不过，在这个节骨眼上，金穗集团的事真不能大意，东南银行是不可以出问题的。”

“你放心，真没有大事。再说，办银行不可能没有坏账，只要在合理范围内，我都承受得住，别人怎么说都没有用。”张国平故作轻松地说。

“真的？我还是有点不踏实，这也是为你好。”我不依不饶地说。

“真有大事，我也能摆平，难道你不相信？”

“真的？”

“你不相信我？”

“那就好。”

“今天晚上能不再扯这个话题吗？”

我一愣，不知所措。

“我们好不容易才见上一面，”张国平温情地看着我，极其温柔地说，“几次想约你到这里来，你都谢绝了，今天就不要让我扫兴了。说真的，我和你接触了几次，从你身上学到许多东西，我很珍惜。过一阵子我可能就要走了，而且一走就得半年。”

张国平的声音里带着渴望，我脸上发热，真后悔一不留神踏进了这种环境。在外人眼里，我来这里就算是不折不扣地和张国平幽会了。

张国平似乎意识到了什么，微笑着说：“我们点一支歌吧，或者一支舞曲，就一支，也当是给我一个机会，等一会我送你回去。”

这个我没理由拒绝。张国平随手点了一支邓丽君的歌，那嗓子甜美无比，让人陶醉。

张国平拉住我的手，轻声说："我最喜欢她的音色，真是前无古人，后无来者。我们跳舞吧。"

我本能地顺从了他，站起来。当他的手搂住我的腰时，我浑身像触了电一般，接着就是一阵温暖、惬意。这种感觉是条件反射，没有理智。

我踏着邓丽君歌的节奏，完全顺着他的脚步由他摆布，觉得很幸福。我温柔地说："高升以后，可不要忘记，这里还有人牵挂你。"

张国平很激动，想说什么却没有说出来。可我感觉到他的手在用劲，而且变得非常有力，一下子把我搂到了零距离，贴到了他胸上。他的脚步更急促了，旋转起来，我也旋转。我明白，此刻他已经无法用语言、用词汇恰如其分地来表达他接收到我示爱信号后的那份兴奋与激情。

我也兴奋了，激动了，凝视着他。

他眼睛发直，脸贴到了我的脸颊上，触着我的气息，嗅着我的芬香，聆听着我的心跳……开始吻我，却吻得很轻，似乎在等待什么。

我知道他是在等我释放更热情的信息。我释放了，也轻轻地吻了他一下，可我还是有心理障碍，还是很犹豫，还是迈不过吕小刚这道坎。不过我很喜欢张国平对我亲昵。

张国平的眼睛里燃烧着熊熊火焰，他今天似乎下定了决心，一定要向我表白什么，一定要突破那道"围墙"。他开始热烈地吻我了，紧紧地抱住我。我也不知道哪里来的勇气，也一下子抱紧了他，吻他。他的手开始在我身上游走，把我抱到沙发上，解开我的衣裙……

我马上意识到他想干什么，突然冷静下来，猛地推开他，站起来退到衣架边，一边套上风衣，一边喘着气说："不……不……现在不行……"

我看到张国平想冲过来，可双脚却像被胶水粘住一样，没有移动。我也没有移动，而是惊恐地看着他。

“对不起，是我太冲动了，是我不好，”张国平强抑住自己的激情，目光诚恳而真挚，“可是我爱你，真心实意地爱你。”

“我知道，我们才认识……让我回家。”我穿起了风衣。我不是不想被他征服，只是我还没有足够的能够挣脱出婚外恋、婚外性风俗枷锁的思想准备。

张国平平静地说：“那，我送你回去。”

我已完全冷静下来，认真地说：“国平，听我的，金穗集团的事情真的不要大意，我真不忍心看到你出事。”

“你怎么又想起这事来了？”

“他们有内线。”

“有内线？”张国平微微一怔，脸色阴沉，“谢谢你，如果真是这样，这个罗志远太大意了。金穗集团可是他极力推荐的项目，他和金穗集团的人挺熟悉，那时他还是分行下面一个支行的行长。”

“那好，为了你，为了我，也为了你们的银行，我就答应他们，准备深入调查，明天我就向我们主任汇报。我相信上面一定会同意的。”

“什么调查？你？”张国平不解地问。

我把吕小刚的建议告诉了他。

张国平沉思起来。

我说：“这样做对你有好处，因为我一旦掌握了情况就能及早告诉你，你就主动了。我和你的命运是紧紧相联的，你要相信我，我的每一个举动都绝对是为了你好。”

张国平点头道：“好吧，如果你一定要坚持去，我支持你。我明天就和罗志远打个招呼，让他配合你，你有事可以直接找他，他熟悉情况。”

“我顺便能够挖出可能隐藏在你们行里的鼹鼠。”我一板一眼地说。

“太好了。不过你要当心，金穗集团有背景，和上面关系很深，千丝万缕，一定会牵涉到许多人、许多部门，肯定有一个势力集团在保护它。何况就省里、县里来说，涉及几十亿资产、GDP 的增长、2 000 多人就业，万一你们捅了娄子，把一个好端端的企业给整垮了，与之有关的人都会受到伤害，这个压力你承受得了吗？即使最后证明你是对的，你功成名就了，人家可是人头落地，身陷囹圄，能束手待毙？这一点你可要有充分的思想准备啊。”

“长痛不如短痛，做假都做到这个分上还能姑息？再说，靠这样的企业支撑 GDP 增长不能持久，只怕最后政府要拿出更大的资金来收拾这个烂摊子。谁让我是干这一行的，我固然有好大喜功的冲动，可伸张正义，揭露黑暗是我的天职，我们不下地狱，谁下地狱！”

“我不反对你的想法。不过，我不方便出面，不能给你很多帮助，也不能介绍许多人来帮助你，因为我们银行还要和当地政府搞好关系。”

“这个我理解。”

“我唯一能够帮助你的是，如果你在那里遇到麻烦，你就给我发个‘H’的短信，表示‘求救’，我一定会全力以赴的。还有罗志远，我让他绝对保证你的安全。此外，我只要求你每到一个地方，告诉我和罗志远你在哪里，同时，每隔两个小时用短信发给我一个‘S’，表示安全。如果我收不到这个信号，也视同你发了‘H’。”

“怎么这么悬乎？”我有些紧张起来。

张国平深情地看着我，伸出一个食指，贴住我的嘴巴，说：“不要再说了，请相信我，我见的比你多，经验比你丰富，感觉比你靠谱。我就是舍不得看见你被碰破一块皮肤。”

“一定听你的。你们银行真比公安还有能耐，说出来的话，做出来的事都像公安在办案子似的。”

“这都是钱的能量。银行有什么，就是有钱，有时候找公安不好使，法内执法太累人，还是找我们，我们使钱，找得到人；法外施法，搞定。”

“嘿嘿……”我被逗乐了。

张国平也笑了，得意地说：“说笑话了，其实，我们银行在当地支持过许多大企业、大老板、政府机构，肯定能够找到圈内人保护你……真舍不得你，放不下你。”

“我也是。”

他湿润的嘴唇又贴到了我的脸上……

10

俞芸：我感到一阵阵凉意袭来，睁开眼睛一看，发现自己站在一个山坡上，依靠在石头扶栏边。扶栏下的远处闪烁着群星般的灯火，那里是人的世界，我这里是鬼的地狱，只有风的凄厉吼声。我第一次感到自己离人间是那么遥远。

我真没有想到，在阳光灿烂的天空下竟有这样黑暗的地方，在法网恢恢的大地上竟有如此猖獗的勾当，而且有恃无恐。

吕小刚知道我要出发了，短暂的兴奋过后，马上就表露出了担忧和不安。谁都知道，敢于操弄非法勾当的企业集团，一定养着黑恶势力或者有黑社会在背后撑腰，这已成为千篇一律的真理。

“不要担心，张……”我看到吕小刚眼睛一动，知道不慎触到了他的神经，马上改口说，“东南银行很支持，都布置好了，让罗志远跟踪联系。”

“我还是不放心，布置是一回事，落实又是另外一回事。他们到底落实得怎么样？我想当面和罗志远谈一下。”

吕小刚做事就是这么细致，总想图个万无一失，这令我多少有些感动。

出发前的一个晚上，吕小刚专门请罗志远吃饭。席间，他坚持要罗志远讲清楚东南银行是如何布置的，如何保障我的安全，如何跟踪联系。

吕小刚的问题也是我的担忧所在，我也一个劲地询问。

罗志远一一做了介绍，有些地方敷衍了事，甚至连想都没有想过。吕小刚越来越不安,我也为自己捏了把汗。

吕小刚沉思了一会,当场提出了几个需要加强戒备的地方,再三说:“你一定要全力保证俞芸的安全。”

罗志远说:“你放心,我不会让她离开我的视线。”

吕小刚继而转向我说:“我建议你晚去几天。在他们还没有调整好保障方案时,千万不能去。”

“你放心,那里和这里一样,都是共和国的天下,都在960万平方公里中。”我说。

我尽管表现得很沉着,可心里也在发毛。因为罗志远他们并没有很严密的措施,可他们就是相信天绝对塌不下来,我也不知道他们哪里来的自信,也没有多想,只是一味地相信张国平,一味地想为张国平办事,可这一点我又说不出口。

我住进天河大酒店——天河县唯一的五星级酒店,第一时间就给张国平、罗志远、吕小刚分别发了一条短信,然后整理了一下行李,稳定了一下情绪,朝二楼的商务酒吧走去。这是李强的安排,让我在那里和他找的内线见面。

我在一个不显眼的角落里坐下,要了一杯橙汁,慢慢喝着,等着。我没有见过这个人,吕小刚只给了我一个他的“神州行”手机号,并且告诉我,到时候互相拨打对方的手机,拨通了,就算是对上暗号了。

我感觉我们就像在做地下工作。我不由得自嘲起来,到底是我们占着黑暗面,还是他们占着黑暗面;到底是警察抓强盗,还是强盗抓警察;到底是正义见不得阳光,还是罪恶见不得阳光。

约定会面的时间早已过了,那人却始终没有露面。我有些坐立不安起来,正在犹豫是走还是等的时候,酒吧服务小姐托着盘子走到我面前，轻声地说："这是你的信，刚才有一位先生要我交给你。"

"谢谢。"我接过信打开一看，大吃一惊，信上明白无误地写着：在你旁边有可疑的人，我已经秘密观察了很长时间。现改到假日酒店商务酒吧。千万不要和任何人说，哪怕是你最亲近的人。

我连忙举目四望，却没有发现任何异常，于是重新看了看那封信。那信是用酒店的便笺写的，装在酒店的信封里，字迹潦草，可以看出，此信是写信人临时写的，而且心急慌忙。

我被他的悬乎劲弄得有些紧张，真像陷入了危险境地。因为如果那人所说的是真实的，那就意味着我的行踪已被人跟踪，我的生命已落入了一只看不见的手掌，只要那只手掌一攥紧，我就可能香飘玉碎。

一种强烈的不安袭扰在我的心头，我感觉到了危险，意识到了这个案子性命攸关、凶险难测，如果自己再贸然踏进去，一定凶多吉少。我这时才体会到张国平为什么把问题看得那么严重，为什么要做特别安排，为什么吕小刚那么不放心……我感激张国平的精心安排，感激吕小刚的悉心照料。可我马上又想到，越是这样的案子，幕后故事可能越精彩，新闻价值越高，也就越值得干一把。俗话说"不入虎穴，焉得虎子"，何况还有张国平照应着呢。

我的心由不安变成了激动，由"怦怦"乱跳变成了有节奏的跳动，每一次挤压都显得那样高亢有力。过了会儿，我又冷静下来，想把问题考虑得更全面、更周到一些。我有意识地让思绪往另外一个方向急驰——这年头为了骗钱故弄玄虚制造假新闻的人不少，这是否也是同一出戏呢？如果真是这样，那整个调查就是一个天大的玩笑，我会被天下人耻笑，甚至笑掉大牙。因为有同事目送我出发时，我从他们的眼睛里深窥到了他们的心底，那里的情感很复杂——嫉妒、苦涩、喜悦、麻木……可我马上就觉得这种可能性不大，并且找到了一个过硬的理由说服了自己，因为参与在这个案子里的人都是些正儿八经的，譬如张国平、李强、吕小刚，等等，而且这些人平时鲜有谋面，不存在共谋。

我不敢大意，更不敢存有侥幸，而是一个劲地提醒自己，必须把事情想得很坏，处处提防。于是我又给张国平、罗志远发了条短信。由于匆忙，我遗漏了吕小刚，或许在我的潜意识中，吕小刚的担忧只是一种精神安慰，目前鞭长莫及。

很快，张国平的短信来了："你切不可直接去假日酒店。出门后要多换一些车，多绕一些路。"

罗志远的短信也来了："明白。"

我还是有些忐忑不安，觉得张国平离得那么远，罗志远又不见踪影，说是有人保护我，可未看到，也没有联系上，而我身上不着铠甲，身边又不带警卫，如果危险真的来了，直面危险的就是我这一身软绵绵的皮囊了。

我有一种被悬挂在天上的感觉，开始抱怨起罗志远来，抱怨他不负责任，整天不知道躲在哪里，看不见，够不着。

我出了酒店的后门，左顾右盼了一会儿，确定没有人跟踪后，才招呼了一辆出租车朝假日大酒店的反方向驶去……透过车窗，我扫到了罗志远的身影。

出租车在天河广场停下，我穿过商业大厦，借着两边橱窗的玻璃反射扫视着背后、左右……在确信没有形迹可疑的人后，我在大厦的后门又上了一辆出租车，并且招呼司机快走。

出租车绕了好几个圈后，才向假日酒店驶去。那家酒店坐落在新建的环城大道边上，一侧是新开发的商务区，以写字楼为主，由于晚上人去楼空，因此附近人迹稀少，显得荒凉。

到了酒店门口，我又张望了四周，再次确认没人跟踪，就碎步走进大厅，直冲商务酒吧。

酒吧内光线很暗，基本上靠桌面的烛光照明，没有几个客人。我要了一杯咖啡，还没有来得及品尝，就感觉有一个黑影压过来，径直在我对面的沙发椅上坐下。

我睁大眼睛，想在暗淡的亮光下看清楚来人是谁。我看到那人拿出手机拨了一通号码，不一会儿，我的手机响了。我一看来电显示，正是吕小刚给的那个号码。

“你好。”我和他打了个招呼，也回拨了电话。

那人微微一笑，向我点了一下头，然后侧过脸去，让大半个面孔隐在黑暗里，声音压得很低地说：“很抱歉，让你到这个地方来。”

“我不介意，就是多折腾了一下。”

“这样做是必要的，因为我今天对你讲的话能让许多人进监狱，有人还可能掉脑袋。他们一定不会放过我，甚至要我的命。”

“你是谁？在金穗集团里是干什么的？”我首先问。

“你就叫我老崔吧，我不是金穗集团的人。”

“你不是金穗的人？”我大吃一惊。

“这就是你先生和李强的厉害之处，”那人一边张望，一边说，“亏他们想到我了，确实也只有我能，而且愿意帮助你们。”

“你到底是谁？”

“我是律师，以前代理过金穗集团的许多案子，两个月前合同结束了，我也不想续签了，那里面很乱。”

“你为什么要帮助我们？”

“为了钱，有人答应给钱，而且已预付了10万，是一家企业出面给的。”

我大惑不解，吕小刚和李强哪里有这么多钱去支付这种冤大头的账？如果说真有这档子事，吕小刚肯定会暗示我的，他怎么连提都没提呢？

“嘿嘿，你觉得不可思议？”老崔笑着说，“大千世界，无奇不有。我们还是抓紧时间，你有问题尽管问。”

“我能不能录音？”我说着就拿出了录音笔。

“可以，不过更详细的我都给你做好了，就在这个录音器里，”老崔拿出像打火机一般的录音器递给我，“这会儿我就简单地告诉你一个基本情况。”

“还有其他材料或证据吗？”

“我找银行的朋友帮忙，在省中国银行以你的名义开了一个保险箱，密码是你老公的生日。我一共有三个拷贝，留给你的只是其中一套。”

“真悬乎……那就开始吧。”我打开自己的录音笔，放在茶几上。

“金穗集团实际上已经变成了某些人操作自己私事的平台。他们做假扩大资产，从银行里骗来大量资金，又把这些资金挪到自己的公司里，转到股市和房地产上去了……”

他谈的每一个要点都和东南银行有关，每一种罪孽都牵连着张国平，我不由得紧张起来，为张国平担忧，加上漆黑的环境渲染，我越来越恐惧。

一个酒吧服务小姐走来，伏下身子轻声对我说：“后面包房里有一对年轻人找你，说是你的朋友，请你过去一下。”

我满脸狐疑地看着老崔，想征得他的同意。老崔急促地张望了一圈，一言不发，表情僵滞，连手脚都有些颤抖，似乎大祸即将临头。

“要不我们一起过去看看？”我带着商量的口气说。

老崔不置可否，呆愣着。

“那我去去就来。”我说着慢慢站起来，跟在服务小姐后面拐进一个处在夹道尽头的位子。

桌面上烛光昏暗，一对年轻人依偎在沙发上吮吸着对方的嘴唇。我辨别不清他们是谁，也无法把他们的轮廓同我记忆中的任何一个人重叠上。

我不好意思打断他们的甜蜜，迟疑了好一会儿，见他们还没有终止的迹象，于是忍不住走上前说：“晚上好，是你们找我吗？”

这对恋人依旧抱着，不约而同地抬起头，不满地看着我，一脸疑惑：“你是谁？我们找你？”

“不是吗，刚才有一位服务小姐……”我突然明白了一切，转身就往回跑，背后追着那对恋人的粗话：“神经病！”

我跑回刚才的座位，发现老崔已经不在了，周围依旧平静、黑暗，像什么也没发生过似的。我急忙找来一个服务小姐询问，对方告诉我说，那个男人和几个人一起走了，就在我离开后，前后只差一两分钟。

我目瞪口呆，半晌说不出话来，只觉一股寒气顺着脊梁骨直冲头顶——这是调虎离山之计，毫无疑问，在这个黑夜里，肯定有一双眼睛正窥视着我，我的一举一动确确实实地都掌握在别人的手心里。

黑暗把这陌生的环境渲染得更加可怕，我忽然觉得自己孤独、弱小，这广漠而浓密的黑色就是一只巨大的黑手，那黑手一旦拍下，会力贯千钧，压碎一切。

我冲出黑暗直奔大厅，大厅亮堂的灯光刺得我睁不开眼，可心里却平静了许多。我匆忙走出大门，就见一辆出租车驶过来停到我的跟前。我一步跨了进去，喊道："天河大酒店。"

驾驶员没有吭气，不停地踩着油门。

我点开手机上的"菜单"，好容易才给张国平和罗志远发出了"H"。完了我开始打量车窗外的景色。窗外很黑，偶尔有灯光闪过，可灯光越来越稀少，黑幕越来越浓重……我觉得出租车好像在往城外急驰，而且离城区越来越远。

"司机，这个方向对吗？"我不安地问。

司机瞄了一眼后视镜，没有搭理我。

我第一个反应是，自己被人绑架了，便声嘶力竭地用拳头砸起驾驶员背后的玻璃罩，喊道："放我下去，放我下去！"

驾驶员头也不回，右手慢慢举起，乌黑的手枪在空中摇晃，声音沙哑："别闹，我保你一条命。"

我顿时懵了，脑中一片空白。

出租车驶进了一个院落，停在一栋小楼前。我被司机拽下车，他的一只大手就像一把铁钳，牢牢地掐进我胳膊上的肉里，锁住了骨头。我又被他架着走进小楼，小楼里没有灯光，我感觉到上了二楼，被推进一个房间。

房间里很暗，只有一张桌子，桌面上有一支蜡烛，一个肥硕的男人坐在桌子后面烛光外的阴影里，另外两个壮实的男人挺直着胸脯站在门口，面容凶煞而阴沉。

司机冲着肥硕的男人叫道："余头，人给你带来了。"

我不敢做声，恐惧地看着他们。

余头把腿跷到桌面上，注视了我一会，说："老崔和你说了什么？"

"没有，没说什么……"我害怕得语无伦次。

“你想听听老崔的声音吗?”余头说。

我不吭声。

余头冲着司机做了一下手势,司机出去了。

不一会儿,隔壁传来一阵撕心裂肺的惨叫:“哇……”

我吓得瘫倒在地上,哀求起来:“放了我,也放了他。他真的没有来得及和我说一句话。”

“好,你不愿意说,我也没有工夫和你耗。”余头走到门口,对着两个站着的人说,“你们去找几个兄弟来,这么漂亮的女人,不乐一乐?”

我连坚持一下的念头都没有闪过,本能地哭叫着乞求起来:“我说,我都说,你们不要走……”

那两个男人没有移动,而是看着余头,似乎在等待下一步指令。

“你们还等什么?乐完了再让她说,”余头恶狠狠地说,“敬酒不吃吃罚酒。”

“好嘞。”那两个男人跨出门,把门很狠地甩上。

我追过去,扑到门上,哭喊着拼命拉门,可怎么也拉不开。

不多一会儿,门外响起了一阵恐怖的嘈杂声,像有许多双脚跑来,这隆隆的声音能把我整个精神世界和意志震碎。我害怕地往后退缩,退到墙角,本能地用双臂护住自己的身子。

门被踢开了,几个男人闯了进来,朝我逼来,其中一个抱住我……我大叫一声,昏了过去……

我感到一阵阵凉意袭来,睁开眼睛一看,发现自己站在一个山坡上,依靠在石头扶栏边。扶栏下的远处闪烁着群星般的灯火,那里是人的世界,我这里是鬼的地狱,只有风的凄厉吼声,我第一次感到我离人间是那么遥远。

夜晚的风寒意凛冽，吹在我脸上就像刀割一样。我哆嗦着站立不住，心里不停地咒骂起罗志远："没用的东西，张国平瞎了眼了！"

"多好的夜色，多么美丽的人，为什么有福不享，偏要追求什么正义！"余头嬉笑着走到我面前，上下打量着我，"脸蛋真漂亮，身段真性感……"

我满脸流泪，心里不断地呼喊着张国平的名字。

"推下去……"余头喊了一声。

两个壮实的男人像抓小鸡一样抓起我，我拼命地抱住石头扶栏，挣扎着，喊着，哭着……

忽然，山坡的路口亮起了车灯，一辆小车飞驰而来，尖厉的急刹车声刺破了夜空。车上跳下三个人，急速跑来，冲在最前面的那人大声高喊："住手，住手！"

两个壮实的男人神经质地放开了我。我一看，冲在最前面的那个人很陌生，是个壮实的中年男人，后面不远处是张国平，再后面是罗志远，我像见到了救星似的高声呼叫："张行长……"

当张国平跑到我身边时，支撑我身子的最后一点力气已然耗尽，我虚脱地倒在他的怀里，他搂住我，温暖，抚摸，安慰我说："别怕，别怕，有陈老板和他们交涉。"

陈老板就是走在头里的那个男人。陈老板虎着脸，劈头盖脸地冲着那几个人就骂："你们他妈的不讲信誉，说好了放人的，怎么又绑到这里来了？"

"我们没有拿到证据，心里不踏实，所以改变主意了。"余头不紧不慢地说。

"我又不是第一次和你们老板做生意。和你们老板都谈好了，按规矩先放人，再给证据。"

“哦……”余头迟疑了片刻，喊道，“放人！”又说，“我们也是按道上的规矩办的，没有动她一个指头。”

“你们敢？我叫你们灭门！”陈老板骂道。

余头冷冷地问：“我们什么时候才能拿到我们想要的东西？”

“明天，包在我身上，”陈老板不满地嚷道，“还不快让俞小姐回酒店去？”

“放行。”余头大手一挥。

陈老板驾驶的小车载着我、张国平和罗志远，拐进了一个度假村，里面全是小别墅，最后我们在其中一栋别墅前停下，门口有一盏路灯，昏黄。

“这里不是天河大酒店！”我看着张国平，惊魂未定地说。

“是的，天河大酒店还能去吗？他们现在还没有拿到证据，会放过你吗？”

“那，这里是什么地方？”

“这里是陈老板的地盘，是我让罗志远专门安排的，你放心好了。”

张国平扶我走进房间，让我躺在沙发上，又给我烧水，沏茶。过了好长时间，我才慢慢舒缓过来，觉得身上有了些温热。

张国平喂我喝了几口浓烈的红茶，抚摸着我的头发，温柔地说：“现在感觉好些了吗？”

“好多了。”我点点头，感激之情瞬间变成了一股巨大的能量，使我不顾一切地扑过去从背后紧紧抱住张国平，头贴在他的背上，眼泪刷刷地流了下来。我开始吻他。

张国平一动不动，任凭我贴着，吻着。“不要怕，有我在。”他说。

“这帮强盗、土匪，决不能放过他们！”我咬牙切齿地骂道。

“你啊，就喜欢逞强，这回该明白了吧，坚持正义是要付出代价的，迎接一缕阳光是要等待整整一个黑夜的。一个弱女子，何必去蹚这种浑水呢。”

“我咽不下这口气，真理在我一边。当然，也多亏了你及时赶到。”

“不要这么说。尽管我出面不太方便，可你走了以后，我是一直在牵挂你的，时不时地和罗志远通电话，敦促他怎么做。当我一看到你发来了‘H’，就立即通知罗志远，让他赶快去和陈老板联系，并且跟着你。所以，我们很快就找到你了。”

“我想明天就离开这里。”

“好，明天我一定带你安全离开。”

“难为你有这份心思和细致。”

“你不要过意不去。今天太晚了，你也够累的，洗个热水澡早点休息吧。”张国平说着站起身来，像要离开的样子。

“你要走了?”我情不自禁地问。

“是啊，很晚了。”

“我一个人……害怕……”

这声音虽轻柔，可对张国平来说，却如同一声春雷在头顶上隆隆作响，如同一声高亢的呼唤，激起了他压抑了很久的亢奋。张国平知道时机到了，不再犹豫，不再装模作样地抑制自己。他猛地扑上来，抱住我，压着我，在我的脸、脖子、头发上疯狂地吻了起来。我也紧紧抱住他，疯狂地吻他。

张国平的手贴着我的皮肤伸向我的敏感区位。我不禁被他调教得兴奋起来，感到浑身惬意。我第一次体会到情场老手的情趣，第一次尝试到情场老手调教女人性情的手法。这情趣让我百“辱”不厌，这手法让我欲仙欲醉……

事毕，张国平躺在我身边，还不停地触摸着我的身躯，声如游丝：“你真美，有你这样的美人陪伴终身，此生足矣。”

我也娇柔地说：“我有过一次错爱，不想再错了。今天，苍天把你恩赐给我，我一定会珍惜的。”

“只有在你身边，我才体会到什么是真爱，什么是人类最美好的性爱。我要用生命来换你的爱。你听好，我要娶你，我要娶你！”

“我愿意，一定等你。”

张国平没有接话，而是看着天花顶，若有所思。“老崔给你的证据在哪里？”一会儿，他开口道。

“这个……”我暗暗吃惊，猜测着他的意思。

“能不能交给陈老板？”

我没有说话，心里很不乐意。

“这是陈老板答应人家的。道上有道上的规矩，否则陈老板以后很难做人。”

“有了这些证据，就可以将他们绳之以法。我一定要把这个黑帮团伙揭发出来，公之于众，为民除害。”

“事情没有那么简单，而且你的事也还没有完。”张国平冷冷地说。

“我的事？”

“他们释放你是有条件的。”

“条件？”

“陈老板直接找了他们的老大。开始时谈判并不顺利，他们开出了许多条件，很苛刻。陈老板用电话问我怎么办，我当时也很生气，我让陈老板转告他们，我不是吓大的，毕竟在政府中，包括公安局里，有我许多兄弟。”

“他们说什么?”

“最后,他们退让了,许多条件不再坚持了,但一定要收缴证据。”

“你答应了?”

“我的想法和你一样,开始不答应,所以才有要推你下去的那一幕。陈老板劝我,如果不给,真的到了动刀弄枪的时候,恐怕谁都没有好处。”

我的眼泪一下子涌了出来,无助使我忧伤和悲哀。

“留着青山在,不怕没柴烧。先脱身再说,这帮人可是什么坏事都干得出来。”张国平安慰道。

“可老崔还在他们手里,握有这些证据就能保证老崔的安全。”我以为找到了一个过硬的理由。

“你现在只能管自己的安全。”

“那怎么行?他是为了我们,做人不能不讲义气。”

“好吧,他的事我叫陈老板去搞定。不过,证据还是要交。”张国平加重语气说。

交出了证据就意味着向黑恶势力投降,就等于出卖灵魂,放弃正义,我泪水涌了出来,痛苦地抽泣起来,绝望了……

我将老崔藏证据的地方告诉了张国平,就在他转身离去打电话的一瞬间,我觉得自己出卖了朋友,出卖了真理,出卖了人格。

我原本指望凭借张国平的力量反击一下,以讨回公道,可现在连翻本的手段都已拱手相让。正义有时就这样虚弱,公平有时只存在于梦中。

11

吕小刚：我也有些窝火，我从来没有让俞芸难堪过，这早就是习俗成定律的事了。我时常在想，既然已经被宠坏了，就宠坏一辈子吧，谁让我自己找的。可这次不一样，因为涉及重要的案子。

俞芸去天河县以后，我的心就像被什么堵上了似的，做什么都不爽，做什么都静不下心来。李强也是一样，整天心神不宁，时时挂念着俞芸的行踪。我们都有些后悔，当初怎么就这么冲动，让一个弱女子去独闯龙潭虎穴——要知道，当一堆金钱和一条生命放在一个天平上的两端时，生命轻如鸿毛，金钱重如泰山。

到了下午，除了收到俞芸发自天河大酒店的短信外，就再也没有了她的任何消息，打过去的电话或者不接或者就是不在服务区，这情景更让我焦急不安。

我去找李强，耗在他办公室里，希望他能够给我一点宽慰。我的紧张情绪传染了李强，李强试着和老崔通了电话，说话很简短，只是问了一下情况。

李强挂断电话后轻松地说："放心吧，老崔一会儿就和她碰面。"

我的心情稍微好了些，可没过多久又坐立不安起来，弄得李强也无法工作。

"既然你我都没有心事干活，干脆找个酒吧，一边喝咖啡，一边联系，怎么样？"李强提议道。

"听你的。"我说。

报社对面就有个不错的酒吧，我和李强找了个雅座，聊了很久，分析了这个案件的几种可能的结果。天渐渐黑了，我们都没有离开的意思，各自要了一份公务套餐。

吃饭期间，李强又拨打起老崔的电话，可这次只有铃声，没有应答。李强歇了会儿又拨打起来，依旧如此。最后一次，老崔那边干脆关机了。李强有些急了，喃喃地说："这个老崔，怎么回事？"

我试着和罗志远通电话，罗志远的回复很干脆："没有事，一切正常。有情况我会告诉你的。"

我劝起李强："不要担忧，我刚才和东南银行的人联系了。可能他们正在面谈，不方便通电话。你放心，我老婆也不是等闲之辈。"

我虽然这么劝着，可心里比他还要发毛。说实在的，万一俞芸出事了，李强除了内疚以外，毛发不伤，可我就不一样了，俞芸是我的生命，是上帝赐给我的最珍贵的礼物，少了她，就如同把我一劈两半。

夜色已深，李强还是无法联系上老崔，我也联系不上俞芸，却能和罗志远通话。罗志远依旧一副轻松做派，说："一万个放心，一切按计划行事。"

我装得很轻松，微笑着对李强说："罗志远说没事。"

李强皱起眉头看着我，一脸狐疑地说："罗志远真是这么说的？可是，我的感觉不对呀，就怕其中另有隐情。"

"应该没事。罗志远可是我的发小，不会骗我。"

"你太善良了。你从好里想，东南银行和金穗公司只是业务往来，可往坏里想，那可是一坨的呀！唉，这个老崔……"李强叹息道，突然又没头没脑地说了一句，"你要别人的命，人家就不能要你的命吗？"

"你想到什么了？"我害怕起来。

“没什么，我的意思是今天不要再等了，明天一有俞芸的消息就立即通知我。如果明天上午还没有俞芸的消息……”李强没有说下去，因为他似乎也没有更好的办法。

回家后我始终无法入眠。俞芸的手机也始终关着，最后连罗志远的手机也关了。俞芸就像是一只断了线的风筝，不知飘落到了哪里。

阳光透过窗帘把房间照亮，我昏沉沉的浑身乏力，睡不着也起不来，不想上班，也没法上班，就请了个假。俞芸那边依旧杳无音信，我脑子混乱极了，精神快要崩溃了。

中午时分，我听到了一阵熟悉的开门声，果然是俞芸回来了。她衣衫有些皱，发丝有些乱，面色疲惫，眼光散乱黯淡；尽管她精心掩饰过了，可还是遮不住昨夜的不平静。

我纳闷地问：“你不是说要去好几天吗，怎么今天就回来了？”

“情况有点变化。”俞芸应付着，目光躲闪，以往那种自信和高傲已荡然无存，好像欠了我什么似的。

我还是一如既往地替她拿换洗的衣服，调试浴缸水温，送她进卫生间后轻轻掩上门。不一会儿，里边传出一声怪异的声响，接着是哭声，突然，淋浴被放大了，放得特别大，“哗哗”地吵闹着，可吵闹声还是掩盖不住悲痛欲绝的哭声，这哭声能穿透门板扎在我的心上隐隐作疼。我预感到发生了很大的不幸，急忙用电话通知李强赶快过来。

李强很快就赶到了，他迫不及待地问：“俞芸呢？俞芸……”

我的脸色很难看，指了指卫生间，说：“还在里面冲洗呢。”

“事情怎么样？”李强追问道。

“她没说，好像很难过，哭得很伤心。”

“怎么会这样？”

卫生间的门缝里又传出了俞芸的哭声。

李强急切地问:“到底怎么回事? 她说起过老崔没有?”

“她没来得及说。”我情绪很不好,语气也有些生硬。

“唉,你知道老崔对我们有多重要。”李强摇头道。

他只关心老崔,想知道老崔的下落和处境,我有些不高兴了,没有搭理他。不过我也很理解李强,老崔对我们意味着什么——老崔是我们能够掌握整个案件内情的唯一联系人,老崔身后站着真正的内鬼、深喉。至于说那人是谁,出于什么动机抖露内部情况,只有老崔知道。

我和李强有约定,李强和老崔也有约定: 我们绝不过问和打听。不过李强还是多少透露过一点,说老崔也不能肯定那个人是谁,对不上号,但一定是认识的。那个人只通过邮寄发资料,通过邮箱送通知,通过银行往老崔卡里打钱。老崔试着查找过,可邮寄地址是酒店或者写字楼,邮箱是在网吧注册的,汇钱人用的是假身份证。

我和李强都认为,当事人做事如此隐秘,考虑如此细致,只能有一种解释,那就是深感处境危险,随时会面临杀身之祸。

俞芸穿着浴袍出来了,步履沉重。当她看到李强时,竟浑身一颤,目光恐惧,不知所措。

我急忙扶她坐到沙发上,端上热腾腾的红茶。她靠在沙发上,两眼呆呆地盯着面前的墙壁。

我关切地问:“是身体不舒服吗?”

她不吭声,也不摇头,仍然呆呆地睁着眼睛。我急切地想知道到底发生了什么事,如果李强不在,此时我一定会坐到她身边,挨着她,温暖她,好好地宽慰她。

李强几次想开口,我都直摇手,示意他别着急,再耐心等一会。

看得出来，李强虽然领会了我的意思，却焦虑难忍。

此时我反而趋于淡定，相信俞芸一定会给李强面子，因为她向来注重礼节，尤其对只有几面之交的外人。至于我，给我面子，这全当是一种奢望了。

俞芸缓过神来，对李强说："调查不是特别顺利，我想先回来再说，不要再招人耳目。"

李强问："你和老崔见面了吗？"

"见了……没有见到……准备见……"俞芸语无伦次，简直像换了一个人似的。

"到底见到了没有？"李强追问。

俞芸拼命地摇头，脸上阴云笼罩，惊恐异常，好像经历了什么可怕的事。

李强怕惹得她不高兴，用目光向我求援。

"现在他人在哪里了？你知道吗？"我接着李强的意思问。

"他去哪里了？"俞芸有些恍惚，又像自言自语，"我不知道，不知道。"

我瞄了一眼李强，李强朝我点点头，声音很轻，却很肯定："他们应该见过了。"

"可她……"我想说的是"可她不承认"，但没有说出来，怕激怒她。因为结论很容易推出：如果俞芸见过老崔，又不承认见过，就意味着她想隐瞒什么。可为什么要隐瞒呢？我相信此时李强心里一定在问同一个问题。

李强和颜悦色地对俞芸说："他对你说了些什么？他给你的证据呢？他答应我一定会给你的……"

"还没有来得及呀，一切都来不及。"俞芸的话显得莫名其妙。

“怎么会是这样？”李强将信将疑地问，“那……老崔去哪里了？我怎么联系不上？”

“我真的不知道。”俞芸有些不耐烦了。

李强看了看我，无可奈何地沉默了，憋着气。

我也急得没了主意。我从来不敢在俞芸生气时坚持做她讨厌的事，可我这次也确信俞芸在说假话，因为她语无伦次，简短的话语里不仅充满了矛盾，而且还害怕别人刨根问底，这就说明她昨天一定遇到了什么事情，一定遭遇了她必须隐瞒的难以启齿的经历。

“你们不要再问了好不好？你们的事我以后不想再管了。”俞芸显得很烦躁地叫道。

李强还是忍耐不住地说：“可你的行程告诉过谁没有？”

李强的话看似轻微，其实扎人，因为他已经在怀疑是俞芸不谨慎或者别的说不出口的原因，导致她泄露了自己此行的秘密，甚至出卖了老崔，至少是无意中出卖了。如果按李强的怀疑推论下去，那么问题就多了，譬如为什么会泄露，向谁泄露了，等等。

俞芸一愣，脸上掠过一丝惊悸，似乎被触到了神经末梢，但很快又陷入了沉默。

我也有些窝火，我从来没有让俞芸难堪过，因为我时常在想，既然已经被宠坏了，就宠坏下去吧，谁让我自己找的。可这次不一样，涉及了重要案子，而且中间还夹着李强，李强又是我最尊敬的专家之一。

我咬咬牙，死死地盯着她，下定决心一定要问出个所以然来：“是不是有人跟踪你？你们杂志社的？”

俞芸没有理我，这让我非常难堪。

过了会儿，俞芸扭过脸盯着李强，迟疑了片刻说：“听说老崔是为钱才干的，有人给他钱了？”

我和李强面面相觑，我第一反应就是，她似乎在反套我们的情况。

“没有听说，我们肯定没有给，”李强急忙申辩，“报社也不允许这样做！”

“真的没有？”俞芸反而来劲了。

“可能是东南银行的人……”我突口而出，看到李强狠狠地瞪了我一眼，知道失言了，于是戛然而止。

“是东南银行的人？”俞芸吃惊地说，接着又像是自言自语，“张国平怎么不知道？”

我恼怒起来，这是我和她结婚以来第一次敢对她动怒，因为我听不得从她嘴巴里吐出“张国平”三个字，而且我已经确信她的发问绝对不是出于好奇，十有八九是在为张国平打听“内鬼”。

李强看着我，惊愕得说不出话。李强的阅历比我深，我能悟到的，他一定能够看出问题来，而且看得更深透。

一条线索正变得越来越清晰，我不敢往下想，可又抑制不住——俞芸渐渐地融入张国平的这个利益集团，在为张国平办事……

“你见过张国平了？”李强问得更绝，更直截了当。

俞芸浑身一颤，表情十分复杂，不说一句话。

我不由得闪现出了一串念头：难道她事先和张国平商量过了？应该是，那天晚上她急匆匆地出去过，或者说昨天她和张国平有过什么过结？很可能是，今天她的神态就是一个沉重的谜。这正是我最不愿意想、最不愿意面对、最不愿意谈论的，可又不得不去想，不得不面对，不得不谈论。我一定要张国平明白，什么叫多行不义必自毙，什么叫老实人不可欺！

李强平静地说:“到天河县办事,请东南银行的人协助也未尝不可,也说得过去,噢……这样说吧,如果你不特别为难的话,最好把昨天发生的整个情况、过程给我们介绍一下,我们一起来分析。”

“是啊,这案子毕竟牵涉到东南银行。”我帮着说。

“让我安静一下都不行吗?”俞芸条件反射似的发起火来,起身就往卧室里走。

我刚要追上去,李强一把拉住我,摇摇头轻声说:“到此为止吧。”

“就这样了?”我流露出不满,“疑点很多,也很蹊跷。”

“我知道,只能这样了,她一定难以启齿,而且非常难,不要再逼了。其实我已经看出了端倪,这就是最大收获。我后悔当初让她去。我最担心的是他们……”李强脸色越来越阴沉,他右手握拳,左手包裹在右手上——抱成团。

我痛苦地点点头,我不愿意承认这个事实,可又必须接受这个事实。

“昨天晚上一定发生了什么事,而且是大事,弄得她不想再干了,也说不出来。你一定要弄清楚。”李强很坚决。

“好的,你能给我些提示吗? 譬如应该从哪种可能上去推测,去了解?”

“我想,她一定和张国平见过面了,甚至很可能已把整个行踪都告诉了他,而且老崔也多半落在了他们的手上。如果是这样的话,张国平就有重大涉案嫌疑,她和他们走得太近,串在一起了,这是我最不愿意看到的,这不仅不利于揭露案情,而且还会断送俞芸的前程。还有……我要提醒你,在谈论这个案子时你特别要注意和俞芸的关系,也就是说,要保持一定的距离,要适可而止。”

李强的脸色很难看,我想他一定很后悔,他当初无论如何也不会想到事情会如此复杂、如此走向，而且越演越浑，甚至连我这个亲密战友也在危险边沿上徘徊——可能会有意无意地出卖他。

我顿时觉得自己深陷了一个漩涡，身边旋转着许多人，这些人都和金穗集团有关，我们的一举一动都在他们的眼皮底下，我的一举一动都被他们牵扯着。他们的目的很清晰，就是千方百计地要阻碍我们深入调查下去。

我恨不得马上就能揭开盖子，看看下面的污水到底有多深，救俞芸于悬崖峭壁之缘。我爱她，我不能没有她，我发过誓要带给她一辈子幸福。

“你怎么不说话?”李强问。

“我不知道怎么说。不过有一点请你放心，我会以大局为重的。”

“嗯，我走了。等俞芸安静一下后，你再和她好好聊聊，争取弄清情况，不过说话时一定要心平气和，不要刺伤她。”

“我知道了。”

俞芸终于从卧室里出来了，接着懒散地坐在厅里的沙发上，拨弄着电视遥控器，胡乱转换着频道。

“刚才休息得好吗?”

“还好。”俞芸回答得很简单，显然是不想和我多说话。

我觉得是把话挑明的时候了，于是便说:“我们谈谈好吗? 因为这不是我们之间的私事。”

俞芸用余光看着我，不点头，也不摇头。

“我想把一些现象拼接在一起，分析一下问题的症结。你看可以吗?”

俞芸依旧不理睬我。

“为什么老崔的行踪会被人发现？为什么你的行踪也暴露了？是不是东南银行的一些人不让你调查下去？他们为什么要这样做呢……”

俞芸的脸上掠过了一丝淡淡的轻蔑。

我不知道她在嘲弄谁，也不知道这是否意味着我的话触及了她的内心深处，在那里产生了共鸣，总之，我无法洞察她复杂的内心世界。不过这一丝轻蔑又给了我继续谈话的勇气。

“这个案子已经被我们盯上了……”我把话挑得更明朗了，刚想一吐为快，可李强的提醒在我耳边响起，我又犹豫起来。

我心里不停地抱怨起来，事情怎么这么背，左不是右也不是——如果对俞芸一吐为快，就等于把底细都告诉了张国平他们；如果不对俞芸敲打一下，凭她那个自以为是的性格，很可能会和张国平他们继续混迹下去，闹出更大的事来，与公与私都不利……忽然我觉得她很可怜，很脆弱，她需要我的爱，我的呵护。

我鼓起勇气说：“根据我和李强的初步判断，金穗集团和东南银行之间有大案情，和张国平有关……李强已经接手了……你要小心。”

“哼。”俞芸冷笑一声。

“我真的没有那么俗气，只是为你好，提醒你不要和张国平走得太近，包括不要替他搞那本书。”我真诚地说。

“无聊，一股酸味。”她轻声地说。

一股怒火从我心头腾起，我失去了控制，冲着她提高了嗓门：“难道你还要我把心挖出来给你看吗？咱们夫妻一场，你还不了解我？我是个愿意为你死的人！”

“你嚷什么？吵什么？是不是要吵得左右邻居都知道？”俞芸瞪

着眼睛说。

我一下子不吭气了，后悔自己有些过激。其实这种过激情绪对平时有着磕磕碰碰的夫妻来说算不得什么，可对俞芸却不一样，这不仅是她第一次领受，而且发生她在情绪最差的时候，的确有些消受不了。我静静地等待她反击、发泄，因为只有发泄出来她才会舒坦。我愿意承受她的发泄，愿意给她当出气筒，愿意……只要她愉快、心情舒畅就好。

出乎意料的是，俞芸显得很平静，说："事情没有你们想的那么严重。不过，我是不想再做下去了，也劝你们不要再提这件事情了。"

"已经晚了，李强已经向分管我们的李总编汇报了，立为课题了。"我没有退让，这是我第一次拧着她的意思来。

"我好言相劝，你们怎么就是不听？"她似乎很伤自尊，便板起脸说，"这里面没有正义，在外人看就是官场争斗，你不服我，我不服你；你优秀了，我就要翻出你的破衬里，你越优秀，我就揭批得越带劲，揭批出来的东西越有新闻价值，就越轰动。"

我震惊了，我心目中那个一向料事如神、剖析深刻、判断精准、大义凛然的俞芸，怎么会说出这样有失水准的话，怎么会做出如此明显有悖于事实而低俗的判断。

我意识到，事到如今不能再退了，再退就意味着默许、默认，眼睁睁地看着俞芸走向深渊。

我定了定神，一字一句地说："我不完全同意你的说法。还有，不管你怎么说，我们还是坚持自己的观点，绝对会干到底的。"

"脑子进水了……"俞芸没有示弱，激烈地反击起来，带出了许多尖刻的话语，其中有的还是我第一次听到。

我也争辩起来。开始时我还能控制住自己的情绪，可没过几个回合就被激怒了，言辞锋利，也夹带一些伤感情的话。这些话也是第一次出自我的口，此外，我还透露了一些我们调查的情况……我不知道今天哪里来了这么大的勇气，竟然如此无所顾忌，或许是出于狭隘的心态，要和张国平拼到底；或许是出于宽阔的胸襟，要让正义彰显天下。

逾芸气得发抖，哆嗦得说不出话，大颗大颗的眼泪滚了下来，却没有放声。突然，她只身冲了出去，重重地甩上了房门。

我狠狠抽了一下自己的嘴巴，骂道："真他妈窝囊，连老婆都看不住。张国平，你太欺负人了！"

但是很快，我便冷静下来，开始担忧自己情绪失控时透露的那些底细将会发生何种的意外。

12

俞芸：我心里甜甜的，相信张国平所说的就是他的真情流露，于是我吻了他，赞美了他几句。作为一个女人，我也担心他会变卦。要知道，出轨的女人就怕被勾引她走上歧途的男人遗弃、冷淡。当然，我对自己的魅力、吸引力充满自信——我这样的女人他上哪里去找。

我一怒之下跑了出来，和张国平通了个电话，告诉他我现在的处境。这与其说是冲动，不如说多少带着点算计，因为这样做既可以避免吕小刚无休止地纠缠，又可以堂而皇之地与张国平单独相处。

张国平要我马上去万豪大酒店入住，住一段时间都可以，他们银行在那里长包了房间，他会和酒店前台打电话的，我去时只要报个名字就行了。

我刚在酒店安顿下来，张国平就到了，他关切地说："我来陪你一会儿，怕你孤单，心情烦躁，另外也想看看你还有什么需要的。"

见我没有带任何行李，他又给了我一张招商银行信用卡，指了指窗户外马路对面的"世界广场"，说："等一会你可以去那里购置一点生活用品，我坐一会走，因为还有个饭局呢。"

我用电热壶烧了开水。张国平喝着我沏的茶，就和我聊起今天发生的事情……我发现他特别留意吕小刚的说法和李强的态度，每当我谈到吕小刚和李强，他总要反复提问、核实，尤其对一些细节重视得让人生疑。

我试探着说："看你认真的样子，这都是些芝麻绿豆的小事，不必太认真了。再说吕小刚他们生性胆小，都是些怕惹事的人。”

“不能这么说，他们本身无所谓，可他们代表的是省报，省委的机关报。”张国平很认真地说。

我不想和他争执，就转向了轻松的话题：“你不是还有许多事，要不你先回去吧？”

可他却转不过去，放不下心事，一直纠缠着要我继续介绍，“吕小刚还说了些什么？”“李强有没有透露过下一步的计划？”等等，就像鬼附身魂出壳一样，心神非常不宁。

张国平没有碰我，只是一个劲地打听，到了吃晚饭时他就告辞了，离开得很匆忙，也没有说晚上再过来。我疑惑不解，猜想张国平是不是认为我此时的情绪不好，心情很乱，而这一切的始作俑者又完全是他，因此不想在我最失落和烦躁的时候，做那些只能使他单方面感到满足的举动。

我没有去对面的世界广场，而是昏昏沉沉地倒在床上，连洗澡也忘记了。当我醒来时发现，灯还亮着，已经是半夜了。我熄灭了灯光，却没有一点睡意，孤独地躺在床上，瞪大着眼睛注视着漆黑的空间……我眼前浮现出了吕小刚的身影，往常这个时候吕小刚一定会给我做脑部按摩，搂我，哄我睡觉。我一点也不恨吕小刚，想恨也恨不起来。他没有做过对不起我的事，作为一个过日子的男人，他无可挑剔；作为一个爱老婆的丈夫，他无可比拟。我知道他今天动感情了，他之所以会动感情也是为了我好。因此，尽管他说了一些过头的话，可我没理由抓住不放……我又看到了张国平的身影，他一脸同情和怜悯，也不乏真挚，可这种真挚没有吕小刚的感人、厚实……我这时才体会到了吕小刚的可爱、可贵，可我能回去和他相拥吗？能和张国平一刀两断吗？

我知道自己必须做出抉择，可我无法洞察我要去的任何一个方向会使我走向何处……我的脑袋快崩裂了。

张国平后来又把我安顿进一家精装修的酒店公寓，告诉我想住多长时间就住多长时间，房间卫生、衣食出行都有人伺候。

我有些感动，怎么也无法把张国平善解人意的心和丑陋联系起来。

罗志远来了，身后跟着家乐福超市的两个员工，像驴子一般驮着许多东西，都是我要用的生活必需用品，如被子、床单、香波、沐浴露、水果，等等。他显得特别殷情，处处以卑微自居，几乎达到了小心伺候的程度。我知道他一定认准了我和张国平发生的故事会长久地维持下去，我在张国平耳边吹的风压过他的势头，他的未来需要我照应。

说实在的，我从心底里鄙视他、厌恶他，恨他不择手段，推波助澜地促成我和张国平的事。我也恨老天怎么就创造出了这么一个绝顶自私的人，吕小刚也算是瞎了眼——认贼为友。

等东西卸放完毕后罗志远微笑着对我说："还有什么事情只管吩咐。"

"我怎么好让大主任像个农民工一样忙，"我也笑着说，"太委屈你了。"

"这是我应该做的，只恐怕亏待了你。因为这里不如酒店，却可以不引人注目，也是张行长用心良苦啊。"

"哦，难为他了。"

"我……"罗志远看着我想说什么，一时没说出来。

"只管说，我能尽力的话，一定帮忙。"

罗志远犹豫了一会儿，才说："赵主任调走了，可没有提我，只给了个主持工作副主任的头衔。"

"这不是有进步吗？"

"话是这么说，可只要有空缺就会有人惦记，说不准什么时候来了别人，就不让我主持了。"

我暗暗发笑，心想，这小子也不知道天高地厚，何德何能，副主任的屁股还没有焐热就想当主任，而且也不想想这个副主任是怎么当的，靠什么路数坐上来的。我故意问道："你提副主任是什么时候？好像不长时间吧。"

罗志远脸一红，说："是的，全靠张行长关照。我的意思是，请你在张行长面前说说好话，考察我的时间不要太长了。我的心里流着忠诚的血，血红血红的。"

"嘿嘿，好吧，有机会我会说的，"我突然想起了赵主任，在我眼里他至少是个正儿八经的人，比罗志远靠谱，"赵主任调哪里去了？安排得好吗？"

"让他到省农业厅当副厅长了。"

"他乐意去吗？他最理想的是在这里当副行长，同一个级别，可拿的钱就多得多了。"

"是不太乐意，可领导有领导的考虑，要服从大局嘛。"

"哼，"我在心里冷笑一声，谁不知道在官场中，这种理由背后往往隐藏着许多别的理由，"实话告诉我，为什么要调走他？是张行长在给你腾位子？"

他低下头，脸上闪过一丝难以掩饰的喜悦。

"张行长对你不错嘛。"我突然醒悟了，罗志远有今天是与"出卖"我和吕小刚有关。一股从没有过的深沉的屈辱撞击着我的心，我恨不得将他碎尸万段。

罗志远见我眼睛里冒火，害怕得哆嗦起来，不敢正视我。

我不知道他是否明白我在想什么，可看到他那副模样又觉得他可怜。从骨子里说，尽管他自私、卑鄙，可如果没有他的自私和卑鄙，就不会有我和张国平的邂逅与今天。假如我成为耄耋老人时，仍无遗憾于今日的选择，我当然会感谢他的自私和卑鄙的，我会称赞这种“出卖”……我突然吓了一跳，真不知道从什么时候开始，我这高贵的心灵竟会如此不经意地做出低贱的思辨，而且显得顺理成章。

我微笑着说：“这个年头，不要轻易得罪人，尤其不要随意欺负老实人，以为老实人好欺负。”

罗志远一会儿点头，一会儿摇头，似是而非。

天黑了，张国平来看我，问寒问暖，关心备至，说了许多疼人的话，掏了许多同情的心，就是不劝我回家，不愿意看到我重新投入吕小刚的怀抱。

我虽然感到了他的体贴和温暖，可我没有勇气留他过夜。我摆脱不了对吕小刚的责任，放不下吕小刚对我的一片痴情。

以后的几天里，张国平依旧天天来，除了关心，还是关心，不提任何要求。我的心情也好多了，似乎已经从混乱、不安、烦躁中解脱出来了。

我生日那天，张国平专门为我下厨做了几道可口的菜。我忽然有些过意不去，一个堂堂的大行长竟然像个小媳妇似的为我操劳，我的心又热烈起来。张国平看得很真切，他不失时机地在我耳边轻轻地说，要和我做爱。

我没有拒绝，因为有过一次了。

张国平像饿急了的狼，疯狂而冲动，浑身有使不完的劲……好长一会儿，他才瘫软下来，喘起粗气对我说："我这一辈子，自从娶了那个女人以后，就没有尝到过'性福'的滋味。如果不是遇到你，我就会得性抑郁症。"

我听着有些不达受用，讥笑道："没有她，你有今天吗？你们男人啊，不要把落在碗里的萝卜不当菜。"

"你放心，你是一个例外。找了一辈子女人的男人和挑了一辈子男人的女人，最后总能找到最适合自己的那一半，凝固下来，厮守到白头。"

我心里甜甜的，相信张国平所说的就是他的真情流露，于是我吻了他，赞美了他几句。作为一个女人，我也担心他会变卦。要知道，出轨的女人就怕被勾引她走上歧途的男人遗弃、冷淡。当然，我对自己的魅力、吸引力充满自信——我这样的女人他上哪里去找。

为了稳固张国平对我的好感，我又提起了金穗集团的事、吕小刚的疑点和李强的分析。我完全是出于对张国平的关心，善意地提醒他早做准备和图谋。

张国平有些生气了，说："不是说好了今后不要再提这件事了？"

"我是真为你担心。吕小刚他们的说法也不能说没有道理，老崔的下场总不能说是件光明磊落的事。"

"你怎么不相信我。老崔的事他们做得是有些过分，可这和我们东南银行有什么关系？而且听说已把他放了……"

"我真的没有别的意思，只是想让你帮助我攻克心里的一个个疑团。"

"你还有什么疑虑？我的坦诚还不能打消你的顾虑？好吧，今天很晚了，我过几天再来看你。"

我惊愕了，就我这短短的几句问话至于如此较真吗？我已经如此迁就他了，这在别人来说根本是可望而不可即的事，他却把我的迁就看作了软弱，用强悍的“无赖”对待我……

张国平穿上衣服走了，留下了两个冷冰冰的字：“再见。”

我的眼泪情不自禁地流了下来，似乎有一种被抛弃、遭冷遇的感觉。我隐约感觉到，在骨子里，张国平对我并没有像他说的那样珍爱。他赞赏我的美貌，是把我当作他的玩偶；他赞赏我的才干，是把我看作他的工具。和他在一起，我没有了主动、没有了自我、没有了属于我自己的领地，唯一有的只是依附。当他玩得高兴时，可以把我捧在掌心；当他遇到麻烦事时，可以随时抛弃我。我的人格、利益、声誉、事业和前途，在他眼里仿佛一文不值。我开始感觉到周围抽着阴风，处境不妙，一种莫名的屈辱感再一次重重地扎疼了我的心。

张国平有几天不来看我了，只是偶尔打个电话来问候一下。我被孤独地撂在一边，心情糟糕到了极点。杂志社的同事看我脸色发灰，精神颓废，倒是很关心我，让我感到温暖。我真的体会到出轨的女人需要付出的精神代价何其之大，承受的精神压力何其之重。

更让我难以启齿的是，我怀孕了。

我不能再和他打消耗战了，一句话，他可以一走了之，可我不行，我必须每天面对渐渐隆起的肚子。我打电话通知张国平，要他下班后来公寓一次，有事情商量。

张国平慢条斯理地说：“我不在市里，在外地……”

“你不来，我就去你们银行找你，我们有结晶了。”我狠狠地说。

张国平一下子没了声音，像被打懵了似的。我担心他在回忆、判断，这个种到底是谁的，我会不会讹诈他。

我焦虑地等候张国平露面。我担心他不来，担心他恐慌，担心我将来在两个男人之间如何周旋……我终于听到了门铃声，急忙跑去开门，在拉门的一瞬间，我骂自己，怎么这么贱，连一点架子也不会端。于是我沉下脸，决意不给他好脸色看。

门被推开了，我大吃一惊，只见母亲迈了进来，后面紧跟着吕小刚。我心头一阵感伤，知道吕小刚又来迁就我了，而且他还不知道我已经完全背叛了他，怀了别人的种。我相信他一旦知道真相后，是一定不会原谅我的。

我有些尴尬，很快移开目光转向我的母亲，说："妈，你怎么知道我在这里？"

"你的一个同事说的。"母亲拉着吕小刚坐下，沉重地说，"小芸，小夫妻吵架也不算什么，可是不要一吵就分家，这样真的要拆了。"

"我们的事你不清楚，你也管不了。我等一会儿还要出去，你们可以走了。"我有些生气，把脸扭向房间，其实我希望他们赶快走，不要撞上张国平，否则我那位母亲大人真不知道会说出什么话，做出什么举动来。

"如果你和小刚分了，可真不要后悔啊。这么好的人上哪里去找，"母亲埋怨起来，"小刚有什么不好，有事业，又把你捧在手里，稳稳当当的看得到未来，难道还要怎么样？"

我没心思听她说教，而是走进里屋，希望吕小刚能看懂我的意思，赶快离开。

母亲想跟进来，吕小刚急忙拉住她说："不要急，我去说说。"

吕小刚走进里屋，对着我的背影，把一叠材料放在床上，说："你不愿意和我说话没有关系，我过几天再来。不过请你一定把这些材料看完。"

我头也不回，不搭理他。说实在的，我是没有勇气直面他。

“李强是不同意我把这些材料给你看的。可我做不到。”

我依然连瞥他一眼的动作也没有，淡淡地说：“我今天不舒服，你可以走了。”

“我会走的，不想纠缠你。我只是要告诉你，金穗集团有猫腻，案子可能大破天，东南银行绝不可能完身而退，张国平就是始作俑者。”吕小刚说完就拉着我母亲走了。

我听得很真切，知道吕小刚为了我已经竭尽所能，无所顾忌了——从他的工作角度来说，这些内容属于机密，是不允许透露的，透露就是违纪；如果有一天案情真的暴露了，那么他今天的泄露很可能会遭到清算。这种为罪恶所做的牺牲就是殉葬，绝对不可能有翻身的那一天。

我真没有想到，这个看似懦弱的男人，在关键时刻竟然是个为了我愿意牺牲自己的英雄。我感动了，真想把他追回来，抱住他，可是我不能。

房内重新恢复了平静，我绷紧的神经松懈了，不用担心张国平会和他们撞车。可我又被另外一件心事堵上了，那就是吕小刚送来的材料。根据吕小刚做事的一贯风格，我相信他一定掌握了更多、更可靠的有关金穗集团和东南银行的情况。

我忍不住拿起那叠薄薄的材料翻阅起来，可没翻几页又停下了，因为我害怕看到最不愿意看到的东西，担心证实最不愿意证实的疑虑——没有勇气面对过错。于是我合上材料，放回床上，可心里仍是七上八下的。我的手再次伸向了那叠材料，没读几行，就被其中的内容深深吸引了：东南银行果然根据张国平的指令，共计给了金穗集团 20 亿贷款，其中 8 亿被挪到了两家公司，用途待查。材料的后面附着东南银行的《金穗集团贷款调查报告》复印件、分批划转5亿资金去工商银行、3个亿去建设银行和农业银行的票据底单复印件、一个夹着十几张照片的简易纸质相册……

我的目光焦聚在了相册上，并从里面取出照片，照片背后盖着"东南银行归档影像资料"，边上都有简单注释，归纳起来不外是金穗集团的几个老板——股东公司的法人代表。我在照片中发现了一张熟悉的面孔，就是那天晚上在天河县山上跑在张国平头里的男人——陈老板。

一个明明白白的谜底展示了出来，这个谜底尽管让我无法接受，却是那么严谨而无懈可击，而且这个谜底就像一把钥匙能解开一切不可思议的怪异现象：那天晚上在天河县我所遭遇的一切就是张国平一手策划的。这也佐证了张国平、东南银行、金穗集团窝在一起构成了罪孽之源。

我顿时像坠入了一个黑洞。这个黑洞充满恐惧，甚至死亡。张国平也在黑洞里挣扎，发出垂死的哀号，无法逃脱。那情景不要说前途，就连生的机会都看不到……黑洞还没有退尽，新一轮恐惧又接踵而至：吕小刚他们是怎么搞到这些材料的？他们将会锲而不舍地追查到底吗？难道那个内鬼和他们接上关系了？如果是这样的话，那么，整个黑幕必将有被揭露的一天，而且肯定不会太久。

我的眼睛湿润了，胸口像被一块黑铁严严实实地堵上了，剧烈地作疼。我悔恨不已，责骂自己怎么这么糊涂，把自己一生的前程、理想和责任，统统押在了张国平身上，还编织了一副无限美妙的梦幻般的远景。如今这些破碎了，一切都黯淡了，支撑在其后的精神支柱折断了，除了肚子里的他的种，我什么都没有……我顿时觉得自己就像一只"鸡"，用身体在和罪恶做交易，结果是让张国平一泄为快，而我的尊严和人格却在他的玩弄中丧失殆尽。我没有能够玩转世界，反而被他痛痛快快地玩弄了一把，而且被他玩得那么赤裸、彻底、下流……我痛哭起来，号啕大哭，只觉得天旋地转。

我觉得身后有人走来，猛地抱住了我，没有等我回头，一张湿润的嘴唇就贴上了我的脸颊、耳根，凭这熟悉的气息我就知道是张国平。我愤怒地挣脱他，狠狠地推开他，眼睛里充满了憎恶和仇视。

张国平吃惊地看着我，说："怎么啦？谁惹你生气了？什么事让你不高兴？"

我注视着他，使出浑身气力一巴掌抡在他的脸上，"啪"的一声响亮，震惊了整个屋子。

张国平猝不及防地跌坐在床上，一只手捂住脸，一只手下意识地支撑了一下，碰到了吕小刚送来的那叠材料，醒目的标题大字让他惊恐万分，他马上明白了一切。

他慢慢抬起头，不气愤，不责骂，也不躲避。

我冲上去又是一巴掌。

他摇晃了一下身子，不遮挡，不退却，让整个脸颊继续暴露在我面前，就像人们说的，挨完了左脸再把右脸送给你。

"你打够了吗？如果不够，再来。"张国平淡定地说。

"哇……"的一声，我再次嚎啕大哭起来。这种时候，哭可能是大多数女人最好的自卫；尽管面对这样的无耻之徒，哭可能并不管用。

"是我欺骗了你，我罪有应得，天河县的戏是我一手策划的。"

我拼命捶打自己的肚子："你害死我了，害死我了……"

"别打了，孩子是无辜的，更不要折腾自己了。"

"你为什么要这样，为什么要欺骗我？"

"我爱你。我只是想把你拉进我的世界。"张国平冷静回道。

“你的世界只有罪恶和死亡。”

“你错了，你以为你的世界充满阳光，我的世界龌龊黑暗？你的世界和我的格格不入？根本不是，其实你我的世界只有小小的差别，那就是观念。”

我只能一个劲地哭着，心里很乱。

“芸，其实我一直想找机会和你谈，敞开心扉地谈。我真的不想骗你，既然爱你，就准备为你付出一切，有什么好隐瞒的？只是因为你被外省拘捕过的事让我心有余悸，猜不透你的心思，所以只能出此下策。我也知道这对你伤害很大，可是没有办法。”张国平迟疑了一会，看着我，像是下定了决心似的说，“你想知道真实情况吗？”

我点点头。我当然想知道真实情况，可是我更想从张国平的述说中听到合乎常理、符合主流社会价值观的解释和结论，好让我圣洁地待在人世间，继续走在阳光普照的大地上。

“好的，我告诉你全部情况。不过，你要耐心听我讲完。”

“不许对我有任何隐瞒？”

“当然，决不隐瞒……你已经知道了20亿贷款中的10个亿，被陈老板拿去买‘堡城小区’的第二期土地，还有8亿是我拿走的，这是贷款前和陈老板谈好的条件。整个业务全部是我策划的，罗志远只是跑跑腿而已。”

“那8个亿的去向呢？”

“进入了我自己的一个投资公司，公司下面有两个子公司，一个专门投资基金，另外一个投资房地产；当然，表面上你是看不出我和这家公司有关联的。公司刚开张时，我像游击队，打新股，炒地皮，投资房产，没有稳固的根据地，却赚了不少钱。现在我的思路变了，想自己开发房地产，正在投资的项目是‘东方数码城’，这个项目由商城、写字楼、酒店公寓组成，面积……”张国平缓缓道来，没有一丝紧张、害怕和负罪感，轻松地就像在品尝一杯茶。

我却像五雷轰顶，深陷泥沼，憋得透不过气，仿佛世界末日就要到了。其实我早就听说过东方数码城了，它的知名度比较大，媒体聚焦度也比较高，都说是对省城、对那个区域的商业中心的功能定位有巨大的作用。可善良的人们，包括我万万不会想到，在华丽的赞扬背后，在经济增长的幕后，竟然有这样肮脏的故事。我想起了亚当·斯密的市场理论，人们是通过追逐私利来推动经济发展的，每一个灵魂追逐的私欲都需要通过奉献社会来实现，只有当私欲走向极端，发生变异，才会破坏社会。难怪许多身陷囹圄的人会喋喋不休自己曾经对社会做出过贡献。

张国平不厌其烦地继续炫耀自己如何巧妙摆布、秘密操作银行巨额资金，其中多少带点夸张和渲染自己智慧和才干的成分。他恬不知耻的心态让我震惊。我的心一直紧紧地揪着，差点晕厥过去。

“我讲完了，你听清楚了吗？现在就听凭你发落了，你要告，我就坐牢，可能杀头；你不告，就和我一起打拼，一切都属于你和肚子里的孩子的。”

“你要我和你一起去坐牢？”我恶狠狠瞪了他一眼，“你毁了我的一生、我的信仰……”

我无奈于眼前的混沌，因为我想到即使弄倒了张国平，我能说得清楚吗？我的人格能洗刷得干净吗？外人又将如何议论？而如果不弄倒张国平，依了他一起干……去坐牢、去赴死……我恐惧极了。

剧烈地思辨使我头脑疼痛，权衡再三使我觉得还是维持张国平安然无恙为好——覆巢之下岂有完卵……我忽然产生了一种侥幸，心想，或许事态没有那么危险，或许张国平能够控制住局面。如今这个社会里，哪有几个干净人，不都是靠一层美肤包裹着吗？唯一的区别是，有的画皮厚一点，不容易被剥开；有的画皮薄一点，一碰就原形毕露。

张国平见我情绪稳定多了，温柔地说："我是为你好，在拉你。你想，改革开放三十多年了，你我遇到了这个好时代，我们的后代都会羡慕不已，千载难逢哪。原来的财产都姓'公'，现在可以姓'私'了，允许分了，不分、不拿，不就傻了吗？许多人不都在瓜分、在抢掠？至于说手段是否卑鄙，动机是否龌龊，都不值得评说，因为是市场经济，市场经济的基础就是个人自由和个人财富。所以，这个年代不抓住机会，不利用自己的优势攫取财富，就是犯罪，就是对子孙后代造孽。权力不能世袭，财产可以留给我们的孩子，子子孙孙是没有穷尽的。你再看那些私营老板，动辄几亿，十几亿，甚至上百亿的，你我又不比他们少胳膊缺腿的，也不比他们为国家干得少，凭什么要比他们穷？"

"可你和一般人不同，在你面前是一条金光大道。你好端端的路不走，为什么要冒这个险呢？"

"凭良心说，现在只有傻瓜才会空挂一个局长、部长的名分，每年拿几十万为人民服务。如果是这样，谁愿意当官？官场里又怎么留得住人才？怎么实现精英治国？再说，官场里的事情谁也说不清楚，不确定性很大，不是我努力能够把握的，发点财也算是一种机会选择，聊补心理不平吧。"

"你现在的前途不是很清晰吗？怎么也说这样丧气的话，有什么不好把握的！"

"当初可没有这么清晰啊。当初我只是想，官场混不下去了，就当房地产商去。现在清晰了，可是已经来不及了，不该做的事情已经做了，吃进肚子里的东西是吐不出来的，"张国平无奈地摇着头，有些伤感。忽然，他微笑起来，两眼放光，“不过，发财和升官不一定就不能两全。有些被查出来的大官有好几亿身价，当然是一朝倾覆，可当他们没有被查出来的时候呢？两项不都得了。如今还有许多人没有被查出来，或者说根本没有去查，或者说已经查到了却被保住了，你想过没有这说明什么呢？说明机会存在，就看你敢不敢玩，会不会玩，绝对不是要不要玩。”

“一天到晚背着这么沉重的包袱过日子，怎么能过得踏实？”我仍然很不安。

“你要相信我的能量。你现在其他的都别想，唯一要想的是把孩子生下来，我要把所有的财产留给我们的孩子，张国平吻了我一下，诡异地一笑，我是鬼迷心窍地爱上了你，追你，你知道为什么吗？因为你聪明、能干。我相信只有与你结合，我的事业才能成功，我的家道才会兴旺。我是真心的，要娶你。我已经在做离婚准备了。”

我麻木了，不知道如何是好。

“你好好想想，今天晚上我陪你。”张国平紧紧地搂住我，想把他的胆略输送进我的躯体。

“不，你走，”我奋力推开他，“今天晚上我需要安静！”

张国平犹豫了一下，看我很认真，确信我真的是想独自静静地思考一下，便说：“那好，我明天再来看你。还有，你如果想明白了，我就让我弟弟往林杰的银行户头里打 1 000 万，就算是我给你的定情彩礼，再给你 100 万，也算是为我们的孩子出世做准备。”

张国平走了，没有依恋不舍，身影是那么自信、矫健、坚定，就像什么也没有发生过似的。受他的神情感染，我也不那么恐惧了。

天窗被捅破了，一切都清晰了，我倒平静下来，现在唯一需要做的就是决策，其实决策也不复杂，在我面前的路很清晰，就是三条：

一条是悬崖抽身，另外一条是悄然断绝，还有一条是风雨同舟。我重新审视了“悬崖抽身”的路，就是说现在就站出来揭发张国平，很清楚，我会有损失和伤害，无非是接受调查，做掉孩子，离婚，辞职，声名狼藉一阵子，真到了这步田地，就换一个单位，换个城市，天长日久之后也就淡漠了，好在如今的老百姓对这种事的容忍度极大；我转向了“悄然断绝”这条路，就是说不去难为张国平，也不再和他往来，悄悄做掉孩子回到吕小刚身边，保持婚姻，安稳过日，用血和心来补偿对他的亏欠，丑陋和过失都会在悄然中被时光剥蚀。

我总结了前两条路，发现沿着它们走下去很稳当，一切都回归平常，可这就意味着前番的一切折腾都是多余的。

我又思索起“风雨同舟”这条路来，那就是听张国平的，走下去，和他患难与共。这条路上不孤独，许多人都在走这条路。可这条路的前景完全取决于张国平能否逢凶化吉。

我躺到床上反复比较着这三种选择，陷入了深深的矛盾之中。我不甘心平庸，输不起前程，而且已经付出了代价。我看着第三条路，那条路上有用“荣誉”搭建的彩门、有用“权力”修筑的护拦，路基是金山银石，在那条路上飙车就是一切，虽然这样的飙车有风险，可人生不就图个与风险相拼吗？驾驭风险不也是一种能量吗？

忽然，一声巨响从天而降，罩住了我的整个身躯：“俞芸，认真对待张国平说的‘时代机会’吧，财富多了就会异化为权力。”

我吓了一跳，扫视了一下房间。我知道这是幻觉，是上帝的启示。我下定了决心，选择第三条路，和张国平风雨同舟，不管前面是悬崖峭壁还是荆棘藤蔓……我想明白了，只要能攫取几十亿财富，哪怕是官场的路走绝了，人格丧失殆尽了，形象与强盗沦为一类了，依然还会有一片天地、一种成功、一项事业、一类生活。

黎明的亮光透过窗帘，我变得有精神了，像换了一个人似的，而且换得那么彻底，如同整张皮囊、整副骨架都撤换了似的。

如今想来，那天晚上我真的很天真，以为找到了一条人间正道。其实不然，因为我忽视和遗漏了一个非常关键的问题——没有认真思考张国平说的那句话：“我相信只有与你结合，我的事业才能成功，我的家道才会兴旺。”因此，我更不会伸延开来体味这句话对我的今后意味着什么，将如何改变我的人生。

13

吕小刚：我沉默了，李强把话挑得这么明白，我总不能明目张胆地挑战领导的利益、权威，可我还是不想罢休，便宜张国平这小子。自古道，国有窃贼天下人共讨伐之，对我来说既有国仇也有家恨……

俞芸走了，走的是那么坚决，丝毫不顾及我的感受和感情，仿佛我的感受和感情是那么轻薄，可以随意丢弃、割舍。我的心碎了。

每天晚上，我回到家孤独地面对一个个没有生命、没有声息的家具摆设时，感到格外冷漠，死寂，我就会倒在床上体验死去的感觉。这时，我的灵魂总会漂浮到空间注视起我追求俞芸的情景和婚后的日子：当我第一眼看见她是，我浑身震撼，她那美丽的眼睛坚定、圣洁、透亮，击穿了我每一个细胞，成为我生命中的生命，我脑子里只有一个念头：一定要追到她……我屏蔽一切疑虑怯弱，热情奋勇，坚持不懈……我收获了……婚后的日子很幸福，我真诚地伺候她，真心地哄她高兴，虽然我没有得到对等的回报，可我很满足，因为我欠她，我只有用一辈子的关怀才能偿付清楚……

如今这一切都破碎了，成了苦涩的记忆，我想挽回，可我知道即使能够拼接也会有裂纹……我很痛苦……不过我很快就从凄苦中振奋起来，因为懦弱没有出路，男人就要像男人的样子，何况还背负着重重的使命——为正义、为社稷……

我交给俞芸那叠材料后，就像完成了一件大事，松了口气，悬着的心也随之落了下来。虽然我没有和她推心置腹地说上话，可已经足够了，我相信她一定会看那叠材料，那叠材料一定能把遮盖在她脑海上空的黑雾炸开、劈碎，使她幡然醒悟。

我也相信，她看了材料就会明白这些材料是内部人或者说是内鬼提供的，她就能轻而易举地得出一个结论：我们和那个内鬼——曾经和老崔单线联系的人接上关系了，这就意味着我们有办法，而且已经摸到了张国平的核心机密，完全掌握了破解整个案情的主动权。这就是我故意抖搂给她那叠材料的动机。

说来奇怪，可也在情理之中，我和那个内鬼联系上也有点偶然。那天，我正在办公桌前校对一篇稿子的清样，忽然手机响了，我一接，顿时大惊失色，电话的那一头声音很低，自称自己就是向老崔提供金穗集团材料的人。

我环顾了一下左右，用手兜住嘴巴和手机，压低声音说："你是怎么知道我的？"

"老崔曾经透露过你和李强的电话，说不到万不得已不要直接找你们。"那个内鬼说。

"你为什么不找李强，要和我联系？"我诧异地问，同时暗暗责怪他做事贸然，忽略了我和俞芸的关系、俞芸和张国平的关系。如果我想出卖他的话，只要像"钓鱼"似的一钩，就能把他钓出水面，可我不会这样做，因为我恨张国平。

那个内鬼沉默了片刻，说："李强是当头的，我想他会比较忙，会拿架子。其实，这都不是主要的，我主要是怕他学会了念官场里的那套四平八稳的歪经，不想找麻烦得罪人。你就不一样，老崔说过，你很有正义感，尤其是你太太，上次被跨境拘捕的事搞得很出名。"

我差点晕过去，庆幸老崔没有来得及把俞芸的电话给他。我说：

"我们能见面谈吗?"

"不行,还是和老崔的做法一样。"那个内鬼回答得很干脆,自我保护意识很强。

挂上电话后,我就想去李强那里,可我犹豫了。

李强自从在我家和俞芸交谈后就一直没有来找过我。我催问过他:金穗集团的案子怎么处理?他总是说再让他考虑一下,考虑好了就会来找我,可一考虑就没有了回音,时至今日再傻的人也能看得出,他是在敷衍我。

我明显地感觉到他在怀疑我,故意回避我。为了证实这个猜测,我决定先去找黎琳。

我先把接到内鬼电话的事告诉了黎琳,又坦陈了我对李强的疑虑。黎琳先是一惊,接着找了一大堆理由想要打消我的疑虑,生怕我去冒犯李强。可经不起我的磨蹭,她还是转弯抹角地承认了我的怀疑。我没有怪罪她,也很理解她,为了生存她不能得罪任何一方。我只能在心里突发一阵阵感叹:真没想到,一个初出茅庐的小女生也学会念"四平八稳的经"了,而且学得那么好。

黎琳的诚实让我感到非常痛苦,我怎么会落到人人都不信任的地步——俞芸不理我,李强怀疑我。我担忧李强会把他的怀疑报告给我们报社的大领导听,如果到了那一步,我的悲惨结局就无法用语言表述了——陪了夫人又折前程。

我开始生李强的气:凭什么平白无故地怀疑我?我已经被俞芸划破了伤口,为什么还要往伤口上撒盐?

黎琳细声细气地说:"你也不要怪李强,遇到谁都不免会有这样的想法。"

我一向尊重黎琳的意见,觉得也有道理,换了谁都会有李强这样的思维定势——任何人都不会违背自己的利益和关系去伸张正义，而人的利益和关系中最重的莫过于亲情。

黎琳说：“走吧，一起去李强那里，用这个电话来证明你的清白。”

李强见到我后显得很尴尬，可知道了我的来意后，眼光里又闪动着诧异，盯着我看了好半天。我猜想他一定在考虑要不要和我继续讨论金穗集团、东南银行的事。

“接下去怎么办？”我顾不得那么多了，“请你一定相信我……”

“怎么办……”李强还在迟疑。

我急切地说：“你放心，我会用事实来证明我不会拿工作当儿戏，拿原则做交易的。”

李强点点头，露出了微笑，笑意中有赞许，可更多的还是疑虑。

“难道要我把心挖出来给你？”我流露出了不满，“你们可以怀疑我和俞芸扯不断关系，可总不能怀疑我恨张国平吧。

“哪里的话，”李强说，“我从来没有怀疑过你。这样吧，你设法和那个内鬼联系，把材料拿来，同时请黎琳帮你准备一个汇报材料，我们向分管你们处的李总编作个汇报。要动真格了，张国平又是个大红大紫的人，冲着他去等于在往省委、省政府脸上抹黑，需要领导拍板哪。”

李强转向黎琳，要求她全力协助我。我看到黎琳红彤彤的圆脸上露出幸福的微笑。

李强又折向我，说：“还有一件事要提醒一下，前一阵子收集的材料不能交给你太太。”

我暗暗叫苦。

在和黎琳的合作中，我们朝夕相处，时常在一起聊天，研究工作。

不知为什么，我突然产生了一种从未有过的异样感觉，对她很依恋，觉得和她在一起很惬意，很开心。

黎琳也一样，态度有些热，有事没事地就粘在我身边，没有任何顾忌，幌子就是李强要她协助我。

报告封稿的那一天，黎琳有些感伤，对我说："合作就要结束了……听说你和俞芸有些不愉快，分居了？"

我不由得琢磨起她问这个问题的心思，心头渗出了一丝甜蜜，可又不敢枉然猜测。我刻意摆出一副轻松的样子，说："一些小误会，我相信她一旦了解了这份报告的内容后，会消除误会的。"

说到底我心里还有俞芸，我真想把这份报告砸在她的脑袋上，让她清醒过来。可我心里又很矛盾，如果真的把她砸醒了，回过头来又怎么样呢？这一阵子外面有关她和张国平的传闻很多，我能坦然接受吗？

李强带着我和黎琳去见李副总编（我们平时称呼他时都把"副"字去掉）。李副总编听了我们的汇报后，半晌没有说一句话。我知道他在掂量拍板开这个"杀戒"的分量，忧虑他和张国平的关系（他们平时相处不错），考虑同朝为官的那些潜规则。

我们不敢冒犯他，只能静静地等待他的指令。

过了好一会，李副总编才字斟句酌地说："材料放在这里，我研究一下再找你们。"

一个月过去了，李强转告我李副总编的意见，说："李总编向金总编汇报了，商量下来暂时不动，等等再说，看看再动，不要轻易去捅那个马蜂窝。如果捅的话，我们肯定会被蜇伤的。他们担心现在谁也说不清楚会被蜇伤的程度。"

“这是他们的原话?”我有些惊奇。

“他们哪会说这样的话？只有我们这些技术官员才会这么直白。这话是我理解了他的意思后，用我自己的语言表述的，为的是能让你理解得更直观、更深刻。”

“那……我们还干不干呢?”

“干什么？领导都发话了。”

“那就眼看着他们胡作非为？这盘棋开局不错，已经有线索了，戛然而止多可惜啊。”

“你想惹事？惹出事来受伤害最大的是领导，你考虑过没有？反正我要考虑，因为我是有职务的人。”

我沉默了，李强把话挑得这么明白，我总不能明目张胆地挑战领导的得失和权威。可我还是不想罢休，便宜张国平这小子。自古道，国有窃贼天下人共讨伐之，对我来说既有国仇也有家恨……我渐渐平静下来，体会到了官场的真谛和这个真谛的能量，就是好人主义，就是容忍罪孽，一句话，事不关己，哪怕那里在杀人、在强奸、在贪腐，哪怕百姓哀号震天，社稷怨声如雷。

我也想明白了，看透了那些麻木不仁的人在想什么，其实就是一个很简单的算计——当他们为黎民社稷呼吁时付出代价后，老百姓不会给他们什么特殊补偿，最多就是赞扬、磕头、激动的眼泪，最多是10万人送葬，清水光汤，不要说油水，往往连片油花都没有。因为老百姓的道理很简单，当官的是老百姓的儿子，儿子孝敬父母理所当然。我突然发现，我考虑问题时已经不那么狭隘了，不再拘泥于与张国平之间的恩恩怨怨了。

李强见我拧在那里，笑着说：“如果你一定要干，我倒有个主意，不张扬，不外捅，不上告，悄悄地顺着线索收集证据，搞清楚整个案情，伺机而定。这样做对你也有好处，至少能保障人身安全。你要知道，案情越大，罪孽越深，就越是你死我活。明白吗？”

“谢谢了，”我激动地说，“此事到此为止，天知、地知、你知、我知。”

“不要谢。需要的话，你以个人名义直接找你的小师妹——黎琳帮忙，我就当不知道。”李强说着站起来，真挚地看着我，一直把我送出办公室。

李强的举动和眼神告诉我，他是希望把这个案件弄个水落石出的，可是他受制肘太多，想法太多，顾虑太多，好像还远不至此；或许他还不完全相信我，不相信我能和俞芸切割得那么干净。这也难怪他，换了谁都会这么想。我佩服李强在政治上比我成熟、老道，考虑得相当周全。

这天，黎琳把我约到星巴克里，她满脸笑容，说要请我喝咖啡。

“哪有叫女孩子付钱的，还是我来请。”我有些纳闷，什么事情让她这么高兴。

“这又不是幽会，一定要男的摆谱。”

“不要争了，有什么事就说。”

“前几天李主任和我说，你会来找我的，以后我们两个部门之间的业务合作，主要由我出面。”黎琳迟疑了片刻，有些羞涩，“可是……你怎么不来找我，我一直等着。”

我脸上一阵发热，有些不好意思地说：“这两天手头要紧的事比较多，难为你了。李强和你说过具体事情吗？”

“没有啊？”黎琳瞪圆了眼睛看着我。

我一下子明白了李强的用心，一阵感激。

我把事情的原委说了一遍，黎琳回答得很痛快，表示愿意全力帮忙。她瞪圆了眼睛的纯朴劲特别可爱，她那种义气、正直的特质让我又爱，又疼，又怜。我心中微波一动，这是对一个女人的爱怜的涟漪。不过我不想轻易把她拖入旋涡，使她受到伤害。

我笑着说："看你高兴的劲，不会只为了告诉我刚才的那个消息吧？"

"师兄真是个聪明人，"黎琳拿出一张便条，小声地说，"我大学的一个同学在工商银行的一家支行，很巧，就是金穗集团划入5个亿的那家支行。上次向李总编汇报后，我就主动去找了他，我请他查阅了一下这5个亿划入了哪几个户头。他给了我这张条子。"

我接过便条一看，上面写着5个亿分几笔划入了一家叫"实野投资"的公司。

我顿时激动得难以言表——在我最需要帮助时，在我受到别人怀疑时，只有她始终相信我，不离不弃地站在我身边。我温情地看着黎琳，黎琳察觉出我在用情，羞涩地扭过头去，躲避我的目光……

14

张国平：我想到了，我不能这么自私，只考虑自己，因为俞芸的处境很可怜、很痛苦。她之所以可怜和痛苦，完全是由于她深受社会正义精神枷锁的束缚。她想去对抗现实社会，她的身躯容纳不下这两大互相死磕的力量的冲突，所以我有责任从根本上让她摆脱痛苦，把她的灵魂从水火之中拯救出来。

我把1 000万打到了林杰的银行账户里，100万打到俞芸的账户里，坚持不懈地鼓励她把孩子生下来，并且发誓要爱她一辈子，一切财富留给她和孩子。我知道，女人有了孩子就不会轻易抛弃这个“家”。

我为什么煞费苦心地要在俞芸身上这么用情，千万不要以为这里面只有淫秽的肉欲，请绝对相信我。我承认开始时是有这种成分，可现在已经不完全是了。理由很简单，满足肉欲就像喝杯牛奶，牛奶棚到处都是，何必要去养头奶牛？归根到底是，俞芸太有才了，我的事业离不开她。

那天俞芸甩了我几巴掌，我心里一点也没有感到疼痛，反而觉得是一种宽慰，因为我早就做好准备了，知道总有向她公开的一天（具体会是哪一天当然不知道），一旦这天来了，就要坦然面对暴风骤雨，包括皮肉之苦——任凭她打，任凭她发泄，一直到她打够为止。俞芸这种刚烈性子是憋不住冤枉气的，只有让她发泄，发泄完了才会痛快，否则会憋得精神崩溃。

俞芸打累了，哭了，哭得让我身心俱裂。我觉得她很可怜，我很犹豫，是否要把实情告诉她，她会不会崩溃。其实我真心想告诉她一切，因为我离不开她，爱她，想和她风雨同舟地走下去，这就不能隐瞒。当然我也考虑过告诉她的风险，她会不会告发我。此外，我还考虑到另外一个问题，就是她有了我的孩子。

至于说什么是社会正义和现实的冲突，我可以明确地告诉大家，正义就是人权平等、公平，而现实就是财富必须集中在一部分人手里才会推动社会进步，一句话，这就是人生来平等的诉求和财富生来不平等的诉求的冲突。由此演化出来的就是几千年来从古希腊的雅典开始蔓延到今天的整个世界的纠结不清的正义和财富、权力和民主的关系，简单地说，就是按人头决策还是按财富决策。争来争去争了几千年，结果还是财富说了算。现在有许多人不明白这个道理，亏待了社会堆砌在他们面前的机遇。俞芸可怜之处就是直到现在还执迷不悟，还把正义这个虚无缥缈的东西当作自己最崇高的人生信仰和准则。我就没有这么傻，我很早就看透了这个道理，很早就明白了自己的职责，我就认为我是那种应该赋予相当一部分财富在身的人，只有我才能使一部分财富增值，推动社会进化。

既然社会的潮流是要把一部分财富集中到我身上，那么怎么集中呢？我找不出指导实践的理论，却有大量可供考证的实践。改革开放刚刚开始的时候，我很年轻，热衷于参与改革，鼓吹私营经济的活力，希望国家就此走上繁荣昌盛的道路。忙了半天我发现，许多民营老板的能量不如我，可他们富可敌国，为富不仁，与其让他们折腾资源，不如让我拥有财富。

这点想明白了，攫取财富就变得天经地义了。可许多攫取财富的手段并没有被全社会认可呀，在我身边还不时有人倒下去，被投进监狱，譬如姓林的副省长、省交通厅厅长、省药监局局长，等等。不过我周围还有几个罪孽深重的好哥们依旧贪污、掠夺和风流，一点没事，各个活得比神仙还滋润，譬如省建设委员会前主任，退休前我就给过他小情人4个亿贷款，让她买地盖楼，结果净赚了5个亿，现在一点没事，前天还看见他牵着三岁的儿子享受天伦之乐。

经过研究，我终于发现了其中的奥妙：建立市场经济以后，人们崇尚自由了，管理市场秩序和资源配置的权力机构、部门也相应建立了，可是更高层面的监督和约束这些权力的机制，却没有相应配套建全，结果权力投入了自由的海洋，权力就兴风作浪了。在我们这类"弄潮儿"看来，这就是机会。

如何把这套理论变成实践呢？我找到了一条门路，那就是：一定要在我上面建立一个坚不可摧的保护网，保护我的权力不受监督、不受约束，这样即使我贪得的财富能移山填海，我照样能够琼浆玉池、红袖添香。

问题是人家为什么要来保护我呢？这就涉及核心机密了，打死也不能说，在上帝面前也不能说……

想到这里，我表面很平静，可内心很激动，有千言万语想对俞芸说，甚至想掏出心窝子给俞芸看。

我第一次见到俞芸时就很冲动，就无法忘怀——和她在一起就有一种极致的快乐，和她交谈就能享受到心灵中一脉相承的清泉的涌动；和她并肩就能嗅到欲仙欲醉的香味。为了她，我还专门犒赏了罗志远，挪走姓赵的主任。说句题外话，我觉得罗志远最近长知识了，知道我的口味了，选女人也有品位了，而且让他在天河县跟踪、绑架也做得是有鼻子有眼，人才难得啊。为了应对各种危机和局面，还真需要储备这样的人才。此外，我就是要通过这种办法让世人知道，只要跟着我干，我就会重用他。我不在乎由此会引出什么议论，议论反而可以成为传播我想法的载体，我相信许多聪明的脑袋会从这些议论中捕捉到玄机。

我也知道挪走赵主任会冒些风险，一定会有人不高兴，谁都知道姓赵的想当副行长，省组织部安排他进东南银行时也曾流露过这层意思。为此，我掂量了很长时间，迟迟下不了决心。我知道得罪人的滋味不好受，可不得罪他们终究是一个麻烦，既然省里把东南银行交给我了，让我组阁，就没有必要再安插人进来搞权力制衡、人事监督。权力制衡和人事监督不符合我的文化和行事风格。

我思考再三，决定冒险告诉俞芸一切，连同我的那套说教，相信她会面对现实做出有理智的选择。说穿了，当这个社会告诉人们财富和资本需要集中在一部分人手里时，人们的面前又放着可以获得几亿、几十亿，甚至上百亿财富的机会，谁能顶得住诱惑？哪怕他曾经昂首挺胸走下“老虎凳”。这就像赛马一样，当有的骑手冲出去了，其他骑手就意味着被逼到了生死抉择的境地。

看得出，俞芸表现得比较理智，可内心却很挣扎和痛苦。在她做选择的时候，我的心都提到了嗓子眼，说实在的，不到最后揭榜，什么事情都会发生。可我没有催她，而是耐心等待，我想让她想透彻，想全面后再做出决定，只有这样才可能矢志不渝……让我欣慰的是，俞芸最终选择了和我风雨同舟。

不过我也发现俞芸在做决策时有个重大的遗漏和疏忽，那就是她显然没有理解或者说没有过多地考虑过我所说的那句话：“我相信只有与你结合……”这句话听似很平淡，却暗含了凶险，甚至血腥。因此，我倒觉得她没有过早地深究这句话的深层内涵也不是一件坏事，否则她一定会被吓得魂飞魄散。

我这句话的深层内涵是什么呢？就是陈老板的那个操作平台。长期以来，我没有条件运用银行的资源单独运作，只能借助陈老板的公司操作自己的事，最后和陈老板分赃。这样就产生了一个问题，我冒同样的风险，却最多只能分得一半的利，即使是这一半，也得寄存在陈老板平台上，万一哪天陈老板不乐意了，卷款而走，我就倒霉到家了——真可谓吃尽千般苦，受尽万茬罪，到头来为谁忙还不知道。而且陈老板也不是省油的灯，他帮了我的忙就反过来要我帮他的忙。他每次来虽然都笑容可掬，语气温和，可是我的感觉却像和他在进行赤裸裸的金钱交易。我们之间靠着一条利益纽带维系着，没有永恒的友谊，只有永恒的利益。有时候我会从夜梦中惊醒，汗水淋漓，发现自己的喉管舔在他手里的匕锋上，我担心万一有一天为了利益和他翻脸的话，他可以出卖我的秘密，截留我的利益，也就是说，现在我的命在他脚下，我的利在他手里，我的处境比他凶险。

这就是我的心病。我早就有一个想法，要建立自己的平台，通过这个平台操作、转移、接受暂时托放在陈老板手里的资产和利益，把该属于我的东西统统收归自己，并且逐步摆脱陈老板的纠缠，具体地说，就是将实野投资公司里归我的股权从陈老板那里要回来，转到我手里。

转到我手里当然不是说转到我的名下，而是要转到我信得过、能控制住的人名下。这个人还必须具备另外三个特质：表面上和我没有关系，实际上和我利益紧扣，又有能力玩转整个平台。

我尝试着寻找过许多人，包括身边的一些女人，可是没有一个满意——财富在这些女人眼里就是奢侈的同义词，非得被她们作践完了不可。正当我一筹莫展的时候，老天爷把俞芸送到了我面前，我一眼就认定是她了，所以我才动了那么多的心思来得到她，改造她。

如今俞芸已经决定把她的一生托付给我，和我风雨同舟，我就要在适当的时候告诉她怎么运作这个平台。

不要说我铁石心肠，极度自私，没有人性，其实当我得知俞芸的选择时，我流泪了，心里充满了感激、爱怜和痛楚，因为我知道我把她领上了一条布满荆棘的路。在那条路上，她一定会受到伤害，而且她娇小的身子不一定能够扛得住那样的伤害……不管现实有多么严酷，我还是对俞芸做出了承诺：要让她幸福一辈子，而不是跟我受苦受难。我要把我的一切奉献给她和我们的孩子，让她终老时不遗憾人生，不抱恨抉择。

为了让俞芸适应有钱人的生活，改变她的人生观，我鼓动她去一次香港，由我陪去。我向她许诺，此番去香港，我一定会为她营造一个温馨的两人世界——我一定不让香港的朋友们知道，否则那些个应酬就可能把我们闹得天翻地覆。

俞芸说她也经常去香港，并且说了一些她光顾过的地方。我觉得她很可怜，怎么能混迹在那些个地方，那些地方太普通了，我都懒得去打听。

俞芸突然问了我一个与刚才话题完全不相干的问题："你作为政府系列里的官员，平时没少受正面教育，为什么成天还想着这些肮脏的念头，琢磨着这些肮脏的事？"

我说："你不是要听真话吗？这就是我真实的心理活动，这些话我只讲给上帝和你听，只准备在生命的最后一刻公布于世，还去粉饰干吗？"

到了香港，我把俞芸安顿在中环附近的一家五星级酒店里。我特意开了两个房间，是要让她觉得这次香港之游纯粹是为了帮助她设计和营造未来的生活模式，不是为了发泄我的性欲，图我的一时之快。当然她一看也会明白，开两个房间根本不构成我们在一起的障碍。

稍微休息了一下，俞芸本能地就想上街溜达。

“先不忙走，我把话说在前面，”我微笑着，看着她说，“出了酒店大门后，你就跟我走，什么都不要问，什么也不要提，走进商店、广场后，你就看东西，只讲喜欢，不要问价钱，自信地迎接服务小姐的一切目光，选好东西就叫服务小姐装袋。”

我们先到了一家手表专卖店。一进门，琳琅满目的“百达翡丽”就让俞芸眼花缭乱，手足无措。服务小姐的热情几乎到了肉麻的程度，俞芸很不习惯。她的目光扫来扫去，无法聚焦在某个款式上。我意识到她不熟悉这些品牌，不适应这个氛围。

我赶紧推荐了几块最新潮的表让她看，她非常满意其中的一款，可当她的眼睛忍不住移到价目牌上时，顿时目瞪口呆，看着我半晌说不出话来。我暗暗高兴，要的就是她的这种感觉和神态。

我说：“怎么样，满意吗？不满意再换。”

她还是傻傻地愣在那里，就像被金钱砸晕了似的。

我笑着对服务小姐说：“就这款，替这位女士试试。”

“这……”俞芸眼睛瞪得滚圆，差点惊叫出来。那块表的标价是90万元！

我急忙摇头，示意她不要失态。俞芸果然很机灵，迅速进入角色，就像一个司空见惯了的贵太太稳稳地坐进贵宾服务室的沙发上，缓缓地将白嫩纤细的小手伸向服务小姐。

服务小姐替俞芸戴上手表后，轻轻捏着她的手指，慢慢牵动着她的手腕，小心翼翼地翻转着，让她从不同侧面、不同的光照下面进行欣赏，接着又推远距离，模拟出外人欣赏的情景，最后阿谀道："Wery nice，这表就像是为这只手准备的。"

俞芸果然爱不释手，眼睛牢牢地盯在亚银色的表面上，微笑着。

我心里像开了一朵牡丹花，美滋滋的。"好，就这块了。"我说。

出门后，我带着俞芸直奔另外一家专卖店——爱马仕皮包。俞芸落落大方地推门而进，坦然地扫视了一下店内的摆设，静静地看着我，等待我推荐。刚才那种不知道东南西北的神色已荡然无存。

我轻声说："回家后，就把你的这只 PRADA 扔给你老妈，只有爱马仕才配得上你。你自己选吧。"

俞芸微微一笑，选了一只，挎在手腕上比试了一番，并且故意在我面前摆了一个姿势，意思是怎么样？

"不错，这个可以。"我点点头。

她把包交给服务小姐，说："就这个，我要了。"

出门后，她显得有些激动，想说什么又没有说出来。

我笑着说："这样很好，你要习以为常。在这个世界上，有许多人就是这样生活的，我要让你踏进这个圈子。"

我又陪她去了一家珠宝店，买了一枚 30 万元的蒂芙尼钻戒，这才跟着她去她熟悉的那些广场。男人要天长地久地爱一个女人，就得从不厌其烦地陪她逛街开始磨练。

回到酒店，放下装着各种名牌套裙、化妆品、皮鞋和内衣的拎袋，俞芸很兴奋，却装得很矜持，时而又皱起眉头，说："这好像有点过分了。"

我说："你不要觉得这样做奢侈了，其实奢侈也是人过的日子，你只要用平常心对待就是了，关键在于配不配过这样的日子。你就只配过这样的日子。"

俞芸突然想到了什么，感慨而自语道："一个耳朵里成天充斥着冤情，每天都要面对无助泪水的人，看来注定和这样的生活无缘。"

"你终于明白了，"我急忙接上话头，"只要你愿意，过一阵子我就把你运作到省电视台当节目主持人，就你的美丽和智慧不会输给现在省里当红的那个'金话筒'。"

俞芸激动了，眼睛发亮，胸脯急促地起伏着。

我轻轻地拥抱她，吻了她，说："嫁给我好吗？我这一辈子只追求这件事。"

俞芸没有点头，也没有拒绝，任凭我亲吻。

"我们去爱琴海举行婚礼，悬崖边乳白的建筑，悬崖下湛蓝的海水，在阳光下，鲜明的色彩反差和辉映美得能使每一个身临其境的人只想和谐地融入其中，无怨无悔。我还要让高贵的金色头发的欧洲人跪在地上悉心整理你婚纱的后缀，让高傲的亚麻色头发的欧洲姑娘提着你的婚纱后缀亦步亦趋。那时候，我挽着你，你捧着一簇百合，慢慢走在圣洁的台阶上，一直走下去。我要让世界知道，你就是爱琴海神话里的维纳斯。"

俞芸也亲吻起我来。

我用尽了美丽的辞藻，伴着抑扬顿挫的语音，清晰地打动了她。她亢奋了，我抱她上床，吻她，抚摸她，她也一刻不停地吻我，抚摸我……

事毕，我激动得无以言表，因为我拯救了一个灵魂，像俞芸这样的人天生就不该有什么信仰，去恪守什么清规戒律，更不值得用那些教条约束自己，甚至为那些教条献身；我也拯救了一个生命，像俞芸这样的女人天生就是富贵的命，纸醉金迷是她物质生活的全部；我还拯救了一批人的命，像俞芸那样"堕落"下去，深挖猛揭，又不知道有多少个好兄弟要落得个身败名裂、家破人亡的下场。

俞芸柔声柔气地说："你在想什么，眼睛睁得那么大?"

"我没有想什么，只是有点累，可是很高兴。"我一边应付着，一边任由思绪按照刚才的逻辑走下去……

我还要让俞芸明白，丢掉幻想还只是个开始，关键是要付诸实施。实施起来完全不像在酒桌上谈笑风生，在会客室里温良恭谨，有时候会面对海潮般的血水，小丘般的白骨。

我还要鼓励俞芸不要害怕，大胆实践，防火墙已经替她修建好了……这就是我为什么能够安然无恙到如今的缘故，而且边腐边升……我发过誓，在上帝面前也不说……我相信，凭她那聪明的脑袋一定会慢慢察觉到其中的奥妙，还会体验到挑战法律的爽然。

我空手淘得"第一桶金"时，就知道自己在干什么，就知道这意味着自己领到了一件监狱的号衣。至于说这件号衣会不会披在我的身上，就要看我的本事了。那时，招商银行的股票价格跌到5元左右，凭它的赢利能力、成长性和后台先进的支持系统、健康的企业文化，闭着眼睛买它也会赚钱。我就和陈老板商量了，借给他2个亿，由我老婆许莉出面挪去1个亿买进2 000万股招商银行股票。后来股票涨了，涨到20多元，我迫不及待地抛了，刨掉本金和利息，净赚3亿多。我从小家里一贫如洗，即使升了官那时也只是个小康人家，忽然从天上掉下那么多钱，人们一定以为我会高兴得发狂，昏了头；其实不对，当时我只兴奋了几秒钟，接下来就是害怕、恐惧，无限的担忧，犹如跌入深渊。那时我的心理素质还很嫩。

我很清楚自己是在犯罪，是踏上了一条不归路。我想金盆洗手不干了，即刻辞职移民，守着这1个多亿过日子。

人们听到这里一定轧不平账了，我刚才不是说净赚3亿多吗?

还有1亿多近2个亿呢？我发过誓了，对上帝也不说。

我在惊恐和担忧中听到了一则晴天霹雳的消息——有人到省里举报我，审计署要来查我，我当时大小便失禁。我急忙打电话央求他，他轻轻一拍就把审计署摁住了。

这一招真灵，我的心理素质一下子成熟了很多，有恃无恐了。这时我再冷眼面对社会，发现社会也向我抵下了高贵的头颅。这可是千载难逢的机会，千年等一回……我的情绪又激奋起来，像太平洋的水汹涌澎湃，不禁自问："1个亿算什么？10个亿又怎么样？50个亿距离首富还差得远呢……"

我又冷静下来，既然准备继续干下去，而且越干越大，就得把防火墙修建得再牢固一点，最好能修成一辆坦克。都说有钱人怕死，可钱多了也不容易死——能够买坦克。

俞芸看着我，娇柔地说："不对，你一定在想什么？"

"真的没有，只是在想如何让你幸福。"

"你有这么好？我才不信，男人天生就会哄女人。"

我故意深沉地说："这个年头，摆着做中国的巴菲特、比尔·盖茨的机会，你不去做，人家就会去；你不去争那部分财产，人家就会去争，谁来同情你？这中间不存在道德、良心问题，也不存在损害党的利益、人民的福祉一说。你知道为什么吗？"

"为什么呢？"俞芸一副天真的样子。

"归根到底，不是所有的人都有能力管好社会和社会财富的……其实我那样做也是在拯救社会，拯救百姓哪。"

"你已经说过好多次了……"

我打断她说："我不服气的是，有些人争不过我，就抓住我不放，好像我大逆不道似的。所以我早就说过，早知道有今天，何不在老干部刚进城时就按照党龄、军龄、奖章、烈士家属身份等等分股票呢？省得到现在再来分，分得大家有意见，什么公平、正义、道德都喊出来了。你要知道，这些个话有多无聊、多苍白、多脆弱！”

“不说这些感伤的话了，”俞芸对我的感言没有兴趣，转而说，“你能不能说说你老婆，我关心实际问题，我不能永远生活在幻想中。”

我知道俞芸是想把话题引导到离婚、结婚上去。我很理解她，像她这么个有身份的人是不会容忍长时间地和我保持不清不白的婚外恋关系，何况我答应过娶她的。

我沉思了片刻，说：“你也知道，许莉的父亲是省里的老厅长，去年才过世。说良心话，这老头真好，我欠他的太多。我大学毕业留在省城，一个农村娃子没有根基，谁把你放在眼里，谁把你当一回事。我抗争过、努力过，都没有用。后来全靠他和他的人脉，我从老百姓到科长，到处长，到东南银行行长，像乘上了火箭。”

“我听人说，你和许莉认识时她 28 岁，你 25 岁，是你的热情燃烧了她。你从小就很有心计。”俞芸调侃起来。

我有些尴尬，一时不知道如何应对，更不想反讥她，让她受委屈。我又沉思了片刻，说：“不管怎么说，我既然对你承诺了，就一定会兑现。只要给我时间，我一定会和她离婚的。我也不想老是这样和你在一起。”

俞芸沉默了，平静了，而且是少有的平静。我猜想，她一定清楚其间的难度，一定在做各种可能性的评估，甚至包括我知难而退的可能。

其实我和许莉已经到了非分手不可的时候了，只是个时机问题，时机一到自然点破。我不是说对许莉没有一点感情，每当我看到儿子同样有舐犊之情，可性欲会冲淡这分感情，会让我控制不住。随着时间推移，许莉和我的交流越来越简单，只知道问我要钱，把我心里残存的对她的情谊荡涤得一干二净。

许莉早就察觉到我有外遇，这点根本不难做到，因为我对她没有性欲，试想，一个英年鼎盛的男人每周都要生出那些“蝌蚪”来，都要排泄，不找她，都排到哪里去了？可她却表现得非常冷漠、淡定，从不过问。

我很纳闷，不断地自问：“为什么？”现在我终于明白了，她已经做好分手准备了。她的准备很绝，从两个方面入手，一个方面就是要我把赚来的钱——不管是体制内的还是体制外的——都必须给她；另一个方面是准备辞职办移民（包括替儿子移民）。

这一招太损了，因为出了国，她就像待在了岸上，而我依旧在水里，她可以肆无忌惮地榨我的钱财，不给就告，谁怕谁呀！

俞芸冷嘲热讽地说：“你们男人啊，虽然有钱，可女人多了会分不过来。到时候我是绝对不接受突然冒出的几个女人和子女与我争夺财产的。”

“我都想好了，财富跟着能力走，”我喃喃地说，“许莉只知道拿钱，不会添钱，而你正好相反，会创造财富。所以，对你赚的部分，她没有理由说三道四。”

“你就这么自信？这种交易可没有诚信、规矩、道理可讲。”

“不仅有信心，而且一定落实。不信？那我现在就为你安排好一切，”我随手拿出一张酒店便笺，认认真真地写上几行字，递给俞芸，“你看，我投资公司下面的两个公司，一家叫‘正全投资公司’，专门投资股票、债券、基金，这一块量不大，留给许莉；还有一家叫‘实野投资公司’，就是做东方数码城项目的，许莉管不好，一开始就没有让她插手，甚至没有让她知道，暂且由陈老板管着，陈老板是名义上的股东。

现在正是将实野公司全部交给你的时候了，股东名字也改成你的。过几天我安排好了就领你去见陈老板，当面谈，马上接过来。那可是5个亿的投资呢。”

“可以，”俞芸果断地说，没有一丝犹豫，“不过还有一个问题，我是长久住在外面还是回家？”

“这……”我一下子愣住了，我当然希望她一直住在外面和我相守，舍不得让她回去受吕小刚“污染”，她应该完全属于我，侍奉我。可我也知道，当她平静下来时就会想到吕小刚，就会沉浸在夫妻之间曾经有过的甜美的记忆里，而且，现实也很无情——我一时半会离不了婚，她的肚子明显隆起时又怎么见人？我内心充满了矛盾……

“你怎么不说话呀？这么一个聪明的脑袋也有没辙的时候。”

“吕小刚会怀疑这个孩子吗？”

“解释一下，算一下，说得过去。”

“你去天河以前刚和他做过？”我一阵醋意。

“你不要搞错，他是我老公，”俞芸闻出了我话中的酸味，沉下脸，愤愤地说，“你到现在不是也没有和老婆分居吗？”

“对不起，我没有任何怪罪你的意思，”我急忙解释，“我真舍不得你回去。”

我内心呼喊着，呼喊声带着凄苦。我也很内疚，很痛苦，我有什么资格嫉妒她和自己的老公做爱？难道和我做爱的女人还少吗？比如鲍敏洁，等等。可我真不忍想象吕小刚和她赤身裸体缠绵在一起的景象……

15

鲍敏洁：我跳累了，闹够了，自己找了个台阶下，坐到床沿边哭泣起来。张国平挨过来疼怜地搂住我，把我瘦小的身子紧紧地贴在他的怀里，轻声说："不要哭了，答应你的不会少。我只是担心，我反复想过了，实野公司的事你拿不下来。"

本小姐出身下贱，可绝对不是好糊弄的，讲好该是我的东西就是我的。我绝对说得到做得到，没有什么拉不下脸的事，没有放弃不了的东西，除了下面和上面那几片让男人喜欢得死去活来的皮肤外，我一无所有，所以什么都豁得出去。

我不会对那些当官的、有权有势的人肃然起敬，畏手畏脚。我见多了，当他们脱光了裤子抱住我时，就和狗一样，充其量和我一样下贱。

我是陈老板招我出台后和他相识相爱的。

今天，陈老板告诉我，等一会张国平会领一个年轻的女人来酒店找他。那个女人叫俞芸。他要我暂时离开一下房间，去商务酒吧休息。这个房间可是我和陈老板的秘密爱巢。

我知趣地躲进商务酒吧，却偷偷看见了他们在大厅里相迎的场面。

俞芸很高雅，很漂亮，身子直挺，目不斜视，不在意周围人的目光。我一眼就能从张国平对她的神态中看出，她和张国平有肌肤之亲。要问凭什么？凭第六感觉，凭经验，因为本小姐就是干这一行的。

我仔细观察了一遍俞芸，没有找出她的缺点。她的美丽和气质也让我难以抗拒，她的胸脯一样让我想入非非。平心而论，要是她愿意，我也喜欢和她做爱。

其实我的漂亮未必输给她，只是输在气质上、内涵上。任何一个女人若是有她这般充实而丰满的美丽，就能让所有男人跟着她的手尖起舞。我立刻明白了张国平为什么喜欢她，为什么会移情别恋冷落我。我心里满是失落。

陈老板也不是什么好鸟，见到俞芸时，脸上的肉都堆在一起发抖，眼睛一惊一亮后笑得眯成一条缝，淫亵的意念毫无遮拦。这种情形我也体会过，他就是带着这种微笑要我出台，跟他去开房间的。所以，我知道他现在心里很痒，恨不得一下子抱起俞芸就操，癞蛤蟆想吃天鹅肉。

令我吃惊的是，在旁人看来根本没有机会的时候，陈老板竟然还能捕捉到机会零距离地亲近一下俞芸的肌肤——他紧紧握住俞芸的手，享受着柔软和温暖。

我偷偷瞥了一眼俞芸，她若无其事，笑容可掬，却只限于礼节。她的做派明显地透露着内心的孤傲和无奈——她鄙视陈老板，根本看不起他，可又不能不搭理他。恰恰是这一点，让我揪心和担心，怕他们之间商谈和达成某个损害我利益的交易。

他们直接上楼去了，谈了很长时间，我用完了蛋糕、冰淇淋和咖啡，还不见他们下来。我忐忑不安起来。本来，我对他们来找陈老板就非常敏感，就怕他们算计东方数码城那件事、那块利。

当初陈老板为张国平操作东方数码城时就讲好了有我一份。那可是三头六面的承诺，不过我也很清楚，没有最终到手的东西都会变，谁的承诺和保证都不作数；尤其男人，当他们想找我发泄时，能说尽天下好话，可以答应我上天揽月下海捉鳖。

本小姐自从通过陈老板邂逅张国平这样的高官后，早把那些一本正经的高贵男人看穿了。就拿张国平来说，他身上哪一块肉我没见过，就那最宝贵的命根子躺着竖着和别的男人有什么两样？那天和他做爱的时候，床头电视里正播放着记者对他的专访，他那道貌岸然的样子和激情奔放的裸体判若两人；他那慷慨陈辞的表情和急吼吼要塞进来的动作反差千里，其层次跌宕的落差、角色转换的迅速，都让我惊愕不已，消受不起。

做累了，张国平躺在床上和我聊了很久，说了许多知心话……别看张国平貌似强悍，其实有致命伤，做人很累，什么都要顾及。

张国平和俞芸走了，我迅速站起来乘上电梯冲进房间，逼着陈老板说清楚事情原由和经过。

陈老板抱住我，满是腥味的嘴唇贴着我的耳朵温柔地说："小宝贝，我怎么会牺牲你的利益呢？"

"你不要回避，直接说。"我柳眉一扬。

"你总得让我喘一口气吧……张国平的意思是，要我把实野投资公司的事交给俞芸。他怕我独吞。"

"你答应了？"我眉毛扬得更高了，心紧张得直蹦。

"我又不是傻瓜。当初张国平怕出事利用我的平台操作，我也是背了风险的，凭什么得到的利全归他，"陈老板得意地笑了，"现在哪有什么朋友啊，都是为了利益。"

"所以你才不惜把我也让给他？"

"我也是不得已。你是我的心肝，我这样做等于在挖自己的心肝。不过你放心，尽管俞芸很强势，可要管好实野公司，控制住东方数码城也不是件容易的事……”陈老板眼睛发亮，自言自语地说，“说实在的，俞芸真是个美人坯子，张国平是从哪里搞来的？”

“你也想她，也喜欢她了？是不是想让她离不开你，想合起来算计我？”我收敛起笑容说。

“哪里哪里，她是张国平的马子，我怎么敢碰？连想都不敢想哪。”

“骗人，我还不知道你们男人！”我一生气，拍了一下桌子，提高嗓门说，“我不管你们男人怎么想，但是，答应我的东西一样都不能少，否则本小姐什么事情都干得出来！”

“宝贝，你别生气，总得给我时间想想。”

“行啊，就给你 10 分钟。”

陈老板想了会儿，说：“你就这样做，现在打电话到张国平家里，叫他马上过来。如果是他老婆接的那就更好，你只要把声音放得越娇柔越妩媚越好，吓唬吓唬他。”

“这是我的拿手戏，我一定叫他今晚不得安生。”

陈老板告辞了，表情复杂而阴郁，我知道他是极不愿意离开，却又无可奈何，因为他也受不了自己的心肝被别人“糟蹋”。在圈子里，他同样是个堂堂正正的男人，哪有和别人共享一个女人的道理。

我打通了张国平家里的电话，真是老天有眼，接电话的正是许莉。我憋住劲，用比平时还要娇滴一倍的声音说：“我找张行长，银行里出事了。”

先不说许莉的感受，我都汗毛孔直竖，浑身起鸡皮疙瘩。我先听到电话被重重地摔下，接着就是一声“张国平”，声音极度生硬、愤怒。不用说，许莉一定气得七窍冒烟，要知道像她这种官太太肯定能从我的声音里辨别得出我和张国平绝对不是一般的同事关系，而且我肯定也不是一个正经女人。

我握着电话耐心等候着，心里暗暗发笑，心想，警告已经初见成效，别把我当软柿子捏。

张国平来接电话了，听出了我的声音后没有了一丝声响。我知道他一定气恼无比，可又不敢张扬。

“你怎么不说话，是我不该打这个电话？不嘛，我想你了，想你马上过来。”我的声音无比娇柔妩媚。我知道，此刻这声音就像刀子架在他的脖子上。

“小李，你们的决定很正确，赶快通知保卫部的人来。我一会儿就到。”电话的那头传来了张国平一本正经的声音。

我马上明白，这牛头不对马嘴的话是说给许莉听的，他要有个出门的理由，同时也是在告诉我，他马上就到。

张国平闯进我的房间，一脸怒气，想吓唬我。

我是什么人？什么场面没有见过！我才不管他生气不生气呢，就当没看见，依旧扑上去，搂住他的脖子就亲，不住地喊着：“宝贝，你终于来了，想死我了。有了新欢，就把我冷落了。”

他猛地推开我，生气地说：“谁叫你打电话到我家里的？”

“没什么，就是想你，怕你冷落我，”我娇滴滴地说，“就是不想让那个黄脸婆独占你嘛。”

张国平真是个明星级人物，一眨眼工夫就怒气全无，微笑着扶住我，把我摁进沙发里，说：“你也是的，做事怎么不动脑筋。今天我一回家，西装还没有脱，你就来电话，本来还想和许莉好好说说话的，结果全给你搅了。”

“你只想和她说话，还找了新欢，一去就一个多月，见不到人影。难道你就没有想到过我的感受？我也是女人呀。告诉你，我是块滥药膏，已经贴在你身上了，要扒下来不容易。”

张国平又生气地说：“你哪里知道，不和许莉相处好了，不让她情绪稳定了，什么事情都不好商量，包括离婚的事、财产的事，还有她掌握的那些事情。”

“呵呵，怎么想到离婚了，不会是想和我结婚吧？”

“这……”张国平一下子被我呛住了。

“说白了，我已经看见过那个叫俞芸的女人了，很正点，别说你喜欢，我也喜欢。不过，鼻子好像不如我的挺，胸不如我的大。”

“无聊……”

“我是无聊，只知道干，不知道调情，”我故意撩了撩黑瀑布般的波浪卷发，挺了挺胸，让乳房尽情凸显，又如溪如涧地说，“张哥……”

张国平冲动了，紧紧抱住我，抚摸着我的头发和身子，动作温柔得就像微电流在滚动，柔声地说：“敏洁，你不要乱想了，我绝对不会抛弃你。”

“那你为什么还要找俞芸？”

“不这样不行啊，有些事情只有她才能做成。”

“哼，”我冷笑一声，头一扭，不让他亲了。我知道，男人哄女人时，谎话连篇，信口拈来。

“我说的都是真的。你知道我是怎么认识俞芸的吗？”张国平一副诚恳的样子，“恐怕陈老板也没有告诉你吧？”

“我和陈老板没有很多往来。”我也骗他了。

“俞芸掌握了我们许多情况……”张国平斟酌着用词，“不搞定她不行。如果你不信，可以去问陈老板。”

“什么掌握许多情况？怕她干什么，我叫人强奸她，玩够了以后杀了她。”我叫了起来。

“千万不要这样，我最烦的是窝里斗。”

“你看，心疼了吧？露相了吧？”我故意装出生气的样子，像一只发疯的小狗，又叫又跳地说，“我要报复，我要和她拼命。我为你付出了代价，为你打过两次胎。”

“你安静一点……”

“我安静不下来！告诉你，我没有梦想，不要你娶我，也知道你不会娶我，只是玩玩而已，我这种烂人不配。所以，我就把话说明白，该我的，你一个都不准少。”

张国平心烦意乱，又气又急，又想不出用什么话来哄我，我也不想听。我只想要真金白银。张国平干脆不理我，打开电视机，开得很响，任凭我怎么闹。

这一招真绝，把我弄得七上八下的，停也不是，闹也不是。要知道，真的把张国平惹恼了，他也就不在乎我了；真的要和他摊牌，也是两败俱伤。我回想起了张国平第一次抱我上床的景象，当他发现我娴熟的床上功夫时有过片刻犹豫，我极力克制自己，装出一副矜持的样子。可是没过多久，一快乐我就忘乎所以了，露出了狐狸尾巴。他大吃一惊，脸上阴云笼罩。我知道他一定在猜想我和多少个男人做过，其中有没有陈老板，罗志远是否也揩过油。严格地说，我不是陈老板直接推荐给张国平的，而是通过罗志远转手的。就这个过程来说，我已经欺负过张国平一次了。我敢断定，这么长时间下来，他一定能从蛛丝马迹中发现我们的相识是陈老板一手导演的——是陈老板设的一个局，包括今天晚上的事情也可能是陈老板教唆的。

我跳累了，闹够了，自己找了个台阶下，坐到床沿边哭泣起来。

张国平挨过来疼怜地搂住我，把我瘦小的身子紧紧地贴在他的怀里，轻声说："不要哭了，答应你的不会少。我只是担心，实野公司的事你拿不下来。"

"你可以教我，我可以学。"

"这不是一时半会的事，而且有些能力是天生的。不过我一定想办法补偿你，还有，你老是闲着也容易胡思乱想，我让陈老板安排你做一点工作。"

"我对上班没兴趣，整天被人管着，被人说闲话。"

"又不要你真上班，你高兴去就去，不高兴去就呆在家里玩。只是不要在单位里和别人啰嗦，掺和事，每个月给 5 000 元，净到手。"

"你不要骗我？"

"真的不骗你。"

"其实我不在乎这些，我只要你真心对我。"我抱住张国平撒娇，神情哀怜，"我还有一件事情没有告诉你……"

"什么事？"张国平紧张起来。

"不是什么大事，"我放慢说话的节奏，一个字一个字地往外蹦，"我怀孕了。"

"啊？"张国平大惊失色。

"没想到吧？成功男人最痛苦的就是小情人甩不掉。我就是焦油涂在羽毛上，你要拔，蜕你一层皮。"我站起来，拍拍张国平的头，看到他那副紧张的样子，放荡出了笑声。

张国平愣住了，呆呆地坐着，半晌说不出话。我想他一定是乱了方寸，我暗自发笑。这小小的警告就能把他弄得一愣一愣的，如果本小姐哪天真不高兴了，就直接找俞芸，或者就直接抖他的底，那才叫带劲呢。

我重新坐下来，贴住张国平，抚摸着他的脸，说：“看把你吓的，你放心，我不会坏你的事，坏你的事就等于坏我的事。我听你的，要我怎么样就怎么样，这下满意了吧？”

张国平松了一口气，嬉笑着说：“我爱你都来不及，哪里有甩了你的意思。”

“先不说别的，你都这么长时间没来了……”说着，我迅速脱下了自己的衣服。

张国平的动作很机械，有些勉强。他不敢对接我的目光，我则能从他的眼睛里看到另外一个身影——俞芸。我想，此时他一定在想她，一定觉得对不起她，一定幻想着在和她做爱。

幸亏我的床上功夫是久经考验的。不一会儿，张国平就进入了角色，疯狂起来，很快就气喘吁吁了……

我仰面躺着，松软地伸摊开四肢，秀发凌乱，沾着汗水，犹如出水芙蓉。张国平做完后，翻身躺下，双眼注视着天花板久久地不说话。我过去的一个夜总会妈咪告诉我，做过事的男人没有睡意，一定有大心事。我想，此刻他一定又想到了俞芸——那个能让他爱得死去活来的女人。那样的女人我太了解了，视贞节为生命，绝对不会容忍今天这档子事的；如果她知道了，绝对闹得天翻地覆。

我说：“是想俞芸了吧？”

“你胡说什么？”

“想就想嘛，我又不在乎。你是不是觉得对不起俞芸，很内疚？其实没有必要，她也不是什么黄花闺女。她也应该理解，当官的也是人，是人就有七情六欲……”

“你他妈的怎么就说不出正经话、人话！”张国平有些恼了。

“你才知道呀？我本来就不是个正经人！”我也火了，“你们当官的和动物的区别只在于：当官的靠权势征服女人，动物靠身板抢得交配权。”

“去去，啰嗦什么呀，烦不烦哪。”张国平推开我，起身穿上衣服。

张国平穿上衣服后表情渐渐地轻松了一些，更接近当官的模样了。我想，或许我刚才的话还真说到了他心坎上，令他找到了能够说服自己做出愧对俞芸的无耻举止的理由。我暗暗念叨起来：“我的上帝，这男人真无赖，这俞芸真可怜。”

张国平坐到沙发上，点了支烟，又沉思起来。我知道他要破解难题了——他不能轻易、随意、无所顾忌地把我的东方数码城分给俞芸。

我也起来，坐在他的腿上，说：“答应我两个条件，一切依你。”

“什么条件？”

“东方数码城不准动，你说过是我的。还有，我现在住的那套房子不能长期不明不白地占着。”

“东方数码城……”张国平想了想，“好，就依你不动，那套房子明天就叫人帮着过户给你。”

“你可不要骗我！”

“你看我像是在骗你吗？”

“那我们的孩子怎么办？”

“孩子……”张国平沉吟起来。

“怎么啦？”

“不能要。”

“可以要。”

“真的不能要，这不是开玩笑的事。”

“孩子是我们之间的纽带，没有了孩子，我能相信谁！”

“不行就是不行，说一万也不行。明天就去医院。”张国平站起来就想走。

我一把抱住他，说：“不要走，今晚就要你陪我。”

“不行！今晚要加班……”张国平用力推开我。

“我不信，你又要到俞芸那里去加班了，又要把我撂一个月。”我死死地抱住他。

“你胡说什么呀！明天一早要去省里汇报工作，秘书还在等我审阅汇报材料。”张国平急了，嚷了起来。

我稍不留神，一松手，张国平趁势逃脱了。

16

俞芸：张国平用劲抱住我，亲我，想调情，可他用劲的样子和实际释放的力量有着巨大的差异。我觉得他力不从心，激情不再。我是个过来的女人，能分辨出什么是因为劳累而不能坚挺，什么是因为……我顿时有了一种不祥的感觉……根本不敢往下想。

从香港回来后，我就一直单独住在这套公寓里。前几天我也问过张国平，是否可以回家，他也没有个明确的说法。其实我很想回家，也很想吕小刚，可就是看不得张国平忧郁、妒忌的眼光。

我听到门口有动静，马上跑去开门，果然是张国平跌撞进来，显得非常疲惫。我急忙扶住他。

我轻声责怪道："今天晚上不是不见面吗？怎么又来了，而且这么晚，这么累，和许莉谈得不好吗？"

"也不是，许莉知道我明天有重要会议，在加班准备汇报材料。"张国平有气无力地摇摇头，"到现在稿子还没有改好，罗志远不行……"

"你赶快调一个人去顶赵主任的缺，罗志远就不是个干正经事的人。"

"是的，正在找。"张国平边说边从衣柜里翻出他的睡衣走进洗手间。

"你今晚不走了？"我望着他的背影追问了一句。

"和许莉讲好了，要通宵。"

我心里很不舒服，觉得就像生活在一个多妻的家庭里，正房依仗着明媒正娶的权威，控制着男人的过夜权，而我们这种做小妾的，每到关键时刻还必须看正房的眼色。我从没有向任何人低过头，从来不在乎他人的眼色，如今这等屈辱的事都砸到头上来了，能容忍和忍耐吗？我觉得自己已经混得不成人样了——连起码的平等和自由都不具备。

我不禁抱怨起来，张国平装着没听见，冲淋的水声哗哗直响。

我的抱怨竟然没有演变为愤怒，转而却可怜起他来——作为一个男人，他操劳的事情实在太多，譬如银行里的公务、自己的财富、那个"讨债"老婆，还要拨拉出一块资产给我。那可是整整5个亿，一个东方数码城啊，是我和吕小刚一辈子也弄不来的财富啊。

财富至上的观念已经悄悄地渗透进了我的血液，改变了我做人的准则，使我彻底更新了爱和恨的分界岭。

张国平摇摇晃晃地出来了，他本想坐在沙发上和我聊些什么，可是支持不住了，东倒西歪地难以忍受。

我不忍心地说："既然很累，就早点歇息吧，明天起个早，再修改稿子。"

"我也是这么想的。"

我洗完澡，喷上淡淡的清香，半裸半遮地披着浴衣走进卧室，非常性感……我等待着张国平冲动、主动。

张国平支撑着爬起来，抱住我，可是他的双臂松软，软得像冲气棒，与前几天的那种疯狂、猛烈相去甚远。我想他一定是累了，需要更细心、更温柔的情调。我脱掉浴衣把整个身躯奉献在他眼前，又像捧着一个大瓷瓶似的小心翼翼地脱去他的内裤，依偎着他，手在他的胸口抚摸起来，又顺着他的躯体慢慢往下……

张国平用劲抱住我，亲我，想配合我，可他用劲的样子和实际释放出的力量之间存在着巨大的差异。我觉得他力不从心，激情不再。我是个过来的女人，分辨得出什么是因为劳累而不能坚挺，什么是因为……我顿时有了一种不祥的感觉……根本不敢往下想。

张国平满脸羞涩地说："对不起，我今天很累。"

我狐疑地看着他，冷冷地说："我可是一个过来的女人，对这种事很敏感，而且，我们也不是交往一天半会了。"

张国平明白我的意思，听懂了我话里含着的五个字："你不要骗我。"他知道我是个非常聪明而敏感的女人，一有草动就能窥探出外面刮几级大风。为了消除我的疑虑，他主动爬到我身上，隆起的肚子上……可他浑身没有力，软得像棉条。他极力想表现一把，可越是这样，那东西越不听使唤，破绽百出。

他气喘吁吁的模样让我发火，我推开他，说："不行就是不行，不要勉强，也不要装。"

"我真的很累，开了一天会，从早上……"张国平急切地解释道。

我心头蒙上了厚厚的阴霾，虽然没有发现什么明显的破绽，也没有像文学作品里通常写的发现了长发丝，可眼前的景象就是最好的佐证，就足以让我深信不疑，不需要再去求证什么了。

我突然发现自己有多傻，和他交往到现在，竟然没有怀疑他还有其他的女人缘，竟然没有多一个心眼去探知他的感情世界。就凭他非常善于理解女人的心思，非常善于捕获女人的芳心这一点，加上高额身价，一言九鼎，还跟着一个善于钻营、投其所好的办公室主任，能规矩到哪里去？就这么一个龌龊的环境又能造就出什么清白的人？

我越想越不对劲，越想疑点越多，跟着鼻子一酸，泪水滚落下来。我恨自己轻信了他的忠贞，轻易委身于他。我起身穿好睡衣来到客厅，坐在沙发上，抚摸着肚子，想了很多，也想了很久。羞愧和屈辱不断地折磨着我，每当想到自己刚才做的那些下贱的挑逗动作就羞愧得无地自容，直愣愣地想寻死。

房间里传出来张国平的鼾声，他却像什么也没有发生似的显得那么平静，心安理得。一个生活在阳光里的生命竟然想到要去寻死，而一个混迹在罪孽里的灵魂却怡然自得，这种强烈的反差又一次重重地击打了我，打碎了我的一切梦想。

如果不是夜深人静，怕惊扰了旁人，我真愿意大哭一场。

天亮了，我若无其事地把张国平送出门。临别时，张国平微笑着吻了我一下，又说了一大堆抱歉的话。这些话以前能让我激动半天，可今天却让我恶心，觉得虚伪。

我打电话给林杰，要他盯着张国平一阵子，看他外面有什么活动。我还特别提醒说："不要找别人，不要泄露秘密，就你自己。"

"他有外遇？"林杰恶狠狠地骂道，"他敢，我扒了他的皮。"

"千万记住，只准你一个人知道。"

放下电话后，我怎么也控制不住自己的情绪，而且越来越浮躁，越来越糟糕，眼泪禁不住往外流。我不愿意去想张国平，可思绪却被意念强行拉向一件可怕的事情，龌龊的画面——我不得不接受这个令自己倍感侮辱的事实，那就是我已经堕落成为被人包养、被关在笼子里的"金丝鸟"，丧失了作为人的许多基本而必需的禀赋。曾几何时我不止一次地用尖刻的语言挖苦"金丝鸟"，可如今自己也坠入其中，而且很有可能将演变为一宗惊天要案的主角——丑角……我的心被撕裂了。

一股怒气把我猛地托起，直冲门口，要出走。我满脑子只有一个念头：不管张国平有没有骗我，不论张国平是清白还是荒淫，都要警告他一下，要让他知道，不要以为已经搞定了我就可以随心所欲，不要把我看作是他的囊中之物就可以肆意践踏。可就在我拧动门把的一瞬间，我僵持住了，意识到自己迈出这道门坎容易，可迈进自己家里的那道门坎不容易，说到底，吕小刚会怎么看我？怎么想我？怎么对待我隆起的肚子？会原谅我吗？我还能像过去那样被他宠爱吗……

我成了一片飘零的孤叶，罪恶的怀抱让我作呕，那是一片暗礁密布的昏暗海峡，善良的胸膛却无法贴靠……我犹豫了很久，思考了半晌，不由得轻声呼唤起吕小刚的名字，似乎觉得手伸向了他，而身躯却在水面上沉浮。

我最终也没有勇气迈出这扇门，我多么希望有一个台阶，让我安然而下。我最期盼的是这个时候，吕小刚突然出现在门口，并且拉着我的手要我回家。可门外一直空荡荡的，期盼变成了奢望。我这才想起来，我已经有一段时间没有他的音讯了，他曾经和我联系过，可我没有回应他。他在干什么？在想我吗？我有一种渴望，渴望知道一切。我相信如果吕小刚知道我现在的心事，他一定会来的。为了我，他从来不计较自己的得失，从来不认为吃我的亏是一种屈辱。

我的眼泪再次滚落下来，心里一阵阵地作痛。我做过许多对不起他的事，包括肚子里的那颗种子。我不配获得他的宽容，不该奢望他能接受我的罪过。

我哀叹起来，世界之大却没有安身的地方，人情之热却没有温暖的感觉。这都是自己惹的祸，自己作的孽。现在回想起来，和张国平在一起，我是落在金银堆里，却冰冷得如同地狱；和吕小刚在一起，我躺在柔软的床上，又温暖得好似天堂。如果老天爷再给我一次选择，我绝对不会背叛吕小刚，即使和他一辈子炊烟渔樵，也心甘情愿；如果有下辈子，我只选吕小刚，只图过安稳的日子。

我重新退回到客厅的中央，脑子依然一片混乱，一片空白，浑身虚脱。

日子单调而冷寂，我一直在等待林杰的消息。张国平来过几次，可都被我拒之门外。

晚上，林杰来了，告诉我一个既惊讶又不意外的消息：张国平去过几次城东的林云小区，和一个20多岁的女孩出双入对。

“知道她是谁吗？”我问。

“不知道，我怕你心急，先来告诉你这点情况。好在有一次我尾随她上了楼，知道她住在哪个房间。”

“立即搞清楚她是谁。”

“好的。不过我还发现一件事……”

“什么事？”

“还有一个男人也经常去那里，也和那个女孩相拥着出入。”林杰拿出手机打开照相屏幕说，“就是他。”

我心里“咯噔”一下，觉得这个男人像陈老板。我顿时意识到这里面的故事很多，很蹊跷，于是狠狠地说：“一起给我搞清楚，多拍点照。”

“一定办到。”林杰说着走了。

我气得脑袋都要炸裂了，不顾一切迈出了房门……我要回家，要离开这地狱般的住所。我已经顾不上吕小刚见到我时会有什么感受，管不了他会丢什么脸色给我看。就算吕小刚的感受再痛苦，面孔再难看，我也比在地狱里做“小三”强。

我出门时什么都没拿，包括那些个昂贵的钻石、皮包、手表；只要它们和罪孽、欺骗联系在一起，就不啻是一堆粪土。

凑巧的是，我在小区门口与张国平迎面相遇，他赶紧拦住我，问："这么晚了还走？去哪里？"

"回家。"我恶恨恨地说。

"是吕小刚叫你回去？"

"你让开。"我不愿意和他啰嗦。

"如果他不来接你，你回去不是找罪受吗？"张国平煞有介事地说。

"你给我滚开，让我走！"我怒吼着。

"谁又得罪你了？"张国平冷冷地说，"你一定要走也可以，不过你总得让我知道发生了什么事情吧。"

我阴沉着脸逼视着他，他不由得后退了一步，不敢看我，似乎怕我再扇他耳光。我厉声问："住在林云小区的那个女人是谁？"

"哦，就为这事呀……"张国平眼珠滴溜一转，装作很冤枉地回道，"实话告诉你吧，她和东方数码城项目有关。原来是她管着的，我得和她商量。"

"那么陈老板和东方数码城也有利益瓜葛？"

"是的。"

"这么说来，他们是不会答应给我的？"

"是的，"张国平迟疑了一下，又说，"陈老板不太愿意你介入实野公司。"

"为什么？"

"他说得也有道理，恐怕你控制不住那里的局面。"

"骗人！"我一下子明白了，东方数码城的利益全部归我没有那么容易。

“你不知道全部情况。”张国平还想解释。

我气愤地推开他，冲了出去。我恨不得在马路上一头撞上汽车死掉算了——我的贞洁、人格都没有了，财富就像过眼烟云，家庭分崩离析，一切都似尘似灰。

到了家门口，我又恐惧起来：如果吕小刚拒绝我，该怎么办？我刚烈的性格一定会驱使我从楼上跳下去，不会有别样的选择。

然而，门却主动开了，吕小刚闪现出来。我想这不是巧合，一定是他听到了久违而又熟悉的脚步声了。吕小刚惊诧地看着我，扫了一眼我隆起的肚子，微微一怔，转而欣喜起来，微笑着拉我进门。

他把手里正在翻阅的资料扔在茶几上，笑着说：“最近很忙吗？我一直没有你的消息，也一直在等你。回来就好，是我不对，我认错。我一会儿就给你妈打电话，她刚来过，我和她说好了，原本打算明天去接你的。”

我的眼圈一红，一阵感伤。在我最落魄时，还是吕小刚像海一样的胸怀容纳了我。这海就像爱琴海，余秋雨说过，浩大而不威严，温柔而不柔媚。我真想扑在他怀里痛哭，可是我没有，不敢，也不配，甚至都没勇气和他的目光触碰。

我无意中瞄到了茶几上的资料，上面明白地写着几个大字：东方数码城……

我不由得一惊，担忧驱散了悲伤。吕小刚似乎注意到了我的变化，把材料收拾起来塞进了公文包里。显然，他不愿意让我发现和与我谈论这件事，不希望我们再发生争执。而我却多了一件心事，难道吕小刚他们也盯上了东方数码城？他们的追踪和我的探究进度是同步的，这说明……我不禁毛骨悚然。

吕小刚还像过去那样叫我在沙发上坐着别动，自己坐在我的对面，仔细地端详着我。过去，只要我每次出差回来，他都这样，而且目光里流露出痛惜，一会儿说我头发少了光泽，一会又说我皮肤晒黑了，每当这时我都会感动。不过这一次他有些迟缓和犹豫，似乎有心理障碍。我一阵忧伤，觉得他有一种担心，怕仔细端详我之后，会看到他不愿意看到的东西——不再那么完美，那么纯洁，不仅在形象上，而且在质地里。

吕小刚端详了少顷，说："还像维纳斯一样美，只是眼圈有点阴影，皮肤有点疙瘩。"

他没有问及我的肚子，这和做丈夫的通常有的表现不同，我低下头，极力回避他的目光。我还知道因为烦躁、愤恨、无规律的生活，以及失眠、内分泌失调等原因，我的形象已黯然失色。

吕小刚吻了我一下，说："饿吗，我去弄点夜宵？"

"不了，我就想休息。"我有气无力地说。

"我去为你准备衣服。"

"不用了，我自己会。"我百感交加，羞愧难忍，没有脸面再接受他的伺候了。

吕小刚一脸狐疑，盯着我，表情似乎在说：为什么？

我猜想他担心我冷淡他，于是马上说："没有别的意思，我不想让你这样做一辈子。"

我自己拿了浴衣和换洗的衣服走进卫生间。当淋浴龙头打开时，倾泻下来的水一下子把我积压在胸腔的悲怨化作泪水滚落下来。我把水龙头拧到最大，用"哗哗"的水声遮盖住我的哭声。我的脸上都是水……

我躺到床上，吕小刚也跟着上床了。他亲吻了我一下，轻声问我："今晚可以吗？"

我一阵哽咽，眼睛又湿润了。我极力控制住自己。吕小刚似乎觉察到我的忧伤，轻声说："是不舒服吗？因为肚子？那就早点休息吧。"

"我是你的老婆。"我脱口而出，猛地抱住他，吻他。这是我真实情感的宣泄，因为我觉得在这个世界上，只有他最尊重我，爱我，而不是赤裸裸地玩弄。

吕小刚触到了我的眼泪，他伏身痛惜地抱住我……

我不顾一切，极力配合，心里不停地喊着："我是你的老婆，我的一切都是你的。"我要用心中的呐喊来激励和升华我的情绪、我的动作。我要把亏欠他的尽量偿还，让他幸福、快乐。这也是他的权利，尽管这个权利已经部分地被人偷挪。

吕小刚满意了、微笑了，可微笑里带着微微的苦涩。我知道他在想什么，我猜到他心中的疑虑和顾忌一定没有释尽……我一阵内疚。

我和吕小刚都没有睡意，聊了很长时间。他只字不提我离家后的那段生活，和那个……我也极力回避。可聊着聊着就沉默了，半晌，他说："最近我在看东方数码城的材料。"

我极力猜测起他的用意：是想从我这里套出些什么，或者是想试探一下我有没有涉足其中，也或者是想提醒我不要卷进去……不管出于何种用意，有一点是再明白不过的了，那就是吕小刚一定知道了东方数码城和金穗集团、东南银行及张国平的许多事情，以及他们之间的相互关系。

我紧张起来，诡异的念头驱使我一定要弄清楚吕小刚的用意。不仅如此，还必须弄清楚他到底掌握了多少情况，接下来想干什么。

这不是因为我和东方数码城脱不了干系，而且我不想轻易放弃这块利益，归根到底就是我无法抗拒张国平的财富论和资本论的说教。我突然发现，刚才还弥漫于胸的真挚情感消失了，莫名的邪念缓缓升起……

我依偎着吕小刚，说："东方数码城是怎么回事？"

吕小刚迟疑了一会，鼓足勇气地说："有人告诉我们，张国平挪用银行资金去搞了东方数码城项目。这背后还有故事……"

"什么故事？"我一阵痉挛，害怕他提到我。

"这个项目很有可能就是他自己的……"吕小刚停顿了会儿，"详细情况还在调查中，到时候再和你通气。"

"唔，"我松了口气，显然他还不知道我正在争这一块利，"你怎么会追踪到东方数码城项目的？是有人告诉你的吗？"

"我听人说，你和金穗集团、张国平近来交往很多。"他答非所问，回避着我的问题，显然对我不信任。

我不由得紧张起来，说："谈不上很多，只是有些往来。"

吕小刚突然变得严肃起来："你不要瞒我了，我知道许多事。我只想说一句，你不爱我也可以，尽管我会很痛苦，甚至会想到死，可是你千万不要再和他们搞在一起。"

"你到底听说了些什么？哪些人说的？"

"俞芸，能说的我都说了，不能说的我也说了许多，我求你了。"

吕小刚动了真感情。我知道如果没有极度的难言之隐，没有严厉的约束，他绝对不会这样，绝对不会不说。这反过来也说明他已经掌握了很多情况……我突然发现吕小刚像个真正的男子汉，阳刚，豁达，高尚，对我没有心计，不想试探我什么，只想为我好，这种没有任何瑕疵的真情让我再度感动。

我眼前浮现出了两条路：一条是把我所知道的一切和盘托出，配合吕小刚他们追打下去，揭露那个毁损社会根基的黑案，严惩那些祸国殃民的幽灵；另一条是继续隐匿下去，和张国平站在一起，去争夺那些不义之财。

我真不知道自己怎么会徘徊在张国平身边的。像他这类人到底是历史的开拓者还是历史的罪人——如果财富在他们手里成长得更饱满，更充实，推动了社会进步，那么他们就应该是站在历史巅峰上的伟人；如果财富在他们身上的积聚惹得天怒人怨，外部势力趁势兴风作浪，把个好端端的中国弄得四分五裂，那真是中华民族的千古罪人……我的思绪很乱，无法再凝神思索，无法顺着任何一条路子往前探寻。不过我很清楚，今晚的抉择就是最终的抉择，是迈向深渊还是登上历史巅峰的抉择；一旦抉择后，绝对没有后悔药可吃。

吕小刚见我沉思着，知道他的话让我震撼，猜测我一定在做痛苦的抉择，于是安慰说："睡觉吧，还有明天和后天哩。"

我能睡得着吗？

17

陈老板：我马上又想到，我和张国平之间似乎从来就没有过真正的友谊，都只是为了利益：他为了发财，为了躲避被追查和财产申报，借助我的平台投资和洗钱；我则为此背上了责任和罪孽，万一出事，第一个坐牢的人就是我。

在这个年代里，搞市场经济，我最要听的一句话就是：财产可以分了，个人财富合法了。别看我读书不多，可我心里明白，这就意味着我们逢到了打拼天下的年代，到了历史的转折关头了，就像当年朱元璋纵横天下、乱世出英雄的时代——其中的勇猛让我刺激，谋略使我陶醉，胜者为王，败者为寇……

我这个人不怕作恶，不怕凶狠，不怕胡作非为，就怕没有机会，最受不了的是成天被人盯着，约束着，捆在一起谁也不准乱动。我以前时常抱怨自己生不逢时，没有落在兵荒马乱的年代，否则我早就去投军了，弄不成师长旅长的，也可能拉一支队伍上山当大王。如今老天怎么这么长眼，让我生长在这么个年代，哈哈……

中午，我蹑手蹑脚地摸进了鲍敏洁的公寓，见她半裸地酣睡着，只穿着一条要扒开屁股才找得到布条的C字裤。我一下勃起，连忙脱光自己的衣裤，一把抱住她就亲，就做。

鲍敏洁本能地挣扎起来，想叫，我捂住她的嘴……我要的就是这种强奸的快感。

鲍敏洁看清楚是我，不再挣扎了，而是尽情地让我享受，让自己愉快，间或还用拳头捶我的背，不停地说："吓死我了，我当是哪个流氓。"

"小乖乖，想死我了！前几天姓张的老是来，都把我快憋死了，害得我想了好几个晚上……"我不停地说着，做着。

鲍敏洁推了我一下，对着我的耳朵神秘地说："张国平要我把孩子做掉。"

"哼，听他的？"我本能地叫了起来，"这是你我的孩子，我还要靠他继承张国平的财产呢。"

"他要是知道了呢？"

"你不说，你不去做DNA检测，他能知道？你就要用这个孩子咬死他，你就说，你自己无所谓财产，都是为了这孩子，为了你张国平这点骨肉，所以多少得留点财产给这孩子。"

"可张国平坚持要俞芸接管实野公司呀！"

"哪有那么容易？没有我，她能搞得下去……"

忽然床头监控器发出轻微的"哧哧"声，上面的小红灯一闪一闪。这监控器在门外做了布防，任何生物只要在门外两平方米的区域内活动都会如此警报。

"你弄的什么破玩意，一天到晚都开着，烦死人。"鲍敏洁不满意地说。

"干我们这一行的，不提防着点不行？我不杀人，人家还想杀我呢。"我说得自己也恐惧起来，急忙爬起来打开监控器上的屏幕。

屏幕上空无一人……我正纳闷，一个人影就进入了屏幕，在门口张望，那人戴着墨镜。

我急忙压低了声音说："你见过这个人吗？"

"没有，不认识。"鲍敏洁声音发颤，身子发抖。

“不要出声。我好像见过他，已经跟踪我们好几天了。”

鲍敏洁面色刷白，哆嗦着说：“他是谁？他想干什么？”

我没有搭理她，而是赤着脚移步到门口。我透过门上的猫眼看到他贴在门上想偷听里面动静。

我轻轻转动门锁保险扣，猛地拉开门，那个人一个踉跄摔了进来，跌倒在地上，墨镜甩得老远。我刚要扑上去，他却来了一个鲤鱼打滚翻身站立起来，闪出一个右钩拳直冲我的太阳穴而来。我左手挡开，右拳直逼他的肚子。他左臂向下一钩挡住了我的一击，他又是一拳，带风带力……我见他面不改色，身手敏捷，知道遇到了高手，因为能扛得住我一拳的人应该练过三伏和三九。

鲍敏洁连忙关上门，免得惊吓了左右邻舍。

我故意露出一个破绽，他果然中计出拳，我乘虚使出柔道工夫，抓住他的手臂把他腾空掀起，又重重地摔在地上，乘他晕头转向时，又对着他的肚子狠狠踩下去……“啊哟！”他一声惨叫，缩蜷成一团痛苦地翻滚起来。

我骑上他的背脊，反剪他的双手。他想挣扎，可我那铁钳似的双手紧抓住他的手腕使他动弹不得。鲍敏洁用绳子捆住他的双手，又在他脖子上绕了一圈，再顺着背脊下来扣住双手，随后找来一个黑色的垃圾袋套在他的头上。

鲍敏洁踩了一下他的头，说：“你是谁？干什么来了？”

那个人不吭气。

我从垃圾袋外面抓住他的头发，用力提起他的头，狠狠地抡上一个巴掌，骂道：“你他妈的是什么人，敢盯老子的梢。”

“走错门了。”那个人的声音很坚实，连一声疼痛都不喊。

“不说？”

那个人用力摇摇头。

“他妈的,落在我手里就没有不开口的。”我骂了一句,抓住他的头发死劲往地上砸,“砰”、“砰”、“砰”……

那人始终没有吭一声,血顺着垃圾袋流了下来。

鲍敏洁害怕了,嚷道:“不要再打了,要出人命了。”

“骨头还很硬? 把刀给我。”我喊着。

鲍敏洁犹豫了一下,取来了刀,说:“千万别杀了他。”

“哪会杀了他,叫他长长记性。”我对准他的头猛扎几下。又是一股血流了出来。

我一松手,他就瘫倒在地上昏死过去了。

“他死了,他死了。”鲍敏洁害怕地急叫。

“叫什么? 就是个皮外伤。干这一行我有经验,没有动到他血管,死不了。”

鲍敏洁急忙撕开垃圾袋,那人满脸血污,却有微微气息。

“他没有死,没有死。”鲍敏洁高兴地手舞足蹈。

“我又不是傻瓜,我还懂点人体结构,”我轻松地一笑,“随便一刀就要人家的命,不就等于要自己命一样吗?”

“现在怎么办?”

“扔掉他。”我果断地说。

我叫鲍敏洁洗清那人脸上的血污,擦掉地上的血迹,一起架着他下到楼下车库,塞进车厢。

车子开到一幢烂尾楼前,我把那个人拖下车,扔在碎石堆里。

鲍敏洁又狠狠地踩了他一脚,说:“现在想起来,我好像看到过他几次,就是没有太当真。”

“哼,要是都像你这样木讷,我早就死了好几回了。”我瞪了瞪她。

真是大水冲了龙王庙，没过几天，坏消息来了，张国平在电话里直抱怨："为什么要把俞芸的弟弟打成这样。"

"俞芸弟弟？我一点也不知道。"我震惊不已。

"你出手也太狠了，他躺在医院里已经好几天了。"张国平愠怒地说。

"实在对不起。这样吧，所有的费用我来出。"我口头示弱，不做任何辩解，也不找理由开脱。

我这是给张国平面子，心里很不服气，她凭什么要来抢东方数码城？说白了，我什么都不怕，什么人都不惧，包括张国平，要是真的把我逼得走投无路了，真的到了要玩命的时候，他们姐弟俩还真不够我玩的，而且至今我也不认为这次动手是件坏事。他们不是想抢东方数码城吗？这就是教训，警告他们不要太猖狂了，要钱没有，要命一条！

我搁下电话，心情很激动……当初张国平信誓旦旦地讲过东方数码城是给鲍敏洁的，所以我才那么拼命地干；如今他反悔了，以为这只不过是在他的两个女人之间重新分配利益，小菜一碟的事，他完全能够掌控，说过的话也就可以不算数了。可他万万没有想到事情不是那么简单，鲍敏洁的背后是我，东方数码城是我的，至少有一部分是我的。东方数码城项目还有一些事情没有了，非常棘手，还需要我去拼命，东方数码城的老板李东方绝对不是什么省油的灯，没准又是一次血拼，能随便说给就给吗？

最近我也一直在想一个问题，自己是不是太贪了一点，紧要关头不顾朋友情分，而且一旦背上这个坏名声，以后怎么在圈子里混……不过我马上又想到，我和张国平之间似乎从来就没有过真正的友谊，都只是为了利益：他为了发财，为了躲避被追查和财产申报，借助我的平台投资和洗钱;我则为此背上了责任和罪孽,万一出事,第一个坐牢的人就是我。

我有时很生气,气的就是张国平没有认识到这一点,还老喜欢用忠心和义气来鞭笞我,好像我天生就该做他的替罪羊似的。不过我也知道他担心什么,就是担心控制不住我,因为我们之间没有法律约束关系:他的利益见不得人,不受法律保护,全凭我做人的信誉来操弄。我今天之所以愿意被他控制住,就是他手上还悬挂着的一块利益——能够长期为我提供资金,随叫随到,不管违规还是不违规,不管有没有风险;再者就是他和省里的关系、他的升迁前途。这涉及上亿的利益,谁见了不眼红?如果没有这两条,我还能养他?有朝一日他倒霉了,逃亡了,我还要为他守家看院子?!

张国平一直没有平等对待过我。在他眼里,他代表正统,我代表山寨。我和他合作是按照他构想的交易结构,或者说交易模式进行的。我必须削足适履,不管多难受。可这个交易结构太不公平:首先,他提供的银行资金不是他自己的,到了项目鸡飞蛋打时,他一点损失也没有;其次,出头露面做项目的是我,签在法律文书上的责任明明白白也是我的;再者,做项目的那分劳累凝聚着的是我的血汗。

我从马路边设摊的小混混做起,人生的期盼就是有一天出人头地,受人尊重。我披星戴月,餐风宿露,不容易啊。要问我一路走来最不容易的是什么,就是环境——环境不顺,什么东西都不成熟,什么规矩都在变动,每到关键时刻都需要和卡着我脖子的有权人周旋,向他们打点,与他们分利。我也承认这不是正规手法,正当交易,公平竞争。可周围都是这样,我不打点,不输送利益,别人会去做,我就拿不到机会,就没有今天的成就。开始我是被动的,后来才主动出击,只要是关键岗位上的官被我惦记上了,就没有搞不定的,譬如他本人一时搞不定，我可以迂回出击于他周围的人——弟弟、妹妹、小姨子、小舅子、侄子、外甥，等等，我不相信这群人里边没有爱钱的。实际上，除了我以外，还有百十号人都在打他的主意，这么多精明的脑袋一起发掘他，他防不胜防，再加上法律执行没有必然性，心中除了钱就没有信仰和敬畏，岂有搞不定的？

在市场经济里，法律不公是最大的不公。法律执行如果没有必然性，缺乏刚性，可以人为地干预——搞得定的人罪孽再大也可以逍遥法外，执法与不执法都在一些人的一念之中——那就比没有法律更具欺骗性，同时也给执法机关的权力标上了价格。

如果要我总结我的发展历史，我只有一句话，我的发展史就是一部行贿史，差别仅仅在于从小到大，从礼品到现金，从现金到参股分利，从参股分利到借平台操作。这一变化反映的是那些不良官员对财富的心态变迁的历程，开始那些人只想发点小财，做个万元户，我请他们喝一瓶茅台，送几千元的礼品就搞定了；后来不行了，人家胃口大了，我也家大业大了，一出手就是上万，上百万，送的礼品也要有经久不衰的价值。如今这也打不住了，财富观念变成了资本观念……大家可以想象，受贿能受到上亿，岂不是嫌自己扛着的脑袋太重了，要轻松一下？肯定不愿意嘛，脑袋没了钱有什么用。所以都学聪明了，干脆提出借用我的平台进行操作，依靠金融杠杆，一撬动就是上千万、上亿的。

为了给张国平做平台，图个和张国平天长地久，我什么事都做了，包括不要脸的事——把鲍敏洁送上去，自己找顶绿帽子戴戴。如今还要我放弃东方数码城的利益，亏不亏呀！丢人不丢人呀！幸亏我棋高一招，就是要让张国平相信，这儿子是他的，要把财产留给鲍敏洁，传给儿子。至于我，到时候两个都受用。

我这样做是不是无耻?

不无耻。

在金钱面前没有无耻,只有计谋。设想一下,鲍敏洁再值钱,能值几个亿?再说张国平也是个无耻之徒,在他面前有必要保持虔诚?我现在唯一的顾虑是夜长梦多,纸包不住火,时间长了张国平会发现我和鲍敏洁之间的猫腻以及他未来儿子的身世。

不过我也不怕,即便如此又能怎么样?我料定张国平不敢和我彻底拉破脸面——他敢把我弄进监狱,我就敢把他拖进地狱!我把张国平这类人的骨头渣滓都看透了,他们自以为是天下精英,看着别人升官心里发痒,发现别人发财眼睛就红,既想当官又想发财,还老找我们这些人做替罪羊。说白了,张国平有什么?不就是有权、有威势吗?可是大家想过没有,权力不属于他,威严依赖正当,只有当权力为老百姓办事时,权才有力才有威;如果权力被滥用时,权虽可以有力却没有威,表面上强悍,心底里发虚,色厉内荏,像做贼似的。张国平就是这种贼,其质地比鲍敏洁还不如,鲍敏洁出卖自己的身子,而他什么也不出卖,却又想买到灵魂、买到良心、买到道德、买到法律、买到尊严。

以前我听说省里有意思让张国平去一个贫困市当书记,锻炼一下,我是极力劝阻他,我当然是从自己的利益考虑。现在想想我还真救了那一方水土的人民,救了那里的女人。报上不是有“穷庙富方丈”的报道吗?讲从一个贫困县的县委书记家里抄出 2 000 万存款。我估计张国平去那里有过之而无不及。有一次喝酒时张国平对我说,自从袁世凯死了以后,在中国敢做皇帝梦的人没有了,可想当土皇帝的人却比比皆是——披着官员的外衣,过着皇帝的日子,不比当那个天下人皆曰杀的真皇帝强?我当时就目瞪口呆,心想,这哪像是政府官员说的话。

听了我这番话，许多人一定会有疑问，像我这样的人哪来这般清晰和准确的认识，就像个党政干部。这就说明许多人不了解我们的内心世界，其实我们这些人明白着呢，对政府的政策研究得透着呢，所以才敢和当官的玩，和法律斗，操弄黑白两道。

如果要问我是否担心和张国平捆绑在一起终会有东窗事发、玉石俱焚的那一天，我会说："是的。"如果要问我张国平是否也有同样的担心，我也一定会说，"是的。"不过张国平这颗聪明的脑袋早就做好防备措施了，所以我也不怕。什么是张国平的防备措施？我经过细心观察终于明白了，就是两条路，一条是两本护照，那本南美的护照还是我替他办的；另外一条就是和某某人有利益输送关系，那个人会保他，会把他捞出来，那个人是谁，如雷贯耳，可我没有一手证据不敢乱说。

再回过头来说俞芸，她凭什么就想得到东方数码城？就凭睡觉？我无论如何咽不下这口气。

说心里话，我也挺喜欢俞芸的，骨子里恨不起来，她是这个世界上我见到的最让我动心的女人。我第一次见到她时，她靠在天河县山顶的石头栏杆上耷拉着头，可每当风撩起她的长发，露出那俊美的面孔时，我就心跳血沸，以后好多天都无法抹去她的身影。前些日子张国平领她来和我谈东方数码城的事，我就很冲动，情不自禁地捏住她的小手，让一股电流穿过全身，舒坦不已。我还想一下子搂住她，抱她上床……一句话，我爱上她了。有一次晚上还梦见和她做了那事，那滋味好得没法描述，如果老天有眼让我睡她一次，我死也心甘。

我真羡慕张国平，世界上的好事怎么都轮得到他，人间的好运气怎么都被他碰上。我哀叹自己草根出生，没有这个好命，就拿玩女人来说，我玩过的女人无数，漂亮的也不少，可都是些滥货，像俞芸这种高品位的女人从不看我一眼，更别说上床了！可我也是个在这座省城里走路“咯咯”作响的人，我也应该有权利享受这种女人！

我下了狠心，这辈子即使做鬼也要玩一下俞芸，也要睡她一觉，哪怕是强奸。在玩以前，我还要好好设计几套动作，刺激的动作，听她呻吟，看她快乐。

什么都想好了，都想透了，想明白了，就要豁出去了，我急忙赶到鲍敏洁那里。

“东方数码城坚决不让！”我用双手捧着她的脸，温柔地说，“小乖乖，你一百个放心，只管生你的儿子去，而且一定要生下来。”

18

俞芸：我犹豫起来，估算了一下，估计在这场轮番来往的仇杀中，我不是陈老板的对手。可是不反击又怎么行？刀子架到脖子上了，身子退到悬崖边了，不反击就是投降，投降就等于听凭宰割。

我赶到省人民医院，母亲见我就哭喊起来："哪个丧门星下手这么狠！小芸啊，这到底是怎么回事……"

我没有搭理她，坐到病床边，心疼地抓住林杰的手，凑近他耳朵部位的绷带，轻声问："谁干的？"

林杰的头包裹在绷带里，只露出眼睛、鼻孔和嘴巴。他动了动嘴唇，声音很轻："林云小区，2 号楼 21 层 2101 房间……照片在手机……"

我急忙拿出他的手机，翻出照片，照片上那个女的我不认识，男的确是陈老板。

一股血流直冲脑门，我"忽"地一下站起来，挺着肚走了出去。我的思绪很乱，愤怒的呼喊在心中一阵高过一阵："报仇！报仇！"

张国平也赶来了，看见我愤怒地站在那里，知道要起事端了，急忙用双手按在我的双肩上，说："俞芸，你要冷静。"

我狠狠地瞪了他一眼，心里骂道："都是你惹的祸！"

张国平听出了我的心声，愧疚地低下头，说："要三思而行，陈老板也不是好惹的。如果你一报复，再去打破他们的头，那就是噩梦开始，他们势必要剁你一只手，你再去捅他们一下腰，他们再挖你的心……如此循环往复,如何收拾得了呢?”

我犹豫起来,估算了一下,估计在这场轮番来往的仇杀中,我不是陈老板的对手。可是不反击又怎么行?刀子架到脖子上了,身子退到悬崖边了,不反击就是投降,投降就等于听凭宰割。

我明白了,在这个节骨眼上我如果稍微有一点胆怯,稍微退一下步的话,陈老板就会更加肆无忌惮地骑在我的脖子上拉屎撒尿,不要说东方数码城的几个亿利益会付诸东流,就是我的人身也没有保障——陈老板见到我时那副垂涎的模样,分明隐藏着许多淫欲和邪念。

更重要的是,走到今天我已经下了天大赌注——贞节、前程、积累的政治资本和余下的生命,等等,都押上去了,只有东方数码城的利益才能补偿……我不服输的性格又一次唤起了我的勇气,心底迸发出一声呐喊:“拼到底,坚决反击!”

“芸……”张国平想说什么。

我一巴掌打到他脸上,痛哭起来……我恨他,恨他欺骗我,恨他把我带到这条艰险的路上。他虽然给我画出了一条金山银海的航线,可要到达彼岸还需要我去血拼。一旦血拼开始,就是不归路,到那时再回过头来一看,自己留下的每一个脚印都浸泡在血水里,自己的身影就像个混迹在三教九流中的女魔头,罪恶累累,贪污,抢掠,杀人,无恶不做。

我深深地悔恨,恨自己怎么会误入一个黑暗的世界,而且一但误入就只有黑着走下去,连个抽身后退的机会也没有。

天空飘起了细雨,我也不知道脸上流淌的是泪水还是雨水,头发上也结满了水珠,不停地往下滴。我望着天际翻滚而来的层层黑云,心里也翻腾起层层黑暗的云霾。

我忍隐了几个星期,一直在思考反击以后可能出现的几种结果。

经过反复推算，我认定张国平一定会全力以赴去灭火，去平息事态，而陈老板也会理智地沉默，或者说强按住愤怒保持沉默。因为张国平和陈老板之间合作的利益空间还很大，谁都不愿意现在就拆散合作的框架。

林杰脑袋上的线拆了，可以自由行走了。我要他找几个朋友，给他们每人一万块钱，帮着去收拾那个婊子。

林杰咬牙切齿地说："今晚就干，包括那个天杀的陈老板，阉了他！"

"不要急，不要打草惊蛇。这种机会只有一次，一出手就要达到目的，而且是好几个目的，包括也给张国平一个教训。"我说。

"我一切听你的。"

"最好是趁张国平在的时候，抓个现行，让他认罪。"

"对呀，张国平在那里，陈老板肯定不在。陈老板打我们一个'不知情'，我们也回他一个'不知情'。哈哈……"林杰心领神会地笑了。

"就是这个道理。只要张国平在，他就怕事情闹大，一定会全力调和。这样事情就不会越演越烈，就有回旋余地。"

"姐，你要是个男的，这天下都是你的了。"林杰夸道。

一天夜晚，我、林杰和一帮兄弟尾随张国平来到林云小区公寓，进了 2 号楼，上了 21 层。其中一个人用一根铁丝轻松地撬开了门锁，林杰第一个冲了进去，手持一根一米来长的铁棍。我和其他人呼啦一下也涌了进去。

张国平急忙推开搂在怀里的鲍敏洁，惊恐得瞪大了眼睛，坐在床边一眨不眨地盯着我。身上只有内衣和丁字裤的鲍敏洁，更是吓呆了，急忙披上睡衣，遮住身子。

“不许穿，就这样，我喜欢，”我微笑着脱去鲍敏洁的睡衣，“我倒要看看你哪一块肉招男人喜欢了！”

“你太过分了。”张国平猛地站了起来，试图争执一下。

“你给我闭嘴，不准动，等会儿再找你算账！”我眼睛里喷着怒火，直视张国平，“就你现在这德行，是不是要叫省纪委书记过来一次？”

张国平顿时像泄了气的皮球，一屁股坐回到床上。鲍敏洁看到没救的希望了，眼泪一下子涌了出来，呜呜地哭。

这是绝望的哀号，我听得很刺激，很舒服。

鲍敏洁随后认出了林杰，明白了是怎么回事，“扑通”一下跪在地上，哭着、喊着、磕着：“大姐饶命，大哥饶命，我不敢了，给你们磕头了……”

我向身边的人大喊：“你们还愣着干什么？把这个婊子身上的布撕了！”

林杰第一个想冲上去，我一把拉住他，说：“这种肉你也要碰？”

其他人一涌而上，鲍敏洁刚想呼救，脸上就重重地挨了一巴掌，晕头转向……刹那间，身上仅有的几块布飞了，许多只手摸到她身上，从上摸到下，从下抓到上，鲍敏洁疼得嚎叫起来，撕心裂肺。

张国平几次想站起来，都被我严厉的目光逼退回去。

林杰大声地喊着：“死劲玩，出了事我兜着。”

一个人开始解自己的裤子……

我急忙使了个眼色，林杰马上前去拉住他说：“不要太过分了，把她押过去，跪在地上。”

几个人架起鲍敏洁摔在我的面前，她低着头，披肩的长发垂挂下来遮住了脸，碰到地面。

我叫人托起鲍敏洁的下巴看着我，微笑着说：“长得真不错，挺漂亮的，可心比天高，命比纸薄。你也看到了，谁敢救你？张国平？哼！”

我向林杰一招手，林杰从其他人手里抽出一根两尺来长的竹片，高高举起，狠狠地抽向鲍敏洁的背，背上溅出一条血迹，鲍敏洁惨叫一声。林杰对着鲍敏洁前胸又是重重一下……身上血迹条条，空中惨声阵阵，夹杂着呼救声：“张哥救我……”

“不要再打了，为什么不能商量呢？”张国平实在忍不住了。

我又瞪了张国平一眼，他却没有退缩，硬拧着脖子看着我。我一摇头，示意林杰别打了，同时接过他手上的竹片，一转身，狠狠地抽向张国平，他猝不及防，也惨叫一声：“哇！”

我连看也不看他，又转身对着鲍敏洁狠狠地抡了下去……亲手行使过这种原始的对等惩罚后，我的心才稍稍平衡了一点。

张国平哀求起来：“别打了，都是我不好，要打就打我……她肚里有孩子。”

“哦，”我冷笑一声，“是你的孩子？”

“不，不是，我发誓……我不是这个意思。”张国平急了，语无伦次起来。

我开始觉得手臂发麻，疼胀，扔了竹片后对张国平说：“咱们谈谈？”

张国平环顾了一下房间里的人，说：“你叫他们都出去。”

我微笑着对跟随来的人说：“感谢大家了，你们到楼下等候，林杰留下。”

那伙人出去了，带上了门。

张国平看了一眼鲍敏洁，犹豫了一会儿，狠了狠心说：“开门见山吧，实野投资公司的产业以及东方数码城归你。我和陈老板去说，不答应也得答应。”

鲍敏捷失声痛哭。

几天后，张国平把我约到我曾栖息过的公寓里，他从一进门开始就阴沉着脸，不给我好脸色看，想给我来个下马威。

“这下你该满意了吧？都谈好了，陈老板也点头了。”张国平说。

我脸上流露出一丝喜悦。

“你呀，”张国平埋怨道，“胆子也太大了，难道你不知道她背后站着谁？那个陈老板是好惹的？”

我一仰面，眼睛转向别处，摆出一副不屑的样子，心却怦怦直跳……其实，那晚一离开林云小区后，我就产生了一种莫名其妙的恐惧，一直到现在还感到后怕——毕竟，我在黑道上还只是个新手，林杰也只是个狼羔子。谁都知道，在黑道上混必须握有两件法宝，一是结交权贵，有人保；二是仗义疏财，能使唤人。这积累人脉需要门道，积聚钱财需要时间，我两样都缺，而陈老板已坐享其成。

“多亏人家还认我这个大哥，”张国平叹着气，“唉，都在一条船上，闹翻了对谁都没有好处。我也是劝了老半天，求了老半办天，丢人哪。”

“谈谈实野投资公司和东方数码城的事吧。”我毫不退让，只关心利益。

“我的话还没有说完，”张国平不满地瞥了我一眼，“陈老板心里的屈辱、愤恨还没有消完，我是担心……”

“那又怎么样？”我强硬地反问。

“以后再说吧，”张国平又叹了口气，从包里取出一叠资料，“既然你要接手实野投资公司和东方数码城了，就该弄清楚情况。”

我勉强点了点头，接过材料翻阅起来。

张国平介绍道："这得先从东方服装市场市政动迁开始讲起。老人们都知道，过去新春路上有个东方服装市场，那里的服装、配饰和百货生意一直很火爆，最有特色的便是水货、高仿真商品，做伪不做劣，价格便宜，以前我也常去光顾。那个商场的老板叫李东方，他每年出租商场摊位的收入就有上千万。"

"我小时候也常去。"我说。

"前几年那里要进行交通枢纽综合改造，东方服装市场正好处在扩建的火车站位置上，必须动迁。省、市政府也想趁这个机会把整个市场挪到其他地方去，整顿一下市场秩序，省得老蠢在大众眼皮底下做假冒生意，侵犯知识产权，弄得名声不好听。"

"李东方应该有补偿的吧？"

"是的，市政府就用现在东方数码城这块地置换给李东方。这块地靠近城区西面的城乡结合部，从前是汽车运输公司，有很大一片停车场，后来又做过一阵子驾驶学校的练习、考试场地。如今这块偏僻的土地又热闹起来了，周围建成了许多居民小区，方圆几公里内居住了大约 30 万人。几条大路也开通了，而且特别宽敞，李东方把其中有一条支路的冠名权买了下来，取名'东方路'。按照市里的规划，今后还要修一条快车道经过那里。现在那里的土地价格涨了，李东方躺着倒卖土地就能赚一大把。"

"那怎么会搞成数码城的？"

"李东方原来打算还是干老本行，在自己财力范围内少花点钱，搭建几个大棚，分割出租给服装、百货小贩。可省、市工商局明确规定绝对不允许再做假冒商品，发现一件重罚一件，而且李东方也看到了，那里的土地价格在涨，搞房地产的人都赚翻了，于是他就想搞房地产。他决定在那里搞写字楼、商场，冲着30万人气定位做数码生意。许多朋友都说这是好事，劝他不要犹豫，赶紧决策，需要帮忙尽管说。”

“他就这样被忽悠进去了？”我说。

“他花了几个月的时间做了调研，最后决定盖10万平方米的房子，其中8万平方米写字楼，2万平方米商场。他的算盘是，如果把写字楼全部卖出去，可以得到8个亿利润，留着数码商场，每年还有稳定的现金流——1 000多万利润。于是他就向市规划局申请修改规划，增加容积率，造高层楼房，同时成立了东方数码城股份有限公司，专门运作此事。”

“规划局应该会同意，地方政府不就是缺土地出让金吗？”

“规划局是同意了，认为此项动议非常好，既能充分利用土地资源，又有土地出让金收益。规划局提出，增加容积率就要补交5个亿土地出让金。李东方交不出这个钱，又不愿意放弃这个机会。这机会能使他一步挤进亿万富翁俱乐部；更关键的是，由于这个地块是补偿性置换，又体谅他的苦处，市规划局和有关部门没有规定他开发的限期，土地可以闲置相当长一段时间。当初，那里成了建筑垃圾临时中转站，周围居民意见挺大，群众来信很多。”

“在申请修改规划时，他不知道自己缺钱吗？”

“他相信了一帮朋友的话，决定搞房地产开发，准备筹集5个亿。政府很快就批准了，可他再去找那帮朋友谈的时候才发现，那帮朋友各怀鬼胎，都不是助人为乐的‘雷锋’，都想趁他遇到困难的时候吞并这块土地。他们有的提出，给李东方5 000万，作为转让费，李东方出局；有的提出，李东方做个小股东，放弃一切经营权，最后分点利……李东方终于明白了，那些说得花好稻好的人，原来看好的只是自己这身唐僧肉。在这个世界上，在利益面前，就他妈的没有朋友。”

“你怎么也说粗话了？”我觉得好笑。

张国平一本正经地回道：“这不是我说的，是李东方的原话。不过李东方也不是省油的灯，他知道土地就是房地产商的命根子，这和农民与土地的关系一样，只要分到了土地，就会跟着红军和白狗子玩命。所以，李东方打死也不同意放弃土地。他想过许多方案，原则几乎千篇一律，就是要独占这块肥肉，只想向别人借钱，给固定回报，回报率高一点也可以，不搞合资。”

“那你怎么会参与进去的？”

“千百年来市场就有这么个规矩，有多大的本事做多大的生意，有多大的本钱发多大的财，不该自己独占的就得和别人分享。可李东方偏不信这个邪，他托了很多关系，几乎找遍了所有的银行，然而银行对他借钱支付土地出让金都觉得为难，更何况他交不出土地出让金，拿不到新土地证就办不了抵押。就在他走投无路之际，经人介绍他认识了陈老板，介绍人告诉他，陈老板和我的关系很深。”

“嘿嘿，自投罗网。”

“陈老板比李东方的那帮朋友狡猾，他不露声色，答应帮忙，而且回答得很干脆，说银行方面他搞定，不就是违一下规，冒一点险嘛，小菜一碟。送走李东方后，陈老板就立即来找我商量，说是机会难得，顺便也可以用其收益的一部分去填补我们撬动的另一块资产所需的资金缺口。我当即拍板，吃定他，钱不成问题，不过方案做得要对他有吸引力，促使他咬钩。”

我脱口而出道：“缺口？什么缺口？”

“没什么……噢……是陈老板的事。”张国平转着眼珠，想着故事，像说漏了嘴似的，在圆场。

“好吧，以后再说，继续讲下去。”我给了他一个台阶下。事后我才意识到，我犯了多大的错误。

“陈老板经过精心策划后，提出了一个方案，实野投资公司出 5 个亿，购买东方数码城公司 80％的股权，支付土地出让金，后续的开发资金 6 个亿全部由东南银行借贷，其条件：一是实野公司不享有 80％股权的红利；二是给李东方一个三年回购期权，在三年内有权回购这 80％的股权；三是回购价格是每年加 20％的溢价，三年一共 60％；四是实野公司派人当总经理，负责经营，主管销售，等等。”

“这个方案不错啊，李东方应该接受。”

“李东方听了以后笑得合不拢嘴，当即接受了。他以为只要把楼盖好销售出去，回笼款就足够回购那 80％的股份，支付每年 20％溢价。这 20％就如同利息，5 个亿每年 1 个亿，三年一共 3 个亿，如果真能撬动 8 个亿利润，这 3 个亿值了……可李东方不知道实野公司的实际控制人是我，他只从表面上看，是陈老板在加勒比海岛上注册的公司。实野公司的这 5 个亿就是我从借给金穗集团的 20 个亿中挪出去的。”

“呵呵，全部落在你的囊中了。”

“这只是让李东方吃苦头的必要条件，还不是充分条件。充分条件是陈老板派人去东方数码城当总经理。那个人姓黄，他会从中作祟，譬如现在房子都盖好了，已经开始销售了，黄总经理开始捣乱了，他就是不让房子卖得顺当，以便断了公司的现金流。因为经营权、销售权在我们手里，说白了，我们就是不能让李东方有钱赎回这 80％的股权……”

“那我怎么去接手，不可能去硬抢吧？”我心情沉重起来，原以为是唾手可得的利益，却没想到还有棘手的事情需要去做。

张国平轻松地答道:“你就找人扮作实野投资的代表去逼债,逼得越凶越好,三年期限已经快到了。不过,派去的人不要多说话,你也不要把什么底都透露给他。”

“这个没有问题。不过这么大的事总得有个预备方案,一招不行再来一招。”

“是的,你要有思想准备。这是在割李东方的肉,他一定会豁出命来反击的。只是你不必过于担忧,毕竟还有我罩着。现在你该满意了吧?全给你了。我只求你以后不要再惹事了。”

“只要不来惹我,我绝不无事生非。”

不知为何,我脑海里又闪现出一个阴影,就是他刚才说漏嘴的那件事……张国平很敏感地问:“你怎么了?又在想什么?”

我没有回答,继续凝神思索着。

“到底怎么啦?我就怕你不吭气爱琢磨事,到了开口的时候准让我消受不了。”

我正视着他说:“你是不是还有事瞒着我?是不是还有别的女人?”

“没有,绝对没有。鲍敏洁是一个错误,以后没有了。”张国平信誓旦旦,可目光躲闪。

“哼,告诉你,如果你还有别的女人,隐瞒和转移其他财产,我就连你一起杀,鲍敏洁就是个例子!”

忽然,张国平放在床头柜上的手机响了,他一看来电显示,就唉叹起来。我知道这准是他老婆打来的电话。说实在的,他并不怕老婆闹,老婆也不会闹,只是担心惹恼了老婆什么都不好商量了,譬如最要紧的就是离婚、财产分割,等等。

“你老婆打来的?”我故意刺激他。

19

许莉：我真为那些混迹在张国平身边的女人哀叹，那些个女人真天真，以为绑到了张国平就绑到了一切，以为挤我下台就挤到了胜利；其实她们没有想到，她们这样做是在玩火，玩火者必自焚。如果她们中间有一个人愿意听我一句肺腑之言的话，我一定劝她们远离这种游戏。

是我打电话给张国平的，要他赶紧回家，有事商谈。只要我坚持要他回家，他就没有违抗过，哪怕他已经脱了裤子正准备和别的女人上床。

挂上电话后，我不急着回家，而是去了一家按摩中心。我就是想要他在家里等我，尝尝寂寞的滋味。

我点了一个最壮实的小伙子，胸肌厚实坚硬，纹理分明，就像一只螃蟹鼓胀着硬壳。我触摸到他的胸肌，心脏急速跳动起来，被冷淡压抑已久的热情又开始涌动。

我躺在按摩床上，脱得只剩内衣内裤。小伙子羞答答地按摩我的颈部、肩部，我却抓住他的手，让他尽情地抚摸我那瘫软的胸部、下身，弄得我如云飘雾腾，飘然欲醉，比张国平强上100倍。

我满脸泛着红光，满意地扔给他1 000元。他激动得微微颤抖，满脸羞红，像只雏鸭。我又摸了一下他的胸大肌，说："我下次还来，再找你。"

我高兴啊！高兴的是不仅报复了一下张国平，而且也是获得了一次久违的快感。说白了，我是人，我也有享受性爱的权利，难道只允许男人在外面养小三、小四、小五，快活如仙，而我们女人却得独守空房？每当他夜不归宿时，我就会猜想他又在和哪个女人鬼混，会想象他赤身裸体的丑态。如今，他冷淡我这么长时间，在精神上折磨我，在肉体上损伤我，让我得了抑郁症、性冷淡，痛失人生的一大乐事，他还有什么理由责怪我吗？我不找他算账就算便宜他了！

我回到家很晚了，张国平似乎已经等了很久。他一脸怨气，我却不理他，冷落他，连冷冷的一声问候也没有。我径直走进书房里，打开电脑修改自己的文件。最近厅里要我赶紧起草一批有关义务教育的法规，准备报省人大审议。

张国平终于忍不住了，追了进来，愠怒地说："你不是说有事要商量吗？怎么这么晚回来！"

"不错，可我现在没时间。"我一肚子火，心想，你三百六十五天几乎天天冷落我，我就这么一回，又怎么样？

张国平悻悻然地离开了，我的思绪却游离起来，无法集中……

我和张国平已经冷战了很长时间。我知道自己年长他三岁，没有靓丽的姿色，天生一副公务员的冷漠，对他没有吸引力，而且我的父亲也已亡故，我娘家的使用价值已经耗尽；如今他变得有权有钱了，四周美女云集，其中有人愿意卖身投靠，我都得看他的眼色行事，说要靠他自我约束，这话不就和放屁一个样？

他这个人一生都有着清晰的人生目标，为了实现这个目标，什么办法和手段都能从他这颗脑袋里蹦出来。当初他追我追得那么狂热，使我那颗被冰雪封冻的心彻底温暖。朋友们都劝我别理他，说他与其是在追我，不如说是在追我父亲。朋友们还担心我日后管不住他，会受他欺负。可我听不进，只顾眼前的兴奋，阴差阳错地接受了他的追求。其实当初我也不是热昏了头什么也没看出来，而是认为那时的社会气氛还比较严谨,谅他也不敢做出什么出格的事,再加上他确实聪明能干……可如今这些好日子都成了过眼烟云,社会变成了男人社会,诱惑男人做坏事的地方太多了。我真庆幸自己生的是个儿子,否则还真要为女儿的未来担忧、发愁——今后上哪里去找好男人?没钱的男人你看不上,有钱的男人卖你没商量。

听说张国平最近又沾上了一个叫俞芸的漂亮女人,七七八八那么多,管也管不住,管也没有用,我也懒得管了;尤其是父亲不在了,连最后一个能够让他敬畏的人都没了。如今他没有一点敬畏的心,娴熟的官场之道又使他自信心十足,上蹿下跳,无所顾忌,好像整个社会都操弄在他的掌肘之中,然而他恰恰忘记了中国文化中的精髓——"中庸"。要知道,人没有了敬畏之心,自以为是,就会发狂,就离死期不远了。

我真为那些混迹在张国平身边的女人哀叹,那些个女人真天真,以为绑到了张国平就绑到了一切,以为挤我下台就挤到了胜利;其实她们没有想到,她们这样做是在玩火,玩火者必自焚。如果她们中间有一个人愿意听我一句肺腑之言的话,我一定劝她们远离这种游戏。

千万不要狭隘地理解我有什么嫉妒心,这的确是我的真情表露。说真的,谁要张国平谁就拿去,我正准备让给她。别以为我扔给她的是什么宝贝,其实是颗炸弹——我已经嗅到了张国平身上那股监牢的霉晦气、地狱的阴冷气,只等老天睁眼的那一天……难道她还真准备陪嫁进去?

我现在唯一后悔的,或者说唯一无奈的是,当初我不该轻信他的挑唆,出面从金穗集团挪出 1 个亿去买 2 000 万招商银行股票,并且等到招商银行股票涨到 20 多元时全部抛掉,赚了 3 个多亿,他留给我了 1 个亿。这里我得补充一句,张国平的口风很紧,可我大概感觉到一点，他和陈老板在加勒比海岛上注册的所有公司里，某个人的儿子都拥有一大块股份。那个人的儿子拿的是外国护照。

我数着这1个亿，心都快从嗓子眼里跳出来了。这钱来得真容易，几乎是一眨眼的工夫，而且我这一辈子也真的没见过这么多的钱，我父辈们也没见过这么多的钱。

如今这1个亿成了套在我脖子上的枷锁，让我动弹不得，而且张国平还老拿着这副枷锁说事，堵我的嘴，使我奈何不得他在外面疯狂、风流。他的疯狂和风流会引来什么样的后果，会落得什么样的下场，我不敢想，也不敢面对，时常噩梦连连。前几天省纪委书记路过我办公室时，特地来看我，吓得我直冒冷汗。其实纪委书记对我和我们一家都很好，他原来是我父亲的一个手下，我父亲一直很关照、重用和提携他，临到离休时还推荐他接替了自己。即便如此，我依然相信，如果我的案子落在他手里，也只能是落得挥泪斩马谡的下场。

张国平却没有我这么神经过敏，还时常劝我说，不要像背了一座山似的活得不自在，因为我们做的这些事未必不对，未必不合理，未必不符合历史潮流。我相信，很多人也一定在想这个问题，还有很多人一定和张国平一样会嘲笑我怎么会有这么多滑稽的担忧。

现在我真是有点糊涂了，试想，如果大家顺着张国平的这个思路想下去，站在张国平的角度看，如何评价呢？改革开放快40年了，从前的公有制走不通了，得搞市场经济，得做买卖，就得界定清楚主体、产权，就得提倡个人自由，就需要把许多公有财产分流到一部分人手里，那么问题来了——怎么分？怎么流？说白了，随便怎么分，怎么流，都不会公平。公平和正义是人们永恒追求的理想，是名著始终讴歌的主题，这恰恰反映了公平和正义是难能可贵的，理想和现实之间的差距是巨大的。这种可贵和差距演绎出来的故事只会让人感动，流泪，悲伤，却无济于事。所以识事务的人早就开始攫取财富了，有权的用权，有钱的花钱，有模样的卖身，谁会放着自己身边的优势不用，而老实巴交地靠劳动去致富？如今这股风潮如洪水猛兽，挡也挡不住，还有时间和必要去争论分流的合法性、公平性和正义性吗？历史有时候就是这样，不公平却合理，不正义却顺应潮流，就和大禹王把位子传给自己的儿子一样，奴隶制度比原始社会野蛮，部落贵族抢夺公有财富丧尽天良，然而社会却进步了。

如果这个思路是对的话，那么我拿了 1 个亿也是天经地义的。我能想象得到，有人肯定会质疑我拥有这部分财产的合法性和公正性，可我敢说，这一定是那些没有抓到，或者说没有本事去抓到这部分财富的人所发出的喟叹；换句话说，如果他们有同样机会的话，他们也一定会和我一样，这时，该发出喟叹之声的应该是我了。要知道，人的天性都一样，不会考虑要不要财富，只会顾忌得到财富的代价……我突然发现自己的认识怎么拐了一个弯，竟然和张国平同流合污了。

可不管怎么说，不管自己认为怎么有理，这种发财方式天下人一定不会认可，真到了东窗事发的时候，张国平的保护伞说了不算，他没有这个裁定权。我一阵惊悸，又转向了移民……

张国平见我长时间没有理他，也不敢打扰我，乖乖地自己去冲洗了，洗好后路过书房时冲着我说了一声：“太晚了，我先去睡了。”

我的心有些软了，毕竟今晚他还是守规矩的，我也已经惩罚了他那么长时间。我匆匆忙完手头的活，草草地冲洗了一下也上床了。

我觉得张国平的手摸到了我的身上，很有力，不像在敷衍。他又把脸凑过来，吻了我，我的心动了，身子发热了。我也不知道怎么了，似乎觉得有些亏欠——他本来就比我优秀，比我漂亮，我无法像年轻、漂亮、风骚的女人那样给他快乐、痴迷和陶醉，若不是老天把他投在贫贱的门第里，他一定不会和我走在一起。

“今天想和我商量什么，这么急着把我叫回来?”张国平突然开口了。

我的心一下子凉透了、麻木了，对他的抚摸没有了任何兴趣。因为我听出来他没有爱意，缺少诚意;他只是想用这种方式取悦于我，制造和我好好商量的气氛。这是一场赤裸裸的交易，性爱的气氛一旦有了交易气味就会变得无比下流、低俗，我感到阵阵恶心。

他觉得我冷漠了，有些尴尬，又有些气恼，停止了所有的动作。我如释重负，皮肤和神经渐渐松弛了。

“到底有什么事?”张国平有些急不可耐，“我们是该好好谈谈了，这也怪我，都是我不好，没有找机会和你聊天，关心你。”

我迟疑了片刻，郑重地说:“我知道我不能给你带来幸福，我也想过了，你如果想离婚，我绝对不阻拦。”

“你怎么想到这事情了，我刚才也没有提到过这个问题呀。你什么意思?”

“我们冷到现在，婚姻还有吗?”

“你到底在想什么?”

“我想办移民，带儿子走，眼不见为净。”

“听说你不是正在办吗?”

“有困难，因为我不想让单位知道，可走正规渠道又绕不过单位。”

“原来是这样，”张国平沉吟了会儿，说，“我出面打招呼也不好，等于是向世人公布自己想做裸官。这样吧，我去找陈老板。”

“我不要假护照。”

“我也没说办假护照呀，只是让他想想办法，找找人，怎么绕过你们单位。”

我默许了，不再说什么。我知道他不舒坦，觉得我话匣子刚打开一半就关上了，我也知道他最希望我说什么，就是要把话题引到离婚上去。可我就是不愿意再说了，就是不想现在就讨论离婚的事，而是要抓住他给钱；也就是说，风流归他，财产归我。张国平这点小鸡肚肠我还不明白？他最好是离婚和移民一起谈，一起解决，因为不离婚的话，尽管可以肆无忌惮地风流，可他脖子上还套着婚姻的绳索，绳索的另一头攥在我手里，哪天我不高兴了，或者说来情绪了，一拽，还真会要了他的命。

我相信张国平以前确实没有认真考虑过离婚的事，他骨子里看不上鲍敏洁这样的女人，对鲍敏洁所作的许诺也只是在玩得激情时加进去的一种“作料”，根本没有当真。可如今他遇到了俞芸，估计一切都会发生变化，而且种种迹象表明，俞芸已经实实在在地走进了他的生活。

张国平见我迟迟不开口，叹息一声倒在了枕头上。房间里一阵寂寞，他却碾转反侧，浑身难过。

我开始逗他：“我们是不是谈谈你最想听的事？”

张国平眼睛一亮，却不动声色。

“你外面到底有多少财产，能不能如实报给我？”

“唉……”张国平失望地叹了口气，眼睛一下子暗淡了。我知道这触到了他的神经，触到了他最忌讳的事情。

“你在银行内外已经建立了一个利益集团，干了许多事，想撤手不干也不行了。也是，钱多了，女人也多了，不够分啊。”

“我没有你想象的那么坏，那么烂。”张国平抵赖着。

我见他不老实，知道不来点狠的降不住他，便说："如果你不愿意说，我可以找你们银行里的人调查，譬如，孔红和你的许多业务，都是通过她和她的支行做的。"

"你不要去，我刚把各方面摆平，而且有些人也不是好惹的，知道了以后……"张国平说着，又戛然而止。

我很惊讶，心里翻滚起一阵阵疑团，意识到这种失言是他心有所思、心有所虑的表现，于是说："我只说找孔红，没说要去见其他人，你紧张什么？到底是怎么回事？"

"没什么……真的没有什么……"

"不对，不说实话是吗？"我步步紧逼，因为他的神态使我坚信其中一定有故事，而且这个故事绝对不能让别人知道。

"真的没事……这样吧，作为一个交换，我就坦率地把俞芸的情况告诉你，省得你疑心重重的，不过你也得保证，不许闹到人家杂志社去。我呢，再次声明，真的和她没有你们想象的那种关系，我只是对她有好感，再说得明确一点吧，就是有贼心没有贼胆。"

我没兴趣听他发誓："好了，别信誓旦旦的，说吧。"

"俞芸是在采访我时认识的……"张国平开始介绍，字里行间反复夹杂着"保证"、"发誓"、"没有见不得人的关系"之类累赘性词汇，间或还压抑不住地流露出一些欣赏的情绪，这是男人极度欣赏女人时的胸臆外泄，荷尔蒙在作祟，无法掩饰。

我越听越不是滋味，可还是强忍着继续听他讲，因为我太了他和女人之间的交易了——女人喜欢他什么？真情？狗屁！不就是他手里的信贷资源，隐含在其中的合法坏账率？因此他和俞芸之间没有交易是不可能的。

我一边听着，一边默默地策划起来——如何找到突破口，一举出击，掌握和控制住全部内幕。

我首先瞄准俞芸，觉得直截了当找俞芸谈可以省却许多时间，而且俞芸有软肋，爱面子……可我转念一想，又觉得不妥：张国平已有言在先，而我也远未到掀瓦拆房的时候。

我又想到了孔红，觉得找孔红谈可能更容易突破一些。孔红性格柔和，女人味十足，怕惹事，而且还认我是个行长夫人。有一阵子，她总是大姐长大姐短地围着我转，恨不得把心都挖出来给我；只是后来突然又淡出了，有很长一段时间不来见我，偶尔见到我时也不敢正视，好像做了什么对不起我的事似的。我一看就明白是怎么回事，虽然很气，却很理智，因为抓“小三”算什么能量，而且又是同一个单位的，闹出去影响不好，要抓就得抓把“小三”抱上床的那个人。那个人不守规矩，权钱交加，哪个女孩承受得住？我也想明白了，在权钱色黑大交汇的世界里，像我这样的女人曾经拥有就行，何必奢望一生一世。当一个男人的身心、财富像公共财产一样给了一群女人时，还有必要去界定清楚谁对他拥有终极产权吗？有必要为这种产权打得头破血流吗？况且，如今还有许多女人不要脸，愿意以身相许。我有一个小姐妹就说得很干脆：“嫁个老男人可以少奋斗几十年，只要算得过来账，不就是借那段皮肤用一下吗？有什么割舍不下的！”

“对，就找孔红。”我暗暗决定了。

张国平很敏感地察觉到了我的心声，警告似的说：“你别去找她，听着，不要像一个骂街似的。”

“你说什么……”我怒视着他。

张国平不敢吭气了。

我一扭头，背对着他，心里一阵恶语：“把我逼到这一步，什么做不出来？男人在外面养小老婆，女人就可以在外面找小老弟；男人在外面贪财，女人就有权追财……”

孔红是分行下面一个支行的行长，她的前任就是罗志远。罗志远好像已经当总行办公室主任了。

我来到孔红的支行时，她正在主持一个会议。我透过玻璃隔墙看见她像模像样地坐在椭圆桌的一头，手舞足蹈。旁边依次而坐的是她的手下。我真怀疑她能不能主持好这个会议。

我第一次见到孔红时，她还是营业厅里的接待小姐，是她接待我办的业务。当天晚上我就对张国平抱怨：“你们的小姐模样不错，就是水平太差，不懂业务。”我也不知道这“模样不错”四个字是否给张国平留下了深刻印象。

我刚想推门而进，一个小姐急忙拦住我，说：“孔行长正在主持会议，不能打扰？”

“孔行长？”我脱口而出，其实那小姐不说那样的话倒也罢了，因为我一听到孔红“不能打扰”就来气，就失去控制。我就想看看孔红自恃有张国平宠爱，飞扬跋扈、随心所欲到了何种程度；我就是要敲山震虎给她一个惊吓，让她别以为绑上了张国平就不把我放在眼里。

我看也不看那个小姐，径直推门而进。

孔红见我闯进来大吃一惊，会议室里顿时安静下来，整个气氛凝固了，人们面面相觑。孔红还算知趣，急忙叫停会议，满脸堆笑，卑微地跑过来说：“大姐，你来也不说一声，好让我在门口接你。这样吧，我立即停止会议，到我办公室去谈。”

“这还差不多。”我心里一嘟噜，轻蔑地一笑，可气还没有消。

孔红陪我来到她的办公室，殷情地招待我坐下，沏茶。

我直突突地说：“你还认得我这个大姐？”

“怎么不认得？我这一辈子就靠上大姐了。”

“那好，你给我老实说，”我收敛起了笑容，意思是我今天来这里是很认真的，不要惹得我不高兴，“你知道俞芸吗？”

孔红不知所措，想否认，可没敢否定；想肯定，又没敢点头，脸上的表情十分复杂，一会儿白一会儿红的，还渗出了一层薄薄的汗，僵滞了好半天才说：“听说过……不认识……没见过。”

我想，她们都是张国平的女人，彼此之间应该嫉妒，我何不利用她的妒忌，煽动起她的不满，再辅以我的压力，达到事半功倍的效果呢？“俞芸做事很张扬，张国平对她的评价也很高。这样的人不让她收敛一下，任其张扬下去，对谁都没有好处。”我说。

孔红低下头，看着自己的鞋尖不说话。

“不难为你，我只想知道张国平托你做什么事？和俞芸有关系吗？”

孔红依旧沉默不语。

“很为难是吗？放心，有我在，张国平不敢拿你怎么样的。假如你不说，我就把张国平揪到你这里来对质。”

孔红犹豫了，嘴唇哆嗦着，想说还是不敢说……

“不愿意说是吧？那我就走了，一切后果你负责。”我站起来，一副要走的样子。

她突然瞪大眼睛，冲着我说：“大姐，我受不了哇。”

我知道她怕我闹，闹得张国平骂她不会办事。我趁势怂恿道：“不要怕，只管说。”

“你千万不要对张行长说……”

“好的，你放心。”

孔红又迟疑了好一会，终于打开了话匣子，讲述起东方数码城来……我仔细听着，偶尔插话，询问了一些没有听明白的问题。她很配合，都一一作答。她说完后惊恐地看着我。

我问:“俞芸正在干什么?”

“我不是很清楚，不过东方数码城最近的销售情况不太好，不止欠我们支行的钱，还借了许多高利贷。俞芸会不会利用高利贷……”孔红说着拉开抽屉，取出一份协议，是实野公司和李东方签定的借款5个亿的协议，“你看了这个就会明白的。这份材料是我从李东方那里拿来偷偷复印的，没有放在我们银行的信贷档案里。”

我把材料塞进包里，站起来说对孔红说:“你放心，就安心当你的支行长吧。”

我开着车一路狂跑，同时盘算着如何对付张国平、俞芸。忽然，我的车猛烈震动起来，是被一辆集装箱卡车撞到了路边的隔离栏上。我这才想起自己变道时忘记了打方向灯，忘记了观察边上的情况。

警察跑来，先向我敬礼，微笑着说:“幸亏你开的是奔驰，否则后果不堪设想……”

20

俞芸：李东方走后，我脑子里云遮雾罩，混乱异常，一个个疑团此起彼伏地跳跃出来——李东方真能搞定孔红吗？是威胁还是真情？孔红到底干了些什么，不管是为自己还是为东方数码城？东方数码城项目后面是否还隐藏着一个更大的黑洞？这个黑洞牵涉到东南银行的信贷资产吗？如果是，这个黑洞是怎么引起的呢？现在急需要做什么？

因为我接手了东方数码城项目，许多涉及东南银行的事物就需要我和孔红对接。我第一次看见孔红时，就发现她的眼睛很勾人，她的举止有些跛扈。我和她没谈几句就发现，她的文化底蕴极差，业务能力不敢恭维，我简直不敢想象，这样的人怎么会在银行里被委以重任的，怎么会得到张国平欣赏的！

我联想到张国平把一些重要的“私下”业务交由她操作，我的心头不由得弥漫起了浓浓的阴影——她和张国平关系不一般，过于密切，我对自己的判断力确信无疑。

我不得不重新审视起张国平的为人、人品，一个我最不愿意看到的结论跃然于我的脑际——张国平很糜烂。我仿佛又一次跌入了黑暗的深渊，悔恨自己当初太轻率、太轻信……我清醒过来时发现，事到如今唯一能够平衡我落差心态的、填补我失落沟壑的事情就是掠取财富，因此，我那获取东方数码城利益的欲望不由得变得疯狂起来。

孔红悄悄地告诉我，许莉找过她了，逼着她讲出东方数码城和你的事。许莉似乎也盯上了这块利。

我把这事告诉了张国平，张国平没怎么当一回事，而是轻描淡写地要我只管放心，一切由他顶着。

我忐忑不安地等待着许莉出手。可等了一段时间，始终没见许莉有动静，张国平告诉我，她领着儿子走了，出国了，移民去了。张国平的神情很轻松，像卸掉了一个沉重的包袱。

我紧张起来，意识到这绝对不是一件好事，说明许莉这个人很聪明，看得很明白，先给自己找个安身的地方再和我们斗，绝对不和我们在国内摆场子。如今她在岸上，我们在水里，她掌控着我们的命运，她要敲诈的话，时时刻刻，还怕折腾不死我们！

我还收到了一份来自于吕小刚的《报告要点摘录》，我激动得流出了眼泪，感激他对我的一片真心和真情。我知道他是要我悬崖勒马，可我勒得住吗？能勒吗？即使我想勒，张国平会答应吗？

我叫林杰带人去找李东方要债，李东方不愿意见面。我又吩咐林杰他们去堵，去跟踪，一定要抓到李东方。可是一连好几天过去了，连个人影都没有发现。我猜想他一定在外面借钱，千方百计想赎回他的股权。

我估摸着就李东方目前的处境：想在外面借到钱不容易，可也不能说绝对没有可能，譬如他愿意承付的利益很高的话……我有些不踏实了，越想越不踏实。

我把林杰叫来，说："老弟，眼下就是这个局面，帮我想想办法，而且这事只能依靠我们自己……陈老板撒手了，张国平不方便出面。"

林杰的眼珠转来转去，忽然，他一拍大腿，说："有了，我们去找到李东方的儿子。"

“你想干什么?”我紧张起来,声音有些发抖,“想绑架?这可是触犯刑法的,要坏事的。”

“只有这样才能把李东方逼出来。只要他一露面,我就放人,保证不碰破他儿子一块皮。”

“万一李东方报警了,我们可就讲不清楚了。”

“我们可以这样,一旦控制住他的儿子,马上通知他面谈。他不敢轻易和我们撕破脸的。”

“应该有这种可能,毕竟后面求我们的地方多了。”我还是有些顾虑。

“我们还可以通过张国平直接找公安厅疏通关系。”

几天后,林杰打来电话说:“姐,你赶快过来一次,我们刚才已经把李东方的儿子连骗带威胁地弄到了天鹅湖公寓,并且逼着他给李东方打了电话。李东方答应马上过来,条件是一定要和你面谈。”

我心里“咯噔”一下,涌出一个大大的疑团——李东方从来没有见过我,我也没有告诉过他实野公司已经转归我控制了,他怎么就能如此准确地点我呢?

思来想去总觉得我不能出面谈,这一谈就等于承认我是整件事情的幕后黑手,以后所有的威胁和矛头都会冲着我来,于是我坚定地说:“我还是暂时不出面的好。”

“李东方刚才也说了,见不到你可以,他明天就报警。”林杰说。

我沉思了片刻,说:“你去找李东方儿子的时候,和他透露过什么没有?”

“没有。”

我认定自己已经被出卖了,是谁出卖的,暂且不去管他。既然已经被出卖了，见一下李东方，当面谈一下也未尝不可。

我赶到天鹅湖公寓时，李东方已经在那里了。李东方瘦高个子，黑黑的脸庞，50岁左右，此时眼神显得疲惫而忧愁，黑色的西装上粘着尘土，和我穿着的白色西装衣裙形成了鲜明的反差。

李东方局促不安地说："有话好商量，找我儿子干吗？"

"我们没有伤害他的意思，"我微笑着，尽可能让气氛缓和下来，"谁让你老是躲着我们，找不到你呀。"

"我知道实野公司当初投资的条件是什么。我根本不想赖，正在外面筹钱，想尽快还钱，赎回我的股本。这也不能完全怪我，本来嘛，如果东方数码城销售顺利的话，我能拿出这部分钱来。可是……"

我知道他后面想把矛头转向哪里，于是冷冷地说："先不说这事，我只想问，谁告诉你必须找我当面谈。"

"鲍敏洁。我去找她时，她说她不管了，直接找你。"

"这是明显的出卖，转嫁祸水，"我心里咒骂着，可表面上却极力装出一副平静的样子，"你刚才想说'可是'什么？"

"不就是有人在销售时故意作祟，捣乱嘛。"

"到底是市场行情所为，还是故意作祟，你分得清楚吗？"我故作轻松地问。

"我当然清楚，"李东方故意停顿了会儿，冷笑道，"而且，不管怎么说，我们还是销售了一部分，收了点销售回笼款……"

"这又能说明什么？你想告诉我什么呢？"我对他的神态颇为不满。

"我有证据表明，黄总经理把这部分钱挪走了，是以经营需要为借口挪走的。"

我大吃一惊，一直以来我最担心的就是怕陈老板、鲍敏洁他们在背后还有鬼，变着法子偷挪走一部分东方数码城资产，可如今让我更为担心的并不是东方数码城被偷挪的利益，而是张国平和陈老板是否用东方数码城的部分资金去撬动另外一块利益，这块利益又是瞒着我的。我越想越觉得我的猜测有理，最简单的道理就是，陈老板怎么会轻易放弃东方数码城的利益呢？一定是张国平和他另有交易，眼下最迫切的就是要揭开这个谜底。

李东方似乎猜到了我的心思，露出了少有的微笑，说："我收集了他们销售的面积，计算过了，也通过内线悄悄收集了一些情况……"

"你为什么要和我说这些？"我打断他，因为我突然发现自己不能跟着他的思路走，听他的摆布。

"最终去向只有你从内部才能搞清楚。这可是一个大猫腻，对你来说事关重大：你被他们卖了。"

我很清楚李东方想干什么，他指望我去追踪被挪用的那部分销售款，同时挑起我们内部的恶斗或地震。"我会弄清楚的，现在来谈你的事吧，实野公司的钱还是要还的。"我强调道。

"被挪走的那部分钱不讲清楚，我不怕到任何地方打官司。"李东方突然硬朗起来。

我紧绷着脸盯着他，给他的感觉是我不怕，不过心里却不停地打着鼓，既思索着如何对付李东方，又考虑着如何揭穿张国平和陈老板的图谋。

李东方见我不开口，便说："这样吧，你只要再宽限我 6 个月，我就有办法了。"

"你能干什么？谁会借钱给你？"

"哼，我至少能够搞清楚那部分销售款的去向。"

"有那么容易？"

"有，钱是从孔红银行里的账户上划走的，只要搞定孔红，而且我可以搞定孔红……怎么样，我刚才给你的信息还不够换回我的儿子?"

我向林杰挥了一下手，示意他放人。

李东方带着儿子走后，我脑子里异常混乱，一个个疑团此起彼伏地跳跃出来——李东方真能搞定孔红吗？是威胁还是实情？孔红到底干了些什么，不管是为自己还是为东方数码城？东方数码城项目后面是否还隐藏着一个更大的黑洞？这个黑洞牵涉到东南银行的信贷资产吗？如果是，这个黑洞是怎么引起的呢？现在急需做什么……

我凭着自己的经验和感觉极力猜测起来。这个黑洞存在的可能性很大，而且一定有大额的银行信贷资金卷在其中，否则，企业要划款不关孔红的事；孔红，更确切地说，她背后的张国平也不敢瞒着我同意陈老板挪用那部分销售款。那么，这个黑洞是如何造成的呢？需要用多少资金去填补？

我马上想到，如果银行信贷资产出现巨大的黑洞——坏账，一般只有两种可能，一种是银行经营决策失误，借款人还不出了，为了掩饰问题，找其他资金填补；另一种是银行里有人掏空了一块资产，需要去弥补。这种人绝对不是一般的高级管理人员。

到底是哪一种可能呢？我很想搞清楚。从感情来说，我希望是第一种，可我又感觉第一种可能的机会非常小，因为巨额贷款从最初提出意向到最终放贷下去，中间要经过层层审批，不可能没有迹象外露，如果有任何一个环节说"不"，都会流产；而且凭我对张国平的了解——他熟悉银行管理，控制下属很严——要他替别人的过错埋单，绝对没有可能……那么，排除了第一种可能，就只剩下第二种可能了。

我的思维还未停止，浑身的汗毛就竖起来了，鸡皮疙瘩爬满了全身，跟着恐惧和愤怒充斥在我的胸腔里。我恐惧张国平他们做的事情非常离谱，已经离谱到我无法承受的地步；我愤怒他瞒着我还在撬动另外一块大资产，而这块资产和陈老板、鲍敏洁，甚至其他女人有关。

我看到我前面的路上，燃烧着熊熊大火。我真的有些后悔，想脱身。可我也突然意识到，假如张国平他们一伙知道我动摇了，想金盆洗手，一定会杀了我。他们是一帮魔王，应该什么事情都干得出来的；而我恰恰只是他们的玩偶，供他们驱使，陪他们睡觉，不要说我没有人格，就连做人的权利可能都没有。本来，我是多么希望嫁给张国平，尤其是许莉走了，可如今我害怕和他结婚，怕和这个幽灵般的人相守在一起。我不由得欣赏起许莉来，欣赏她有远见。

"你怎么哭了？想到什么不称心的事了？"林杰递给我一叠纸巾。

我这才想起林杰一直站在我身边，他似乎也觉察到了案中案的险恶，正在等待我的决定。

我咬了咬牙，狠狠地说："你去找吕小刚，看他掌握的材料里有没有孔红的内容。"

"吕小刚正在追查这个案子，这不等于是……"

"顾不上了。你不去打听，他们就不追查了？了解一下他们的进度也好，留条后路吧。"

几天后的一个黎明，林杰惊慌失色地跑到我家。他魂不附体，衣衫褴褛，脸上还有些血迹。我顿时预感到发生了什么大事，急忙泡了一杯咖啡给他压惊，并叫他不要大声，因为吕小刚加班到半夜才回来，现在鼾声正酣。

林杰喘着粗气说："出大事了，陈老板昨天夜里被人绑了。"

"你怎么知道的?"我一头雾水。

"昨天夜里我去了紫罗兰歌舞厅，是陈老板的一个得力手下把我叫去的，说由他做东，请我和陈老板喝酒，以缓和一下我们两家的关系。这个提议最初是我提出来的，也是我托他做的安排，只是怕你不同意，才没有告诉你，因为我觉得我们和陈老板硬拼一定会吃亏。"

"这个以后再说，后来呢?"

"喝酒唱歌到了半夜，我们才从歌舞厅里出来。陈老板将一个出台小姐送进车，自己刚要上去，门却被一个壮汉把住了，接着就见一把手枪顶在他的脑门上，边上的小客车里还跳下几个人，连拉带扯地把陈老板推进了小客车。我也被他们抓进了那辆车。小客车开到一个僻静的小巷子里，我先被推下车，跟着陈老板也被拉了下来，脖子上还套上了一根很细的尼龙绳。看得出陈老板非常害怕，怕那伙人杀他，于是跪在地上哀求他们放条活路，还让他们开个价，不管多少都给，又说工商银行卡就在口袋里，密码是什么什么的。那些人却不依不饶，好像并非冲着钱而来……"

"知道那伙人是哪条道上的吗?"

"不好说，陈老板在外面树敌太多，而且我当时真吓傻了，躲在一旁不敢吭气……谁都明白如果他们不要钱，就意味着要命。陈老板害怕了，试图反抗。趁那伙人合力对付陈老板时，我撒腿就跑，也算是捡了一条命……不过，我逃跑时听到那伙人说了一句：'不要把人逼上绝路，否则杀了你'。"

我恍然大悟："肯定是李东方叫人干的。他在查找各种证据时遇到了难处，这才铤而走险。"

“如果真是他干的，祸就闯大了。”林杰焦虑地说。

我极度不安起来，意识到自己已经无法控制住眼前的局面了——事情将越演越烈，最后不可收拾，把所有人都牵连进去。

吕小刚被惊醒了，他见林杰魂不守舍的模样，非常震惊。我赶紧圆场道：“没事，他昨夜喝醉酒了，又和人打了一架。”

吕小刚若有所思地点点头，说：“我也有件事要说，我要去外地记者站工作一段时间。在这之前，我一直以你怀孕为理由，没有接受报社的指派。”

我甚是内疚，因为他做这个决定完全是由我引起的——没有一个男人愿意接受时常在外面过夜的女人；并且，他已确信我肚子里的孩子不可能是他的。

“林杰，你前几天找我想了解的情况，我们已经从他们内部了解到了一些……”接着吕小刚把话题一转，“虽说整个情况还在调查中，现在要摊开来还早了些，但有一点是可以肯定的，孔红有问题，东南银行有黑洞。”

“什么黑洞？”我紧张地问。

“你不要问了，等情况弄清楚后，我第一时间会告诉你的。”吕小刚低沉地说。

林杰知趣地走了。

吕小刚突然拉住我的手，说：“你听说过利华集团吗？”

“利华集团？”我一片茫然。

“噢，不说这些了，”吕小刚深情地说，“我马上就走，你的衣服、家里的用品、存折等，放在哪里，我都写在电脑的‘桌面’文件里了，你自己打开看。还有，冷热饥饿要自己关照了，我无法再提示你，何况你还挺着大肚子。”

我心头愈发感伤。“都怪我没有照料好你，冷待你了。”我说。

“也不能这么讲，其实我也很后悔，最近对你也不好，有时很激动，等于是把你在往外推。”

我眼泪突然涌了出来，真想从阴霾重重、四周杀气腾腾处境里跳跃出来，重新投进他那温暖的怀抱，贴近他那充满阳光的心脏。可是我没有勇气，不敢让他搂着我这肮脏的身躯，而且我也不配享受他的温暖……我发现他竟是如此的完美，他的完美彻底动摇了我对优秀男人下过的铁一般的定律。如今我认为，先不要说一个男人有多大本事，只要他有宽容的胸襟，真挚地爱一个女人，无论何时何地都把那个女人放在心上，他就是这个女人心中的上帝。

吕小刚发现我在流泪，站起来绕到我后面，从背后抱住我，吻我的脖子、耳朵根。“我求你一句，不要再和张国平往来了，不要再替他写什么稿子了，我知道你也没有时间写。”他轻声说。

我的心又被刺疼了。就现在的处境而言，我简直是在主演一部惊险话剧，而且这部话剧还得演下去，是用肉、用血、用生命来表演。我在这部话剧里的角色令人憎恶。

吕小刚痛苦地低下头说：“李强批评我了，说由于我的不慎，张国平在行内挖内鬼，已经怀疑上了几个人，包括……”

“你不是说整个情况没有弄清楚以前不谈吗？”我想阻止他。我知道如果不阻止他的话，他会滔滔不绝，会违反纪律泄露秘密，因为他对我太真诚了，不想隐瞒我什么，而此时我最不想看到的就是珍爱我的人为我付出代价。

“张国平正在缩小搜索范围，那些内鬼压力都很大，他们领教过张国平的为人。”吕小刚坚持说下去。

“我知道……”我把头埋得很低，声音低得几乎听不见。

“我们和老崔一直都没能再联系上，只听说他到广东打工去了。”

“不要再说下去了……”

“不，我要说，我不能看着你冒险。如果让我在违反纪律和救你于火海之间进行选择，我宁愿违反纪律，宁愿遭受一切惩罚。”

“你为什么要这样……”

“我再说一句，我和李强查到了给金穗集团的贷款，已被挪到正全和实野两家公司去了。”

我索性放声大哭，有感激，也有害怕。我感激吕小刚为了我不顾一切；我害怕事情正在一点点被揭露，或者说在败露——我已是个不折不扣、罪孽伏身的女人了。

“别哭了，冷静一下……李强说了，这可不是个小案子。我求你了，勇敢地站出来吧，张国平的日子不远了。”

我听出来了，他们已经查得很深。我第一次感觉到大难将近，渴望得到救助，可这是一种奢望，我不敢有，也不配有。尤其是面前这个男人的真情让我刻骨铭心，不管我做了什么，只要我稍一回头，他就立刻会原谅我，而且一如既往地爱我，就是这么简单而朴实。可问题是他无论如何也不会想到我已经陷得很深了，已经无法挽回了，迟早要和他生离死别。我唯有用眼泪默默祈祷，祝愿他好运，祈求我逢凶化吉。

送走吕小刚后，我在孤独、恐惧和忧伤中度过了几天。

林杰又来了，告诉我一个更惊人可又是我一直在等待的消息：“李东方出车祸了，在高速公路上被卡车撞了。现在正躺在医院里，已经脱离了危险期，移到普通病房去了，可惜那个司机死了。”

“不用说了，就是陈老板干的。”我说。

“出事以后陈老板失踪了好几天，现在又出现了，而且很巧，就在卡车司机死后的第二天露面的。警察正在调查，都怀疑是陈老板干的，只可惜司机死了，线索断了，就死无对证了。”

“陈老板应该赶快花钱或者找人去平息事态！”我条件反射似的嚷着，同时也释放一下压抑在心头的恐惧——我的世界里的恐惧。

我急忙打电话给张国平，谈了自己的看法，征询他有什么好办法。

张国平也很紧张，怕事态失去控制。尽管这两次谋杀和他都没有关系，可引发这两次谋杀的事由都和他有牵连，他怕拔出萝卜带出泥，引火烧身。不过张国平还算镇静，劝我冷静，要我观察几天再说。

不知道是慑于凶杀恐惧，还是迫于债务压力，李东方最终放弃了赎回东方数码城股份的权利。

晚上，张国平来到我家，兴冲冲地说：“怎么样？听我的没错吧？遇事首先就是要冷静。”

“你和陈老板是怎么弄的？”

“玩命玩到这个分上，勇者胜……不说这些了，如今为了尽快息事宁人，你得从东方数码城的收益中再拿出 1 000 万来补偿李东方，而且越快越好。现在多少钱都是小事了，只要能尽快平息事态。”

“这个听你的。不过，我听说东方数码城还有一部分销售款被挪走了。”

张国平像早有准备，解释道：“对了，是有这么回事。我一直想找机会和你说，在东方数码城的收益里……怎么说呢……是这样……很意外……有一个很重量级的人物插手了。”

“真的？”我狐疑地看着他。

“真的。”

“不管你骗不骗我，我的这个缺口你都得给我补上，砸锅卖铁也得补。”

“可以……不管怎么说，你有五六个亿的大头……是绝对有保证的，当然……”

张国平不再说话了，而是搂着我，贴听着我肚子里的动静。天已经很晚了，他仍没有走的意思。我说：“不早了，你……你怎么样啊？”

“我能不走吗？”

“这里是我的家。”

“我不在乎。”

“可我在乎。我有心理障碍，我不能这样对待吕小刚！”

“别想那么多了。在我们周围都这样，就没有一个好人。”

“是的，在你们周围只剩下坏人了，也包括我。”

“嘿嘿……”

我让林杰出面当东方数码城的董事长。林杰却透露给我一个消息，他发现张国平和孔红在外面另有住处。

这种发生在张国平身上的男女之间苟合的事情，已经激不起我的愤怒和兴趣了，我也没有任何意外之感，已经麻木了。不过，这个消息却提醒了我，孔红和张国平，或许还有陈老板正在密谋撬动另外一块什么利益。我静静地思索起来……我想起来了，吕小刚以前说过，张国平还从金穗集团挪出去一部分钱给了正全投资公司去做某项操作，对了，后来他还问过利华集团；也就是说，这部分钱不够，他们还需要用实野公司或者说东方数码城的收入去填补缺口，那缺口会不会涉及利华集团什么事……

“我真傻。”我不由得惊叫起来，当初自己怎么就愚钝到没有去追问正全公司的事。既然张国平认我是未来当家的，那么我就有权知道一切，控制一切。

“对，找孔红。”我说。

21

孔红：我也有做上等人的权利，凭什么有些人靠父母就能滞留在上流社会里，而我却要漂泊在下层人之间遭受“社会排斥”、“能力贫困”的灾祸。上流社会和下层社会之间有条鸿沟，我的父母、我家的财产不能把我推进上流社会；我只有靠自己，牺牲自己，只为我的儿孙们出人头地。

张国平告诉我，等他安排好了让我再和俞芸衔接一下东方数码城债务的事。我口头答应着，心里却骂他下流，一天到晚想睡漂亮女人。

不过我也想明白了，像张国平这样的男人，没有一个女人能够独享他。我虽然被他玩了，被他睡了，可并不吃亏，有道是，女人被男人睡了未必就是女人吃亏，反过来也可以说是男人被女人睡了，如何判断谁睡谁呢？唯一的标准就是看谁获得的利益大——张国平睡我只是满足了性，而我睡他却得到了利。

可别以为我是无赖，这年头无毒不丈夫，贞节不发财。女人这一辈子捣鼓来捣鼓去，不就是折腾这一身皮肤嘛。

我来自于农村，那年我考进省城的财贸中专时，家里还专门摆了一桌招待左邻右舍。乡亲们都说，我们家里不简单，出了一个读书人，而且也是我们村里出的唯一的读书人，这是上辈子的盼头，祖宗的积德。

毕业那年正好赶上东南银行要招柜面人员。临近面试的日子了，一个同学告诉我，报名的人很多，竞争很激烈，像我这种没有背景，成绩不算很好，长相也不是特别俊美的女孩，要想脱颖而出，很难。

我的心一下子凉透了，血管都凝固了，半晌说不出话，心里却不停地抱怨，难道我们农村来的娃子一辈子就没有出头的机会？难道不同阶层之间就有一条鸿沟永远不能跨越？

那个同学觉得自己的话伤着了我，深感内疚。她开始琢磨，想找一个办法帮我，以弥补刚才的唐突。她盯住我的眼睛看着，看了老半天，忽然说，你微笑起来眼睛很迷人，向下弯曲，带电，会使看到我的人眼皮跳动，你应该尽情发挥这个长处，把自己包装成纯情、温柔、性感和高雅的学生妹。

她的提醒让我喜出望外，仿佛看到了胜利的曙光。

我想起村里一位老人说过，在这个世界上，女人的眼睛有两种，一种是不管男人和她对视多少回，都不会来电，都能从容自如；另一种是只要男人和她一对上，即使女人没有反应，男人也会被电得不行。

我想我就属于后一种女人吧。

去东南银行面试时，我发现有一个考官的眼睛就没有离开过我，眼皮一直处在欲跳不跳之间，后来才知道他叫罗志远。我当时想，只要再加一把火，就能把他的眼皮挑逗起来。于是我趁着他的眼皮快要跳跃时，即兴忸怩了一下，趁着面孔仰起来的刹那间，我的眼睛迅速冲他微笑放亮……他的眼皮终于跳动了。

我由此成了支行营业厅接待小姐，身披红色绸带，笑迎每一位宾客。尽管我还需要过 6 个月的见习期才能成为正式员工，可我已经非常满意了。为了生存，我笑容可掬地对待周围一切人，谦虚谨慎地处置周围一切事，举止中还带一点谦卑，从不和别人争风斗胜。

可我万万没有想到，我面试时的微笑和姿态，在罗志远眼里竟是我发出的一种要约——只要把我招来，我就愿意……从规矩上说，要约和承诺都具备了，买卖合同就算生效了，我就该兑现了。至于说要我怎么兑现，罗志远从来不明说，而动作却十分清晰、明了——他那只不老实的手一有机会就摸到我身上，不是从我胸前贴着擦过，就是顺着臀部溜过。我不敢反抗，因为我听说他和张国平关系很铁，稍不称心就可以砸任何人的饭碗。

一天晚上招待客户吃饭，那个客户和我没有一点关系，可罗志远非要叫我作陪。饭后我们送客户回酒店。

离开客户房间后，罗志远说："我有一个电脑放在隔壁房间，我们去取一下就走。"

我随他走进隔壁房间，那里空空的根本没有什么电脑，我刚想开口问，罗志远就扑了过来，用力抱住我，亲我，摸我，顷刻间就把我的衣裙扯了个精光。

"不行，不要这样。"我挣扎着，哀求着，却不敢喊，因为我的工作和未来的命运都握在他手里。

罗志远把手伸到我大腿间，说："只要你顺从我，就可以帮你转正、提职务。"

"不行，不行。"我依旧挣扎着。我们农村的娃子对贞操还是很看重的。

罗志远根本不听，不一会就把我硬摁到了床上，强奸了我。

我坐起来，哭着说："我要告你……强奸。"

"告我？告得倒吗？"罗志远轻蔑地一笑，"我有关系，最多治安拘留一天，行里还会保我出来。到了那时，我一定开除你，因为你勾引行长，污蔑领导。"

我被吓唬住了，不敢再说了，只是一个劲地哭。

罗志远搂住我说："我是真心喜欢你的。如果你不告，今后还经常来看我，我愿意出 30 万补偿你，一年后破格提拔你当营业厅副经理，副科级，三年内当支行副行长。"

我哭了一个晚上，也想了一个晚上，掂量到最后的结论是：斗不过罗志远，也告不倒他，如果继续闹下去，倒霉的一定是我——最现实的问题就是，离开东南银行后我能去哪里安身？没有稳定的职业在这个城市里可是一天也呆不下去的呀……我转而一想，罗志远说得也不错，如果顺从了他，我既可以收钱，又可以升官，除去流了初红以外，没有什么损失，无非就是以后还要陪他睡，陪睡就陪睡吧，嫁个男人不也是这样过日子？

那晚以后，罗志远经常找理由与我幽会，创造机会占我便宜，让我陪睡，而且瘾特别大，不管我身子舒服不舒服。渐渐地，我也学会了勾引他。

去年的一天，张国平来我们支行视察工作，分行刘行长必恭必敬地跟在他后面，而罗志远却紧挨着他。他跨进营业大厅时，我微笑相迎，就在我和他的目光对视的一刹那，张国平的眼睛凝固了，接着眼皮就跳动起来。

这出乎我的意料，我的第一感觉是"天上掉馅饼"了。我落落大方地上前和他握手，介绍情况。无意中，我发现身边罗志远的表情很怪异，说不清是嫉妒、愤怒，还是高兴。

罗志远天生是块当官的料，善于捕捉张国平的爱好，哪怕这种爱好的外露只是一瞬间，极其细微。那天晚上，罗志远单独请张国平喝酒，并要我留下作陪，还特意吩咐我洒上他送给我的那瓶法国香水。

我们要了一桌山珍海味，干了一瓶 30 年的茅台。张国平有些醉了，罗志远和我一起送他去了酒店客房。我把张国平扶到床上，帮他脱去皮鞋和西装，又去卫生间拿湿毛巾给他擦脸。忽然，我发现整个房间里只剩下我和张国平两个人了。

张国平嗅到了我的体香，慢慢睁开充血的眼睛。我知道自己身上的香水味特别好闻，男人闻了就会兴奋。果然，张国平猛地抱住我，拉我上床，亲我……他的劲比罗志远大，我挣扎了几下就顺从了。其实这种挣扎算不上抗拒，只是一种战术设计，只是为了不让他觉得我是个随随便便的女人。

说实在的，我什么都经历过了，已经不是什么纯情少女了，能陪张国平睡觉还真求之不得，能被他强暴还真是一生的福分——这种机会等于是送上门的便宜货，可遇而不可求。我已经想得很明白了，如果能够陪比罗志远大的人睡觉就能得到更大的收获。只可惜便宜了罗志远这小子，给个副科级、30 万，就拿走了我的贞操。如今我就是要从张国平那里把损失赚回来，怎么的也得弄个分行行长或总行部门老总干干！

张国平一边干一边还信誓旦旦地说："我只爱你一个。"

说的像真的似的，可我从来就不相信男人在这种情景里说的这种鬼话。不过有一点我很自信，不含糊，那就是我的床上功夫一定给他留下了深刻的印象。

事实上，张国平离开以后，的确时常想着我，招我去陪他；偶尔我想他了，也招他过来陪我。这样一来一往地交往了一段时间后，我再遇到罗志远时，见他只会跟在我屁股后面屁颠屁颠地转，把我捧得像祖宗一样。

我很快就升到了支行办公室主任、信贷部主任、副行长、行长，工资也呼呼地涨，据说还把我列入了分行行长的后备名单呢。

期间我也听到了一些议论，说我下流，无耻，脸皮比猪厚，我都嗤之以鼻。我想，我也有做上等人的权利，凭什么有些人靠父母就能滞留在上流社会里，而我却要漂泊在下层人之间遭受“社会排斥”、“能力贫困”的灾祸。上流社会和下层社会之间有条鸿沟，我的父母、我家的财产不能把我推进上流社会；我只有靠自己，牺牲自己，只为我的儿孙们出人头地。

又一天，张国平把我叫到威斯汀大酒店。我一进客房看见鲍敏洁也在那里，还鼓着大肚子，顿时醋意大发，手脚发凉，面色苍白。

鲍敏洁装出一副痛苦娇柔的样子，我忿忿地侧头朝向一边，脸色阴沉，看也不去看她。

张国平看在眼里，一沉脸，说：“我把丑话说在前面，今天谁也不准惹事。”

我害怕了，鲍敏洁也不敢做作了。说实在的，我不敢对张国平要性子，只是因为要我伺候鲍敏洁，我咽不下这口气。

不过平心而论，我不恨张国平，也不应该恨他，他没有亏待过我；若不是他，凭我的学历、经历和业务能力，是绝对不可能在这么短的时间里坐到支行行长的位置上的。还有，分行班子和总行部门里的头都对我刮目相看，我想干什么就干什么，一路绿灯，有人甚至还和我套近乎，想通过我攀上张国平这杆高枝。

我时常听到有人说我是“张国平的人”。开始时我很不习惯，因为把女人说成这样就有两种解释，一种是铁杆知己，另一种就是情妇。现在我也习惯了，随便人家怎么说，而且说多了还能震慑他们，都说打狗还得看主人，何况是心肝宝贝——敢挖张国平的心，捅张国平的肝，有几个脑袋？

张国平朝向我，说：“利华集团的贷款拜托了，后续怎么操作，一切听鲍敏洁的，收益人和联系人也是鲍敏洁。我再说一遍，这事不能让任何人知道。”

我明白了，他主要是指俞芸，这事如果让俞芸知道了，一定天下大乱。我故作镇静，瞄了瞄鲍敏洁说：“我是不会让任何人知道的，我只是担心……”

张国平明白我想说什么，对鲍敏洁说：“你听到了吧，此事就到此为止，不许张扬。”

鲍敏洁温顺地点点头，眼睛鼓得像波斯猫。

“这下你该放心了吧，人也领来给你见了，你有事就直接找孔行长，现在可以走了。”张国平温和地说。

鲍敏洁喜笑颜开地出去了。

“说吧，你想说什么事情？”张国平急忙问。

“你让我调查内鬼的事，我已经排查过了。”

“怎么样？有线索？”

“你估计得真准，最大的内鬼人就我们支行的顾一成副行长。”我语气很肯定。

“有可靠根据吗？”

“这个人一直和我闹意见，自从你把我提起来当行长，坐在他头上，他就一直不服气。他自以为自己是个副行长，一直是我的头，支行的业务全部依赖他，又是英国留学回来，熬也该熬到他了。还有，他和省报的一些人有往来，是我派人跟踪发现的。”

“妈的，敬酒不吃吃罚酒！”张国平恶狠狠地骂道，“当初他和罗志远就不和，我是看他有业务能力才没有难为他。这次要提你，我曾经劝他离开，承诺一定安排好，他就是不干，要憋这口气。也怪我心太软，犯了一个低级错误，没有坚决调走他！”

“现在调走他也不迟，换个随便什么人来都比他强。”

“谁愿意来呀。没有了他，你的存款、贷款任务都完不成。”张国平有些无奈。

“现在还想这些干什么？他还在外面到处乱说我……”

“说什么？”

“说我不开拓业务，不学习技术，成天钻研床上功夫。还说他英伦三年不如我床上一天。这不是指桑骂槐嘛。还有……比这个更难听还有……”

“说！”张国平气得吼了一声。

“说……说我是陪你睡觉睡出来的。”

张国平气得牙齿咬得咯咯直响。“事到如今，确实无药可救了。这样吧，你不要过问这件事了，我知道该怎么处理。”他面露凶光地说。

“好的。我想再确认一下，东方数码城归俞芸，利华集团的利益归鲍敏洁？”我明知故问其实另有用意——我呢？我的呢？

“是的，别让这两个女人再撞车。唉，都不是省油的灯。”少顷，张国平又说，“给实野公司的5个亿贷款不要还了，要另外想办法填补。最简单的是找陈老板，用他的堡城房地产公司贷10个亿，其中5个亿代实野偿还给金穗集团。”

“好的，”我觉得应该趁这个机会也向张国平开开口，免得老是会哭的孩子有奶喝，“张行长，你老是给这个做项目，给那个做项目，是不是也给我一个机会呀？”

“你是行里的人，不能太出格了。你主要的补偿还是升官，发财是以后的事……”

“听你的。”我一边应付着，一边思忖着。其实我不担心，也不需张国平明确表态，他答应不答应都无所谓。我只要有具体业务去找他，还怕他不批？我替他鞍前马后地干到现在，他就能不照应我一下？

“这就对了，”张国平笑道，“还有，对顾一成，你一定要忍，一切由我来处理。你唯一要做的就是，别和他公开闹。”

尽管张国平的忠告言犹在耳，我还是没忍住，实在是忍不住啊。原因是为了一单业务，顾一成竟然当着大家的面，损得我一无是处。

我一拍桌子当即宣布：“停止顾一成副行长职务。他兼主任的那个科室降为其他科室下的一个小组，他当小组长。他分管的业务直接上报我审批。”

顾一成也拍案而起：“你不知廉耻，无耻！”

“你他妈混蛋。”我又重重地拍了一下桌子，跳了起来——对别人骂我“无耻“特别敏感。

“哗”地一下，参加会议的人吓得一哄而散。那些人都很聪明，知道理在顾一成一边，势在我这一边，夹在中间没有好果子吃；而且他们都领教过我的霸气，谁敢说我的不是！

顾一成怒目圆睁地说：“像我这一级管理人员，没有分行的指令，你没有权力撤。我兼的那个科室是分行机构设置纲要规定的，是与分行部门对口的，没有分行同意也不能降格。”

我一听就恼了，什么分行，什么规矩，统统滚到一边去吧。我就是分行，我就是规矩！我又不是第一回没按分行的规矩办事，谁敢有意见！于是我嚷道：“你明天就去当小组长，如果不去就记你旷工，就开除你。”

顾一成踹开椅子，转身就走。

我知道他要去分行找刘行长了，可我不怕，因为刘行长知道我的底细，知道我的靠山。

那天快下班时，分行刘行长把我叫去了。刘行长对我很客气，给我倒水，还让我先倾吐委屈。

我鼓着一肚子气，啰里啰嗦讲了一大堆，可气一点没消，反而越说越来气。我就是要让刘行长知道，要让我消气，没有一个让我满意的说法，没门！

刘行长微笑着说："这样吧，你既然已经宣布了，就这么定了。不过，让顾一成当小组长也不合适，太羞辱人了。要知道，兔子急了也会咬人的。我有一个想法，就是保留原级别不动，待遇给足，放到一边去，有活干没活干都无所谓，别去惹他就是了，过几天我就把他调走。说实在的，能接替他的人还真不好找。"

"这不是便宜了他？我说出来的话还有权威吗？我以后还能在支行做事吗？"我不依不饶地说。

刘行长沉下脸，严肃地说："有些事情你也不能做得太心急。这样的事情，你本来就该先和我打招呼。听说他正在秘密收集材料，真闹出什么事来，那可不是开玩笑的，张行长一定会发火。"

我一扭头，不爱听。

刘行长也生气了，继续说："你以后什么时候想拆销分行机构了，最好事先和我打个招呼，好让我早做准备。"

我被逗乐了，心里说："你有什么资格生气？我还不高兴呢！"

"我不是和你开玩笑，有些事你也得注意一下。就拿顾一成来说，他多次和我说无法与你合作，受不了你的脾气。他还说，要他必须先舔好你的脚，奉承好你，通过你才能得到上面行领导的好评，咽不下这口气啊。"

我一听就恼："我容易吗？一个女人家要管这么一摊子事……"

刘行长点头道："行了，我知道了。"

我要求支行办事人员在三个工作日内完成报告，上报分行评审部，尽快把10个亿贷款发放到陈老板的堡城房地产公司户头上去。这其中还有一个原因，就是我不信那个邪——少了顾一成只能吃混毛猪？过去顾一成一直嘲弄我不懂信贷业务，所有的贷款业务都由他一手组织编写材料，如今把他赶走了，我就是要做给他看看：我一样能行。

办事人员把做完的10个亿的贷款报告送到我的手里，我连看也不看就签上了"同意"，并亲自将报告送到分行评审部，交给评审部总经理。他看了第一页就读不下去了，说："你回去吧，一切交给我了，我来修改，保你通过。随后我就上报总行，你再去总行活动。"

我微微一笑，心里咕哪了一句："谅你也不敢说个'不'字。"

就这样，给陈老板堡城房地产公司的10个亿贷款放下去了。陈老板第二天就带给我一个纸箱子，里面有100万元现金。我全部收了下来，可也一夜没有睡着，想了很多。若要说让我"退还"，我打心眼里不乐意，也不情愿；若要说我心里一点也不害怕，也不是。那该怎么办呢？我苦思冥想着，想到了张国平，他要是处在我这个位置上会怎么处理呢？我可以肯定地说，他一定会拿的，他上面有保护伞……

对了，就仿照他的办，上行下效。

那么，靠谁来保护我呢，万一出事的话？

除了张国平我还能认识谁？就是张国平了。可张国平为什么要来保护我呢？那就分一半利给他，真正和他结成利益共同体……

张国平随后应约来到我的住处，我打开纸箱展现出叠得整整齐齐的100万元现金，说："陈老板给的。"

张国平一愣："你……你什么意思？"

"想问你怎么办？"我微笑着答道。

"既然已经收了，就收下呗，还问我干什么。记住，以后这类事情不要告诉我，免得给我添麻烦。"

"这么多……我不敢。再说，这业务也是你叫我办的，这钱理应归你。"

张国平的眼珠又滴溜起来。我不敢枉猜他在想什么，只担心他会坚持要我单独收下这笔钱，如果是这样，那他就太险恶了——他可以把我当狗遛了。要知道，他这个人鬼点子多得去了，能把我卖掉还能让我感谢他，我即使有10个脑袋也玩不过他。我和他之间从来没有什么真感情，他在我身上满足肉欲，我从他身上填补财欲。我想他一定在担心，仅靠床上那点甜言蜜语锁不住我的心，培养不出我的忠诚，相对于我掌握的他的许多核心机密的分量而言，他对我的控制实在是弱不禁风。因此，只有当我也拿钱了，犯了法，他才能捆住我，逼我和他一鼻孔出气。

张国平说："叫你收你就收，不要婆婆妈妈的。"

"这……"我吓了一跳，不幸被猜中。

叮咚，叮咚，有人按响了门铃。透过门上的"猫眼"，张国平看清楚了来人是谁。只见他转身跑进卧室，脸色发白，同时用无声口形说："俞……俞芸。"

我看得真切，也知道俞芸的厉害，腿肚子开始发抖，心脏狂跳不已，内心还不停地自问："她怎么找到这里来了？"

叮咚！叮咚！门铃声响得更加急促了。

“快去开门。”张国平轻声说，随即钻进大衣柜，拉上了门。

我一下子傻了，唯一的精神支柱张国平也选择了如此没有身价的动作，我还能指望谁？我害怕极了，犹豫了老半天才去开门。

俞芸双手托着腰，挺着肚子，目无旁人似的走了进来，同时扫视了一圈，微笑着说：“不欢迎吗？没有想到吧。”

“对不起，我没有请过你，请你出去。”我鼓足勇气地说。

“张国平呢？”俞芸显得很高傲。

我受不了她这副盛气凌人的样子，恼怒地回道：“什么张国平？你来有什么事？”

俞芸往沙发上一靠：“我是来找张国平的。”

“张国平怎么会在这里？”

“你是不是想知道我是怎么找到这里的吗？”

“你再不走，我就报警了。”

“你不敢。一个行长和下属偷情，传出去怕不好吧。”俞芸讥笑着，突然板起面孔吼道，“叫他滚出来。”

“他不在，这里只有我一个。”我坚决地说。

“我明明看见他进门的……一个堂堂的大行长、省秘书长的候选人，这会儿应该是在大衣柜里吧，或者是在卫生间里，要不就是钻在床底下。到了这等没脸没皮的地步，还有什么好发狂的？简直就是最劣质的三级片！”

我脸色煞白，下意识地瞟了几眼卧室里的大衣柜。

俞芸看在眼里，起身就朝卧室走去。我想拦住她，慌乱中却自己绊了一个踉跄，差点跌倒。俞芸迅速拉开大衣柜，就见张国平直挺挺地站立着，面对面看着她，呆若木鸡。

“到底是索非亚的大衣柜，设计得这么好，没有台阶，一步跨进，”

俞芸吼道，“滚出来吧，也不想想自己是什么身份的人，好意思躲在这里面！”

张国平哆哆嗦嗦地迈了出来，身后的纸箱滑落到地上，甩出几叠钱。

俞芸略微瞄了一下，笑道：“不少哇，少说也有100万哪。”

张国平收拾好散落的钱，抱起箱子往外走，放在厅里的桌子上。

我又气又恼，从来就没有看见过张国平如此乖巧，如此听话。在我的记忆里，他从来就不曾恩赐过我这种待遇，从来都只把我当牲畜一样使唤，当性奴一样招呼，很强势……如今他这副德性，真让我感到自己蒙受了奇耻大辱。

俞芸严厉地瞪着张国平，问：“这是怎么回事？”

我上前一步说：“这是我的私房钱。”

“我没有问你，要他说。”俞芸很不客气地回了一句。

“这里是我的家，你给我出去……”我的声音不高，却充满了火药味。我从来没有受过这种委屈。在行里，谁敢对我这样？我连分行长的桌子都敢拍！

“你不要说话！”张国平冲着我扯起嗓子，然后平静地对俞芸说，“这是陈老板给的。”

“千分之一，10个亿贷款对100万，这么贱？”俞芸不屑一顾地说。

“这……”张国平大吃一惊，一时说不出话。

我听得很清楚，也懵了，俞芸是怎么知道这件事情的。这事一旦捅出来能捅破天，而且已不成为秘密了……我脑袋一下子大了，马上想到了内鬼，说明内鬼已经肆无忌惮了，要拿刀杀人了，如果听凭他一刀砍下来，后果不堪设想。

“至于吓成这样吗？”俞芸轻松地笑道。

张国平故作镇静地说："没有……噢，这也怪我。因为考虑到你对东方数码城的黄总挪走了一部分钱有意见，所以我想东方数码城欠金穗集团，也就是东南银行贷的5个亿也不要还了。"

"你真有这么好？黄总挪走的钱呢？你不要以为我什么都不知道！"俞芸继续说。

"你还听说了什么？"张国平战战兢兢地问。

"你说呢？"俞芸冷笑着。

张国平死不开口，我估计他还存着侥幸，猜想俞芸即使知道这10个亿，大概不会知道这连环套业务里还套着利华集团这档子事——那可是一个更富有传奇，更具有时代特性的策划。

俞芸的眼睛里渐渐喷出了火："怎么不说话了？"

张国平一副死鱼眼，打死也不说。

我知道张国平不敢披露实情。且不说惊天要案不能泄露，就是私底下留给鲍敏洁的那块财产也不敢有丝毫流露。可俞芸会善罢甘休吗？她亦步亦趋走到现在，不就是奔着张国平所有的财富来的吗？如今挺着肚子追讨，连命都再所不惜，不都是张国平引出来的事吗？

我看到俞芸气得浑身发抖，她恨不得一个巴掌上去，再咬下他一块肉，只是碍于我在场，多少得给他一点面子，保持他一点尊严；毕竟，她不同于骂街的泼妇，是个有教养的人。

俞芸又说："不愿意说？"

张国平摇摇头。

"那好，我就和报社的人一起深挖下去。"俞芸忿忿地说。

"随你的便。这对你有什么好处？"张国平说。

"我就做污点证人怎么样？到目前为止，我至少还可以退缩！"

张国平突然嚷道："你非得把我逼得从这里跳下去吗？那好，我现在就跳给你看，不就是个死！”

“你跳呀，跳呀！”俞芸走到窗边，用力拉开窗子，指着窗外，“跳下去呀！”

张国平孬了，赖在那里不动，也不说话。

俞芸是气得说不出话，可心里一定在流血。我想，她此刻一定在想，她的一生都被他毁了，她的整个人也被他扭曲得不成样了，她的世界里一片黑暗，只有钱反射出来的暗暗金色，就是这暗暗金色里，还闪烁着刀光剑影，血色和白骨。

张国平瞄了一眼卧室里的我，对俞芸说：“要不你先把这 100 万拿去，我找个时间再和你细谈。”

“呜……”我不禁哭泣起来，因为这是我的钱，是我冒着风险拿来的。

“把 100 万都看得那么重，就像要命一样，也算是下贱到头了！”俞芸厉声说，“扔给她吧，就怕她撑不死！”

由于激动和愤怒，她突然呻吟起来，我闻声惊跳起来，看见她痛苦地慢慢跪到地上，血顺着大腿流了下来，瞬间在地面上漫漶开去……

22

吕小刚：一边是情和爱，一边是法和义……我痛苦地挣扎着……我恨自己生了一副血肉凡胎——我的精神可以飞得很高，可我的躯体只能粘在土上，即使精神达到至高无上的境界，我也无法从中摒弃爱和情……

俞芸进医院了，输了很多血，很危险。她母亲打电话给我，问我什么时候回来，目前医院的许多手续是她代我签的字。她母亲很善良，不知道我和俞芸之间发生了什么事，也不理解为什么我会在这段时间里，不尽夫道离家去外地工作。

我很焦虑和痛苦，就像自己身上失了许多血一样，可我多少还有点抱怨俞芸对自己的作践。

我最近是想回去一次，因为随着调查的深入，案情越来越清晰，令我震惊的是，没想到俞芸会陷得那么深。我把案情和案情中资金流向简洁地绘制在一张 A4 复印纸上，第一个念头就是想立即见到俞芸，告诉她一切，好让她早一点脱离险境，哪怕她已经污泥溅身。

可我犹豫了，自从能够看出俞芸怀孕以来，忧伤和痛苦就一直折磨着我，屈辱和悲痛始终游走在我的心间。

那天晚上，俞芸突然回归了，令我一喜一惊，喜的是她终于回来了，和我团聚了，惊的是她完全像变了个人似的——没有化妆，目光充满哀愁、愤怒。

我和往常一样拉着她坐到沙发上，想仔细端详她。可我的内心发生了细微的变化——我不是想欣赏她、享受美，而是想找到过去的美丽、过去的生气。我很失望，我看到的是忧伤、恍惚和一闪而过的凶毒，尤其是她隆起的肚子——我一直怀疑这和我有关——不断地在提醒我一个问题，这段时间里，她是不是和张国平处在一起，或者说相处过。这是我无法忍受的。我不禁自问，面前的这个女人还是我心中的美人、心中的上帝吗？我还能一如既往地深爱她吗？可我表面上还是赞美了她几句。

俞芸尽管装作没事，可我发现她忽而烦躁，忽而目光呆滞，不知道被什么袭扰着。她去卫生间冲洗时，我听到了她在痛哭。在我的记忆里，她不随便掉眼泪，是个不知道痛苦是什么东西、意志很坚强的人。我马上意识到，她一定遭受了天大的屈辱，走进了绝境。

那天晚上，她引我做那事的时候，她很主动，不顾一切，好像要偿还我什么。可我贴近她的肚子时，心头就弥漫起了阴影，就没有了激情，我是想努力再主动一点，表示我不怨恨她，可我做不到。

出于同情和劝导，我故意透露了一点东方数码城的项目给她听，告诉她我们已经追查得很深了，这个案子迟早是要被揭露出来的。可让我意外和失望的是，她却套起我的话来，完全不在乎我的心思和好意，把我放置在她的对立面。我的心冷到了冰点，仿佛和她之间相距千里万里。

在以后的日子里，越来越多的迹象表明，俞芸似乎想染指东方数码城，这说明她在歧途上越走越远，我深感不安——这不仅会毁灭她自己，也会毁灭这个家，毁灭我，造孽社稷。可悲的是，她并不认为这是歧途。我再也无法忍耐了，决定和她坦诚交谈，哪怕会演变成激烈交锋。

一天晚上，我趁俞芸没有安排，早早地回到家。在路上我就想好了，不管发生什么事，都要克制住自己的情绪，好好谈，用真诚感动她,用事实点化她。

我看见俞芸心神不宁的样子,替她沏了杯浓浓的红茶,关切地说:“你最近挺操劳的,好像有什么心事?”

“没有。”俞芸回答的很干脆。

“不像,我们能不能好好的谈谈,”我拉她坐到沙发上。

“你说不像就不像,随你怎么想。”俞芸有些不耐烦了。

“别这样,”我克制着,和缓地说,“我们已经很长时间没有像过去那样推心置腹了。”

“你想说什么就快说,我还有其他事情要处理。”

我思忖起来,要不要点出东方数码城的事……我觉得点出后她也未必会承认,反而会惹得她紧张、发毛、逆反,于是便说:“人要那么多钱干什么?值得不顾一切——不顾法律、不顾社会、不顾生命去谋取吗?这样的钱即使装进口袋里了,能安心吗?”

俞芸听出我话中有话,看着我,轻蔑的光泽一闪而过,接着就思索起我的话意指向。

“不要以为如今市场秩序很乱,谁都可以伸一手,可社会总是要走上有序的,到时候作乱的人——窃取社会财富的人怎么办?”

“你错了,”俞芸以为我只是想和她谈世界观问题,便振振有辞地说,“在社会转向市场经济的大变革时期,要想有序,得先从无序开始,等无序开始转向有序时,你就会发现,秩序,或者说有序的规矩是由你所谓的现在‘作乱’的那帮人制定的,他们用手制定,用脚制定,制定出来的秩序只服从财富的逻辑。”

“未必会这样吧。过度的市场自由和无序会破坏、摧毁市场制度本身,这可是老祖宗说的。”

“哼,”俞芸冷笑一声,“千百年来,当今世界上绝大多数国家,哪个不是有钱人在执掌乾坤?”

我和她激烈争论起来……我发现,她的许多观念非常离奇,和我的人生观、价值观有着天壤之别,和社会提倡的主流意识也有很大的差距,而且已经到了执迷不悟的地步了。我被激怒了……

她冷不丁地冒出一句:“你好像越来越桀骜不驯了,什么话都和你谈不到一起去,而且一谈就争吵,真烦人,真折磨人。”

我戛然而止,怕自己失控冒出伤感情的话,在彼此的心灵上再划出一道伤疤,可我心里却流泪了,因为我很在乎,很珍惜和她的感情。她也不争吵了,扭过头去,抽搐的背影告诉我,她也流泪了。

我愣愣地站着,没有像过去那样凑过去安慰她,讨好她,请她原谅。凝滞了片刻,我依然走出去了家门,在小区附近的一个小酒吧里喝到黎明。

接下来的时日里,我和俞芸行同路人,很少说话,不得不说时,也只是进出几个单词,表达出意思就行,不带感情,每晚也都是背对背,叹息声、鼾睡声、辗转声频繁交替,持续到天亮……往日的温馨不在了,美丽不在了,真诚不在了,四周洁白的墙面显得苍白、冰冷、无情、恐惧——我害怕了,害怕待在家里,害怕遇到她。

为了避免烦躁、害怕、尴尬,我不想见到她,或者说不想长时间的和她相处在一起,我时常去酒吧喝到夜深,有时在网吧熬到天亮……我情绪低沉、反应迟钝、身体虚弱,同事们理解我,体谅我,谁也不揭这层伤疤,可我无法原谅自己,开始抱怨起来:“这样的日子怎么过,出路在哪里?”

我恨张国平来,恨俞芸,更恨自己无能……我想到了走,想到了离开……

有一天,俞芸突然变得像只凶恶的豹子,跑进跑出,火烧火燎,有时彻夜不归，有时却显得很平静，就像大战前的宁静。她嘴里虽然不说，可我听得出来，她心里一直在喊，要报仇，要杀人。我很害怕，问了她母亲，才知道林杰被打了，伤得很重……又过了一阵子，她突然拨云见日，整天乐呵呵的，像打了一次大胜仗似的。我问她是怎么回事，她只字不提，甚至对我不屑一顾。我觉得她彻底变了，是在堕落，行为举止里染上了黑色。我无法再忍受了，决定向报社提出去外地记者站工作的请求。

在临去外地工作前的一个清晨，我又看到林杰跑到家里来，像死里逃生似的……我顿时觉得，他们已经深陷在杀声四起的黑色空间里，和我生活在完全不同的世界里，想的做的和我完全不同。

我时常在想，一个好端端的人怎么会堕落成这个样子，是谁逼她成为这样的？我心头充满了对她的怜悯和惋惜。“一定要把她拉回来……”我心里呼喊着。虽然我无法相信自己会毫无缝隙、一如既往地深爱她，可我发誓，只要她回头，我会原谅她的。我只图今后和她平平淡淡地过日子。

我立即打电话，联系回家的车辆……当我联系好准备动身时，我突然止步了——我怎么面对这样一个事实：如今俞芸身边多了一个无辜的小生命。

我认定这个小生命的血液里没有我的基因，可俞芸把他看作了自己的生命。要知道，当一个男人爱一个有生育的女人时，一定要疼爱她的子嗣，就像俞芸的继父。然而，偏偏就是这一点我顾忌重重，我无法忽略我和俞芸的感情之间还横亘着这么一道坎。然而，这道坎又无法阻碍我爱她，正因为我爱她，哀怜和痛惜她，所以我看不得她身处危险，遭受灾祸……现在她很脆弱，很孤独，需要我去保护，去疼爱，这是我的义务，我义无返顾。我想好了，尽量回避谈论这个儿子。也只有这样，我和俞芸的心情才会好受一点。

我渐渐平静下来，情不自禁地又挪动了步子，朝车子走去，司机不停地招呼我……可我又站住了，我这才想起来，我这一去，一告诉她就是泄密，泄密意味着什么？严厉的处罚，包括追究司法责任……我又想到，不把张国平这样的人打进监牢，就意味着把百姓打进地狱。百姓的利益高于天，深似海，重如山，世间还有什么东西能够与之相比！

我不敢再往前走了，我需要静静地思考一个晚上，我告诉司机改到明天再走。

晚上，我失眠了，流泪了，流血了（在心头）……一边是情和爱，一边是法和义……我在痛苦中挣扎着……我恨自己生了一副血肉凡胎——我的精神可以飞得很高，可我的躯体只能粘在土上，即使精神达到至高无上的境界，我也无法从中摒弃爱和情……

我激动起来，渐渐地聚焦在一个念头上——一定要把俞芸从危险中拉回来，切断她和张国平的一切联系，否则就来不及了。我还找到了一个说服自己的理由——把她拉回来对揭露案情有利，尽管我的想法有些天真。

要把她拉回来，唯一能做的就是告诉她案情，事实上我一直不断地在点拨她，包括交给她那份李强不让透露的报告要点。我狠了狠心，决定去告知她，决定承担一切后果。我想出了一个办法，只提供那张 A4 复印纸，去的理由就是探望一下新生的儿子，谁能阻拦和怀疑做父亲的这个权利……

23

俞芸：张国平想过没有，这样拆东墙补西墙的结果只能使窟窿越补越大，直到银行补不上这个窟窿为止……而且吕小刚掌握的信息越来越接近核心秘密，说明在这个世界上有人正穷追不舍地追查东南银行的黑幕，不闹得个水落石出，决不会罢休。

果果出生不太顺利，住进了婴儿暖箱，我流了很多血，差点丢了命，是抢救过来的。我躺在医院的病床上，只有母亲陪伴在我身边，她时不时地唠叨几句，埋怨我一顿，责怪吕小刚一下。吕小刚没有露面，只打来了一个电话问候了几句，我知道他此刻的心情很复杂。

张国平也打来了电话，啰里啰嗦地说了一大堆关切和思念儿子的话，我却没有一点初为人母的甜蜜，因为我恨张国平，恨他做的那堆事差点要了我的命。我狠狠地撂给他一句话是："这件事情没有完。"

"好了，你现在得安心养身，什么事情都等以后再说。"张国平的声音依然很柔和，"我能不能以朋友的名义来看看孩子？"

"没有必要，这个孩子没有父亲。"我没好气地说。

"我想看看他像谁？嘿嘿……"张国平试图用幽默释缓我的怨恨。

"你是不是想去做DNA检测？"

"哪里……哪里的话……我不是这个意思……"

"我谅你也不敢和一个说不明白的孩子一起去做DNA检测。"

“我是在开玩笑，想哄你高兴。”

“我不认为这是玩笑，你潜意识里有鬼！”我恶声恶气地挂上了电话。

病房里一片寂静，寂静得让我害怕，我想到了死亡，体会到了近距离地擦过死亡的恐惧，感觉到人的生和死就是一瞬间的转换，非常轻易。

以后几天，张国平又陆续打来了好几个电话，我都没接。没想到他换了一个号码，我没防备，就接听了。张国平趁机在电话的那一端倾倒出了一连串赔礼道歉的话，我心才有些软了。不过我牢牢地把持住一条原则：如果张国平是真心服软的话，唯一的标准就是把他所隐瞒的一切事情统统告诉我。

其实，我也已大概理出了一点头绪，只要再填补进去一些细节，整个故事就清晰、完整了。这个头绪就是陈老板的堡城房地产公司10个亿贷款、东方数码城的5个亿投资、利华集团，以及它们之间的关系……

我想现在是点他死穴的时候了，便说：“张国平，你有完没有完？啰嗦了半天就没有一句正经话。我现在不要听你虚的，要你讲实话……利华集团是怎么回事？”

“……”张国平一下子没有了声息，接着他挂断了电话。

“我不会放过你的。”我冲着电话嚷道。

我马上又打电话给林杰，要他催陈老板把5个亿划给东方数码城，赶紧结清欠金穗集团和东南银行的债务，同时看好东方数码城所有销售款和现金，没有我的同意谁也不准动一分钱。

我担心万一张国平他们在外面的资金兜转不过来时，又要动东方数码城的脑筋，到那时我真的一无所有了。

挂上电话后，我不停地责骂起自己，我怎么这么傻，当初怎么就相信了张国平对挪走东方数码城资金一事所说的那一通鬼话，什么重要人物……我是被几个亿的财富弄昏了头——我没见过这么多钱，也没有想过短时间里会有这么多钱。

出院那天，吕小刚回来了。他对我比较冷淡，见到果果却非常兴奋，抱住他，亲他的脸。可我看得出来，他微笑的目光里有阴影，而我的微笑也难以掩饰尴尬。我感到深深的愧疚，要知道，如果把果果的谜底捅破的话，摊在哪个男人头上都受不了，而且如今遮盖在这个谜底之上的只有一层薄薄的纸，即使没人去动它，也会随着时间的流逝而自动破裂。好在吕小刚没有提出要去做DNA检测，否则我真不知道该怎么办。这说明他不愿意捅破这层纸，也不愿意把一个他无法接受的事实明明白白地放在眼前。我又一次因他的宽厚而感伤。

吕小刚小心翼翼地放下果果，背起行囊又要出门。母亲劝他多陪我说说话，怎么着也得吃完饭再走。他摇了摇头，那么干脆而果断，似乎没有割舍不下的东西。

出门后，吕小刚突然停住了，目光十分冷峻，犹豫了老半天，才把什么东西交给了母亲，说："你把这个交给俞芸，我还会回来的。"

母亲回进房间，把一张A4复印纸交给我，说："小刚要我转交给你，唉，他也真是的……"

"你不要责怪他了，他们的工作就是这样，要抢点。"我虽这么说，可心里很清楚，吕小刚这次回来纯粹是为了"演戏"。

我仔细打量这张A4纸，上面有一些文字和线条：

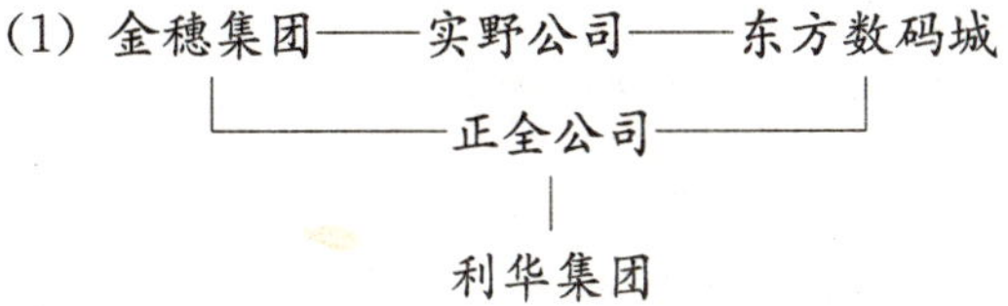

(2)陈老板堡城房地产公司——东方数码城

我琢磨了会儿就明白了,这是从现金流的角度画的:

(1)的意思是说:东南银行的钱到了金穗集团以后,一部分被挪给了实野公司,去投资东方数码城;另外一部分被挪给了正全公司,去参与利华集团的事。为了填补参与利华集团的事而引出的资金缺口,就挪用东方数码城的销售款。

(2)的意思是说:为了补偿挪走的东方数码城的销售资金,从贷给陈老板城堡房地产公司的10个亿中挪给东方数码城5个多亿。

“利华集团到底是一件什么事?”没有等我继续思索下去,一个不祥的念头猛地冲撞了我的心房:张国平想过没有,这样拆东墙补西墙的结果只能使窟窿越补越大,直到银行补不上这个窟窿为止……而且吕小刚掌握的信息越来越接近核心秘密,说明在这个世界上有人正穷追不舍地追查东南银行的黑幕,不闹得个水落石出,决不会罢休。我顿时毛骨悚然,冷汗淋漓——真到了水落石出的时候,我该怎么办?

我手上的纸变得沉甸甸,它明白无误地告诉我,或者说吕小刚用心良苦地告诉我,他们已经掌握了全部情况,知道了所有当事公司的作用和它们之间的关联……他之所以不顾一切,不顾我会出卖他的危险来提醒我,说明形势已经非常紧急了,我的处境已经非常危险了,他不忍心看到我遇罪受难……这纸上点点滴滴透露着吕小刚对我的真爱,我鼻子一酸,眼泪流了下来,滴在纸上。

我痛苦地思索起来,陷入了深深的矛盾之中。我听到了吕小刚的声音,他一直鼓励我站出来勇敢地切割。可我站不起来了,更不用说切割了——我拿了东方数码城的利益,张国平给的1 000万,这就足够使我坐穿牢底……我鬼使神差地拿起电话，叫张国平赶快过来，说有要事通报。

张国平很快就到了，我温和地对他说："国平，我们内部不能再斗了。"

"是啊，船沉了对谁都没有好处。"张国平看着我，等我挑明意思。

我把吕小刚给我的纸递给他。

他一看就傻了，半晌才开口问："确实是吕小刚给的？"

我点点头。

"顾一成太可恶了！吕小刚还说了些什么？"

"没有，他不会说的。透露到这种地步已经相当不错了，他也是犹豫再三，顾虑重重的，就担心我会泄露出去。"

"这会不会是个圈套？想诈我们？"

"不敢这么推断。不管是不是圈套，我们都要认真对待。"

"有人想置我于死地？"张国平的眼睛里充满了恐惧。

"现在说这些空话有什么用？"

"你想说什么？"

我突然发现惊恐中的男人比女人更脆弱，比猪还愚蠢。"你把全部情况告诉我，我才能分析透彻。我保证不争不吵，该划清的利益划分清楚，绝不多要，谁也不要越界。事到如今，内部团结最重要。"我说。

张国平似乎有些激动地说："关键时刻只有你才能想到我，支持我，不像有的人只会吵闹，甚至威胁要破釜沉舟。

"不必说这些了，讲实际问题吧。"

"这……"张国平刚想开口，又犹豫起来。

我紧逼道："你不要把我当傻瓜，我只问你利华集团是怎么回事？"

张国平犹豫了许久，终于说："事到如今，也只有这样了。不过你讲的话可是当真？"

"当然。"我肯定地说。

"利华集团是省里的一家私营企业，东南银行成立之初，它以集团下面利华投资公司的名义参股1个亿，以后又增持了一部分，现在总共3亿股，是占股比较多的股东，但没进董事会。你也知道，东南银行第一大股东就是省金融投资集团，财政厅的背景。"

"这个我都知道，你拣最要紧的说。"

"利华集团为了铺设网点，扩大规模，及早上市，以所持有的3亿股作抵押，向孔红借了8个亿……"张国平忽然停顿下来，喝了口咖啡。

我不催他，等他编好故事。其实他屁股一撅，我就知道他要拉什么屎了——他盯上了这3个亿的股份。接下来的推论就很清楚了，他想拿这3个亿股份，如果他拿到了，不仅能成为东南银行的股东，而且只要一上市，这3个亿就会变成30个亿……突然，我脑袋"嗡"地一下炸开了：难道这30个亿全部归鲍敏洁和陈老板了？这块利益太沉重了，一下子冲毁了衬垫在我刚才的承诺后面的精神支柱，我要改主意！我不怕张国平恼怒，是他欺骗我在先，是他隐瞒了我这么一大块利益……我一阵悲哀，我发现在我们的圈子里只有阴谋，没有诚信。

"我和陈老板都想成为东南银行的大股东。只可惜没有钱，也没有收购股份的机会。当孔红告诉我利华集团的孙利华董事长想借8个亿的时候，我觉得机会来了，就和陈老板商量，决定由我出面亲自和孙利华谈……”张国平又停顿下来。

“你们是怎么谈的,怎么挖的陷阱?”我有些不耐烦了。

“孙利华一开口我就听出来了,他头脑发热,想过度扩张。我就正好帮他升温,让他发高烧。我承诺一定支持他,要多少钱贷多少钱。他果然头重脚轻了,不顾一切地进入了疯狂发展的快车道,除了借我们银行的钱以外,还借了许多高利贷。我就单等他资金链条紧张时,抽银根,逼他还,逼迫他把 3 亿股份转让给我们指定的公司——正全公司。现在钱都准备好了,只等瓜熟蒂落……”

“那收购资金就是东方数码城的一部分销售款,加上金穗集团给正全公司的一部分?”

“是的。”

“陈老板从堡城房地产公司的 10 个亿中挪出的 5 个多亿怎么还?”

“他用 5 个多亿去买一块土地,扣掉总成本,其中包括归还银行贷款本利,开发净利润就是 7 个多亿。除此以外,我答应帮他搞定利华集团手里的股份,当然也为我。”

“你的就是鲍敏洁的?”

“鲍敏洁哪有这个福分,她只有一小块……”

“怎么又停下了?”

张国平在隐隐发抖,只见他死死咬住嘴唇,就怕再漏话。

“你说呀。”我不想再给他编故事的时间。

“这和你没有关系,真的不要逼我了……请相信我,不会伤害你的利益。”

我无从辨别张国平的发誓是真是假。不过我轻松了许多,毕竟知道了底细,知道了还有多少东西应该属于我。

张国平说:“全都告诉你了,你可要遵守承诺,一致对外。”

“嘿嘿……”我笑了,点了点头。可这种承诺又值几个钱?而且我已经想好了,至少要让张国平割给我一半——1.5亿东南银行股权。其余的我不是不想要,而是掂量过其间的艰险,我害怕。

张国平忧心忡忡地看着我,可能从我的笑声中察觉出了异样。

我没有理会他,思绪滑向了另外一个问题——我不能抓着财富坐守在家里,等人家来清算。我也应该像许莉那样办投资移民,和林杰一起走。因此,眼下最要紧的是“拖时间”,不要让案情在近期暴露。我对这个案子必将败露已经没有任何悬念了。

“你这一笑让我很害怕,你到底是怎么意思?”张国平问。

我冒出一句:“顾一成不能留。”

“那就做掉?”

我狠狠地点了一下头,说:“你们对他太软了,他才有到处乱说的机会。”

张国平迟疑了一会,点点头,说:“我去和陈老板商量一下。”

“老崔呢,就是金穗集团过去的律师?”我突然问道。

“你怎么关心起他来了?”

“你们把他弄到哪里去了?我只想知道,你们的手脚是否利索、干净。”到了这一步,我知道自己已近乎歇斯底里了。

张国平不敢正视。“你放心,过几天领你去见见。我真为你高兴,你我终于走到一起了。”他说。

是啊,这些证人过去都是为我和吕小刚工作的,如今我怎么会想到要除掉他们,杀人灭口的呢?

24

吕小刚：李强狠狠地训斥了我一顿，还约了一个分管他们的王副总编找我谈话，让我不要再参与这个案子了。他们有些话很难听，根本就在怀疑我是张国平、俞芸的内鬼，还暗示事后将严肃处分我。

我把那张A4复印纸交给俞芸母亲的时候，我知道自己在做什么。我已经预感到了我感情用事、感情冲动的后果，可我愿意。

顾一成告诉我，他现在的压力很大，银行里许多人都不搭理他，有些人见到他还咬牙切齿，恨不得将他撕成碎片。他怀疑自己已经暴露，不排除孔红、张国平用逻辑推断方法锁定了他；他更怀疑是我们里面的内鬼出卖了他，那个内鬼就是俞芸。讲到俞芸名字时，他的眼神十分诡异。我知道在一般人眼里，我便是俞芸，俞芸便是我。

顾一成同时将自己的疑虑告诉了李强。

李强狠狠地训斥了我一顿，还约了一个分管他们的王副总编找我谈话，让我不要再参与这个案子了。他们有些话很难听，根本就在怀疑我是张国平、俞芸的内鬼，还暗示事后将严肃处分我。

我恨俞芸，这是我有生以来第一次恨她。我不仅因自己被出卖而恨她，也为国家、社会和她自己而恨她。

不过令我欣慰的是，我听出来了，报社领导对这个案情的态度是，坚决彻查到底。

我回到自己原先的办公室，瘫倒在坐椅上，昏昏沉沉地整整一天滴水不进。

下班时间已经过去很久了，办公室里只剩下了我一人，我想站起来，可是身子不听使唤。我半眯着眼睛思忖着怎么办，就觉得有个身影靠近过来，我想知道是谁，可是就连睁开眼睛的力气都没有。

“不舒服吗？”黎琳关切的声音。

“你怎么没有走？”我反问道。

“我不放心你一个人在这里。”

“现在几点了？”

“九点了。”

“噢，这么晚了，那我们走吧。”我摇摇晃晃地想站起来。

黎琳扶住了我，说：“你准备去哪里？回家？”

“那个家还能回吗？”

“那……还能去哪里？”我迷茫了。

“那就去我的住处。”

我微微一愣。

不知怎么的我就来到了黎琳的住处。黎琳招呼我在沙发上躺下，温柔地说：“我知道你一天没吃东西了，是不是要弄一碗鸡蛋挂面？”

我点点头，心头一阵感激——这活原来是我替俞芸做的。我曾经把她捧在手里，护在怀里，可到头来还是背叛了我。我的眼睛红润了。

黎琳把面条端到我的面前，看着我吃，那稚气的样子让我疼惜。我觉得她今天特别可爱、动人。

大概是我的眼睛里流露出了温情，黎琳的面颊微微一红，躲开了我的目光。“今天我见你去副总编室了，领导说了你些什么?”她问。

“我在俞芸那里陷得太深。”我答道。

“我理解，你对她爱得太深。”

“我最恨的是我的一片苦心却拉不回她。如果能拉回她，我宁愿放弃一切，不要说处分了。”

“说这些都晚了。我觉得你现在应该想方设法把顾一成保护起来。”

“哦，幸亏你提醒我，要不是你的提醒，我还只顾抱怨自己。”

“保护好顾一成，不仅是你做人的准则，也是给领导一个说法，以证明自己清白。”

我默默地点点头，深情地看着她。这次黎琳没有躲避，而是直视着我，仰起头。这似乎是个暗示，可我犹豫起来：我将要被处分，又是个有妇之夫，如果我接受她的爱，肯定是对她的不公。我只能忍住，装作看不懂。

我说：“怎么保护他，我得想一下，不过，还是由你出面和他保持联系比较好。”

“顾一成被贬到外地的一家支行去工作了，他打算找到新的工作单位就走。”

我不安起来，说：“快，快告诉顾一成，一个人在虎狼穴里生活，千万要当心被陷害。那些虎狼之人很烂，很卑鄙，什么都干得出来，千万不能大意，比如，最常见的几种遭陷害可能，或者说最需要提防的是：一、不能去声色场所；二、晚上避免单独出门；三、要以平常心态看待公款，即使别人动了，也不要眼红……”

黎琳埋头认真、仔细地做着笔录，我偷偷凝视着她黑亮柔软的秀发，心头一阵阵发热——冷漠包围了我，只是这里才有一点温暖，只是她还一如既往地在乎我。

事后，黎琳一直和顾一成保持着联系。可有一天晚上，黎琳突然联系不上他了。这令我焦虑万分。

又过了几天，我无意中接到顾一成的来电。在电话里，顾一成说："黎琳一直在我面前说你正直，我相信你。现在只求你一件事，无论如何不要说是我向你们告的密。"

"你到底发生了什么事？"

"我……我上了他们的圈套。"

"什么圈套？"

"前些天晚上，我们支行为庆祝完成季度任务去喝酒，酒喝到半夜，支行行长提议去按摩房找小姐。"

"你去了？不是提醒过你的嘛！"

"那天喝多了，再加上心情一直不好，还有，又不是我一个人去，所以我就……我平时还真不去那些地方的。"

"被警察抓住了？"

"是的。可是我没有和小姐干过分的事。"

"那其他人呢？"

"一个都没事，感觉是冲着我一个人来的。"

"你……叫我怎么说你，又怎么保你？现在是怎么处理的？"

"总行党委下文件了，叫我停职反省，听候处理。我听说是开除，饭碗不保。"

"这样的话，你去其他银行就难了……"

"是的，可我不服。在东南银行分行长、支行长里头，在外面直接和小姐干的被警察抓现行的就有好几个了，都让张国平捞出来，一个都没事。"

“现在说这个有什么用。”我沉思起来，想着如何帮顾一成一把。

一些日子以后，黎琳告诉我说：“顾一成被开除了，孔红可高兴了，到处说顾一成污蔑她是‘婊子’，靠睡觉睡出了位子，结果呢？顾一成自己玩婊子，也当婊子，是个男婊子。孔红还用短信把顾一成在外面被警察抓住的消息通知了顾一成老婆，惹得他老婆在家里闹得天翻地覆。”

“怎么这么缺德？”

“更揪心的事还有呢……顾一成有个儿子被确定为‘白血病’，需要花很多钱买进口药，否则就有生命危险。顾一成家里收入并不很多，老婆是从外地调来的，还没有固定工作。如今顾一成失去了工作，家里就更困难了。他老婆整天以泪洗面，日子过得真叫难啊。”

“他们家里应该有点储蓄吧？顾一成原来的收入还是可以的。”

“是的，可就在前几天，有一伙人化装成自来水公司的修理工到顾一成家里，他们把顾一成老婆绑了，用短刀顶住她的腰，逼着她交出银行卡、存折、身份证和密码，抢走了他们家几乎所有的存款，临走时，几个人还剥光了顾一成老婆的衣服，轮流猥亵，弄得她浑身伤痕累累。直到两天后多亏了她母亲发现，这才送去医院。”

“那他孩子情况现在怎么样了？”我问。

“医院开出了‘病危通知’，叫家属做好最坏的思想准备。顾一成的老婆精神恍惚，似疯似癫，目前根本照料不了儿子。”

“怎么这么残忍，简直是灭绝人性。”我忿忿地说。

“听说警察正在追捕这帮歹徒，有迹象表明，他们抢劫顾一成家不是出于偶然，而是有人故意把顾一成家里的情况透露给了他们。”

我拳头攥得紧紧的，浑身血液奔流涌撞着，无法平静，并且不断地涌现出一个念头——报仇。

我以一个陌生人的名义注册了一个博客，并且发表了一篇题为《东南银行的黑内幕：张国平是金融界的黑老大》的报道，文中列数了金穗集团、实野公司、正全公司、堡城房地产公司等的罪孽，文末的署名为“圣斗士”。

然而仅过了两个小时，我的这篇博文就被封杀了，可已经转载或下载了数以千计。

黎琳打来电话：“你看到‘圣斗士’在博客上发的文章了吗？”

“看到了。”

“这多半是顾一成干的。这不是打草惊蛇吗？”

我平静地说：“是啊，可是从他的角度来看也好理解，因为他担心我们的调查结果会被张国平找的人脉关系湮没！”

“是啊，好在那篇文章只是点到为止。”

此后，我便再没有了顾一成的消息。

我很纳闷，是活的应该有口气，是死的应该有具尸吧。

25

俞芸：我汗毛直竖，心里发怵，不要说人生自由，老崔连发声的权利都被剥夺了，这哪里把他当人看，简直是在对待畜生。我略微回侧了一下头，看见张国平端坐着，很平静，简直就像个冷血的畜生，如同经历过许多回这种场面似的。不过我一惊一咋之后，也很快平静下来，因为我已经学会了残忍，适应了血腥。

我看到了“圣斗士”发表的博文，惊恐异常，觉得天都快塌下来了，垂死挣扎成了我本能的反应。

我最不放心的就是那两个证人——老崔和顾一成。张国平要我放心，他都处理好了，或者正在抓紧处理。我不相信，我要眼见为实。

“那好，我去安排一下。”张国平说。

当天晚上，张国平就驱车带我来到郊外的一家精神病防治中心。我们没有进去，而是停在附近的一个绿化林里。林中不见灯光，月光却洒了一地。

张国平冷冷地说：“别出声，等一会就能看到了。”

我惊恐不安地透过正前面的挡风玻璃注视着前方的一块空地。不一会儿，一辆奥迪车驶来，停在那里，先跳下两个男人，接着从车里拖出一个瘦小的身躯，朝我慢慢移动过来，停在了我的车头前。一个人抓住他的头发用力往上拽，让他的面孔对着我；另外一个用柔和的手电筒光亮照着他的脸，让我看清楚——这张脸木讷，左右摇晃，目光呆滞、飘忽，是一个典型的精神病重症患者。

我吓了一跳，这人就是老崔，金穗集团过去的律师？上次在天河县见面时，曾是那么机敏而深邃，和眼前的这个完全判若两人。

老崔痛苦地挣扎起来，想叫。我相信他已叫不出人的话语，因为脖子上的绳索勒得紧紧的，卡得他发不出声音。一个人狠狠地踩了一下老崔的小腿上，老崔趴倒在地上，接着又是一棍打下去，老崔不动弹了，可大腿还在痉挛、身子还在抽搐。

我汗毛直竖，心里发怵，不要说人生自由，老崔连发声的权利都被剥夺了，这哪里把他当人看，简直是在对待畜生。我略微回侧了一下头，看见张国平端坐着，很平静，简直就像个冷血的畜生，如同经历过许多回这种场面似的。不过我一惊一咋之后，也很快平静下来，因为我已经学会了残忍，适应了血腥。

老崔被重新拖上了车，随着车子离去。眼前又恢复了死寂，刚才的那一幕就像幽灵起舞，随风而散。

“这下该放心了吧？那我们就走吧。”张国平的声音在黑暗中响着，“什么叫政治？政治就是你死我活，如果我们败了，我就有可能处在他的位置上。”

我后来还得知，顾一成也正被陈老板派人追杀得销声匿迹。

惊心动魄的日子暂时过去了，可我知道眼前的平静是暂时的，仇恨在那里，罪孽在那里，会不被清算吗？我根本不敢往前想，往前想又能想出什么呢？既然走上了这条路，就没有未来。我只能催着林杰抓紧落实投资移民的事。

张国平又像没事似的，把我叫到公寓里来住，让我夜夜陪侍他睡觉，简直把我当作了性奴。“畜生。”我心里骂道。我已经看透了他，从头到脚，从里到外，从灵魂到皮囊，到处都肮脏得散发着霉臭味。

几个月以前，我在他的车上，亲眼看到他的车子因为被一个农民工手上的废铁皮划了一下，他竟然默许自己的司机把人家打得跪在地上。那个农民工浑身是建筑的尘土，而张国平却衣冠楚楚。他瞥了一眼窗外，轻描淡写地说："这个世界上坏人很多，你要是软弱，他们就会欺负你。"

我感慨地问道："什么是坏人?"

张国平列举的一大套标准，譬如下贱、心坏、不诚实、喜欢耍阴谋……

这些个标准都无法量化，有说服力吗? 张国平就喜欢使用这种无法量化的标准，这样就给自己留下肆意解释的余地。其实，依我看来，区分好人还是坏人的标准很简单，那就是法律，以是否违法、是否有罪孽来定夺。这不仅清晰可判，而且有说服力。按照这条准则，张国平绝对是坏人，我也不是什么好人，还有孔红、鲍敏洁、陈老板，等等，统统都是坏人。

我承认，我现在的心理素质要比过去强多了——虽然站在悬崖边上，悬在了锋利的竹钎上空，可一样吃得下，睡得着，只是偶尔会触景生情地恐惧一番。

不过烦心事总还是有的，譬如鲍敏洁也生儿子了。如果这个儿子是张国平的，他自然而然地要分享张国平的一块财富，如果不是的话……我第六感觉告诉我，这个儿子是陈老板的。

眼下要做的就是揭露鲍敏洁儿子的真实身份，让张国平明白，他拼了老命要抢夺的利华集团手里的 3 个亿东南银行股权，到最后很可能会竹篮打水一场空，白白地便宜了陈老板。陈老板的阴谋很明显，就是怂恿张国平把这块资产中的一部分留给鲍敏洁的儿子，实际上就是留给他自己。

我找到了省红十字医院里的一个关系，得知鲍敏洁的儿子留有脐带血样本和基因样本。我又找人联系上了一个副院长，并约好三天后去取检测报告。那天他正巧轮到值班，要很晚才能回家。

我带着两万元现金来到医院，副院长显得格外热情，东套西绕地和我拉了一阵子家常、包括幼儿保健知识等等，就是不提检测报告的事。

“报告呢？”我实在憋不住了，打断他。这事对他来说无所谓，可对我来说却是至关重要。

他显得有些为难，说：“我是答应过你的朋友帮这个忙的，因为我欠过他一个很大的人情。可是过后我又觉得这样做不妥当，因为医院有规定，不可以这样做。昨天我们还处理过一个医生，他偷出DNA检测报告给了第三方，结果陷入了一场财产纠纷案，惹出了官司，如果我们医院败诉的话，就得赔上几十万。”

我一下子懵了，可我又不能得罪他，我是求人办事呀。我耐着性子向他解释，反复保证绝对不泄露出去，同时，我取出装有两万元现金的信封交给他，他却坚决不收。

更让我意外的是，他反而套我的话，问我为什么一定要这份检测报告。我连忙编了各种理由加以解释，可他的眼神告诉我，他不相信。

过了一会儿，他要告辞了，说：“让我再考虑一个晚上，明天上午给你一个确切的答复。”

我知道这是一种托词，可不答应又能怎么办？俗话说夜长梦多，我决定回去后立即再找那个朋友来游说。

副院长陪我走到医院门口，指了一下边上停着的一辆黑色奥迪，说：“正巧有一个朋友想认识你，就上他车里简单打个招呼怎么样？”

我惊讶地看着他，他微笑的脸上似乎没有恶意。这时车门推开了，我大吃一惊。陈老板微笑着下了车，说：“请上车谈吧，就几句话。”

我身不由己地上了他的车，也很想知道他要谈什么。

“没想到你还是保养得这么好。”陈老板开口道。

我彻底明白了，陈老板绝对不是偶然才到这里来的，是他和这个副院长约好的，而且他们之间的关系非同一般。我装作若无其事的样子，同样笑道：“真巧，陈老板来医院也有事吗？”

“为其他人的事来找院长，想安排个床位。”陈老板又打量了我一番，尤其在我胸脯上扫了好几个来回。

“你要没什么事，那我先走了。”我刚想推开车门，陈老板拉住了我的手。

“不要急，既然碰到了，就好好商量，敞开谈，怎么样？”陈老板的态度很温和，手却没有放松。

我觉得这个举动已经超越了想阻拦我下车的意思，我便用另外一只手扒开他。

“抱歉，抱歉。”陈老板连声说。

“知道抱歉就可以了。”我冷冷地。

“打开天窗说亮话吧，这份小孩的 DNA 检测报告你不要拿了。你想拿在手上干什么？又想证明什么？传出去对谁都没有好处？张国平会因为这个儿子丢掉官位，他一旦没了权，很多事情就会暴露。”

我也始终保持着微笑，很淡定，因为我的看法恰恰相反——如果这个小孩不是张国平的，那么不正好可以平息外界的传闻，还张国平一个清白，而且还可以让张国平清醒……

我也真为张国平叫冤——这么个几乎是半透明的阴谋，他怎么就觉察不出来？

陈老板见我不回答，凑近我说："听我的，我们内部就不要发生误会了，和为贵嘛。"

一阵腥臭扑鼻而来，我尽可能远地躲避他，真没想到陈老板竟敢轻薄张国平的女人，这说明他骨子里就没把对方放在眼里。

"真的不要再发生误会了。你不就是想赚钱吗？其实，直接和我们合作也可以，10 个亿、20 个亿，也是有可能的。对了，这是你的冈比亚护照，张国平要我替你准备的，也是我劝他这么做的。"陈老板说着，从包里拿出一个信封递给我。

"我怎么不知道这事？那就谢谢了，"我接过后说，"我可以走了吗？"

"可以，咱们以后多合作。"

我开着自己的车走了。一路上，我的情绪很激愤，我不能接受陈老板的威胁、恫吓，而且陈老板的出现已经证明了他心里有鬼，证实了我的猜测。我唯一需要做的，就是坚决把这个谜底揭开，哪怕天塌下来。

回到家里，我又打电话给那个朋友，请他无论如何帮忙。

那个朋友说："你放心，副院长不愿意干，我再找人，一定想办法给你办到。"

"谢谢，我愿意出 5 万。"我一咬牙，脱口而出。

"不用，这是有人关照过的。"对方说。

我一头雾水——谁会在暗中关照我？谁又在关注这件事？难道我无意中又成了另外一个计谋的棋子？这个计谋的策划者又是谁？为什么……我努力回忆、搜索起各种可能的迹象，似乎有些感觉，可又都不像，说不清楚。可不管怎么说，这不是好兆头，因为没有人会真心实意地帮助我，都是各有所图，各怀鬼胎，都是想制造事端，把我们搅得天翻地覆,以便他们鱼翁得利,或者出口恶气。

迷雾翻滚着,越变越大,最后成了一片浓密的雾气。我解不开,穿不透,也不知道雾气里还会滋生出多少阴谋。我的自信心受到严重挫伤。我只能宽慰自己,是否因为过于紧张才有这种感觉,这种思绪的游离。我确实很紧张,紧张得快要崩裂了,不是因为一两件事情紧张,而是整个这一段时间,这段时间里的日日夜夜,这段时间里的是是非非。在这一段时间里,我融入了瓜分财富的"淘金"人群,为了攫取一笔笔财富,为了揭穿一个个阴谋,为了平息一个个愤怒,我绞尽脑汁,出生入死,差点丢了性命,如今筋疲力尽,却仍然没个尽头。我害怕了,体会到自己一生中最幸福的时光还就是和吕小刚相守相拥的那些日子。那时候,自己就像沐浴在春天阳光下的蝴蝶,在绿色的大地上翩翩起舞。这样的日子虽然没有移山填海的财富,却也没有因为这些财富而陷入恐惧、紧张和血腥。难道温暖、惬意和轻松,不是一种幸福?人一辈子拼斗图什么呀?这样平静、温馨的生活我还能有吗?

几天后,那个朋友来了,交给我一份鲍敏洁儿子的 DNA 检测报告,我大喜过望。"你是怎么搞到的?"我问。

"请省公安厅朋友帮的忙。"

"你怎么能找他们呢?让他们知道了还有好吗?"

"你放心,有人打好招呼了。"

"是谁?"

"你不要老纠缠在这些问题里,不要放不下。这个社会本来就很小,省里上层人物的圈子更小,你我可能都有一些共同的朋友和共同的敌手。"

“都是老朋友了，为什么不能讲得更明白一点？”

“那人只要我把这东西交给你。”那个朋友递上一个大信封。

我接过那封信，拆开一看，暗暗吃惊：整封信只讲一件事，就是当初张国平在挪用银行资金购买招商银行股票赢利后，挪走的另外1个多亿的事——那些钱可能的去向、可供进一步调查的线索、相关人员的姓名、银行的名称，等等。

我立刻明白了，这是许莉干的，因为这些情况除了张国平以外只有许莉知道。可她为什么要这么干？只有一种可能，她就是要告诉我，能够保护张国平的那顶伞可能在哪里，提醒张国平，她已经掌握了张国平的核心机密，必要时会不顾一切地击毁它，让张国平暴露出来，打得他身败名裂。我马上又想到，在这帮人中间，没有情谊，没有信任，只有利益算计，只要算下来对自己有利，什么损人利己的事情都干得出来。

我为自己能及时识破许莉的阴谋而感到欣慰。不过我马上又恐惧起来，意识到自己的处境非常凶险。不说别的，单说许莉，她如今站在岸上，我泡在水里，她可以不顾一切地兴风作浪，每一阵风都会把张国平掀翻，每一个浪都可把我打沉。

那个朋友为了释缓一下气氛，换了一个话题说：“最近我发现张国平的情绪很低落，有人告诉我，他当省政府秘书长的事恐怕要搁浅了，因为省委组织部在听取各方面意见时，争议很大，尤其是他老婆的事。”

“可他们正在商议离婚，好像快解决了。”我解释着，心里暗暗敬佩起许莉来——别看她断文识字不如我多，可极度聪明，拿了钱见好就收，不再去贪图5个亿、10个亿的，而且这5个亿、10个亿的还都在她的掌控之中，她随时可以让一群执迷不悟的人梦碎魂飞。

我暗自责骂，怎么就随随便便拿出人生来赌博，要赌博就会有崩盘，崩盘就意味着粉身碎骨，简直傻到了家！骂完了，我冷静下来，开始琢磨是否要顺着许莉提供的线索搞清楚问题。经过一番思索，我下定了决心，要把事情搞清楚，把主动权攥在自己手里，万一有什么事，可以和那把伞达成默契；至于具体是什么默契，我也说不清楚，只觉得主动总比被动好，埋下伏笔也算是未雨绸缪。

调查工作还算顺利，忙碌了一阵子后，我有点收获——资金线路图很简单，那 1 个多亿只转了两家银行，就进入了一个账户，以后又转走了……我决定继续追踪下去。

林杰一个劲地催我赶快和一家律师事务所碰面，进一步落实我们投资移民的事。为了做事隐秘，不让张国平和陈老板插手我和林杰移民的事，我们选的那家律师事务所不在本市。

约好时间后，我带上林杰开车赶了过去。

林杰说："上次我和他们都谈好了，投资金额大概是每人 50 万美元，加上律师费等费用 5 万美元，一共 55 万，算到头 60 万，我和你两个人一共 120 万美元，大概 800 万左右人民币，五年以后还本。不过投资的项目似乎有点风险，我们也控制不住。"

"现在都什么时候了，只要能拿到定居证，就是这 800 万全部扔了也值得。我们不缺钱。"我说。

"律师还说，只要钱到账，一个月内就能拿到定居证……"林杰不安起来，不断朝后看，"好像有情况……"

"什么情况？"我也跟着紧张起来。

"好像有人在跟踪，那辆宝马已经跟了我们很长时间了。"

我瞥了一下右侧车外的后视镜，又瞄了一眼正上方的后视镜，果然发现一辆宝马,便问:“是它吗?”

“是的,跟着我们出的城。”

“那我们提前一个口子下高速公路,看它怎么走。”我说着就变道驶向右侧车道。

果然,那辆车也跟了上来,我的心差点跳出来。

我出收费口一拐弯,那辆车就赶了上来,把我逼到路边。我本能地跳下车拼命跑,才发现这里是一片绿化带,没有出租车,也没有行人。林杰跑在我后面,抵挡着追上来的四个男人……

我在绿化带尽头上了一辆出租车,回头没有看见林杰,也不敢怠慢,催着司机赶紧走。我知道林杰会拳脚,身体好,灵巧,经验丰富,而且四周又都是绿化,应该不会吃什么大亏。

我不敢回家,躲在一个酒店的咖啡吧里不停地拨打林杰的手机,过了很久才打通,我松了口气。可是林杰告诉我,他有事要处理一下,不能马上过来,要我耐心等着。

以后我就没有了林杰的消息,最后他还关了机。我害怕起来,后悔当时不该撇下林杰。

晚上,林杰主动来电话了,说:“他们想和你通电话。”

“谁想和我说话?你在哪里?”我很吃惊,也没有等来林杰的回答,却听到电话里有人在抓抢手机的声音。

手机里传来了一个陌生男人的声音:“只要你过来,什么都好谈……”

我手脚发抖,浑身直冒冷汗,毫不迟疑地打通了张国平的电话,请他拿主意。张国平向我要了林杰的电话号码,要我等十几分钟,让他回个电话过去,听听对方是什么意思,并且了解一下对方是什么人。

半个小时后，张国平来电话了，狠狠地抱怨道："你碰天，碰地，也敢去惹他们？你们怎么瞒着我干这样的傻事？你别走，我一会儿就到，只有我陪你去才行。"

我急得没了主张——唯一的靠山张国平也矮他们一截，我还能怎么样！我不由得把那伙人和我调查的事情联系起来，想到张国平打死也不说的神态，觉得这潭水非常深，非常浑。我开始为林杰和自己的命运担忧，自言自语地说："怪不得许莉不敢轻易去捅这个马蜂窝。"

等了很长时间，张国平来了，他压低了声音介绍道："林杰本来已经逃脱了，躲在绿化林子里。可他们离开时，林杰偏偏又开车跟踪他们，一直跟进一家酒店，看他们进了一个包房……事情如果到此为止也就结束了，可林杰却叫了一帮人来，带着棍子，冲进去就打，就逼问，他们中跑得快的都逃走了，跑得慢……结果就不要说了，有一个还被开了瓢，那真是冤枉到家了。那个人根本不知道先前高速公路上发生的事，是原来就约好今天晚上去那酒店和他们聚会的。那人的父亲可是分管公安的市委副书记，你们不仅动了地头蛇，而且又是天大的冤枉，人家能饶过你吗？"

"那现在怎么办？"我慌张地问。

"我只有向人磕头了，而且还不知道人家领不领情。不管怎么说，你都得露面，去认错，去赔礼。"

"我……我害怕……"

"不去怎么行呢？如今你们姐弟俩的胆子是越来越大，一动就撒野，就殴斗，都成什么样子了，不知道天高地厚。"

"你代我求求他们吧……"

"不必太担心，有我在。你只要在他们面前低个头，认个错，没什么了不起。韩信还有胯下之辱，英雄在于善变。”

“那就依你的。”我怯生生地说。

“这就对了，我保证把林杰领回来，完璧归赵，余下来的事情就交给我了。不瞒你说，我已经代你向他们认错了，而且已经约好了在那里的太平洋大酒店，是用你的名字订的包房。”

“谢谢了。那他们到底是什么背景？”我问。

“唉……”张国平叹了口气，摇了摇头，一副高深莫测的样子，“你打听这些干什么？你去查银行的账干什么？要知道那么多干什么？不要问了，你只管认错就是了。”

我低下了头，认了。

一进太平洋大酒店的包房，张国平就拱手作揖，笑着向已经等候在那里的几个人说：“对不起，对不起，大水冲了龙王庙。”

林杰龟缩在角落里，不敢抬头，也不敢声张。

“对不起各位大哥，对不起。只怪我家小弟年轻，我办事欠考虑。我一定赔大家的，不论多少……”我附和着说，越说越利索，什么奉承的话都说出来了，没有丝毫心理障碍。

他们开价300万，张国平一口答应。我也不敢再去问津这背后的故事了。这是我有生以来第一次“不敢”。

回城的路上，张国平意味深长地说：“不过问就对了。其实，这也是为你埋下的一个伏笔。”

“伏笔？”我瞪大眼睛，装作什么都不知道。

“看你一副天真样，”张国平说，“还是那句话，不要多问。宝贝，你在这条道上还很嫩，切不可瞎闯。”

我乖巧了好多天，温顺得像一只宠物狗一样，尽量哄张国平高兴,什么事情也不敢提,其中包括利华集团那3亿股东南银行股份的事。可不提又怎么办?总不能眼睁睁地看着那笔财富被鲍敏洁、陈老板他们拿去吧。

我很清楚张国平的算盘:他为自己生命中最重要的四个女人都做了安排——许莉和儿子带1个亿出国,鲍敏洁和他的儿子拥有一部分东南银行股份(尽管目前还在利华集团那里),我和儿子分得全部东方数码城的收益,孔红有100万,加上升官、提薪、分红包。

我不知道这种分配原则的由头是什么,为什么张国平就认为合理,要我们四个接受。我不管她们接受不接受,反正我不接受。我要打破这种所谓的平衡,还是那句话,至少要夺得东南银行1.5亿的股份,因为我儿子是正宗的。

我决定继续追踪鲍敏洁儿子的真实身世。为了不过分刺激张国平,我想到了耐心等待。我知道只要有耐心就一定会有机会。

果然,机会不久就来了。张国平告诉我说,今年去省医学院做身体检查的安排已经下来了,是两周以后。我暗自高兴,只要找到关系,就能从他被抽取的血液里提出一部分来做DNA检测。我不担心找不到这样的关系,我相信只要肯花钱,譬如5万,或者10万,也可能只要2万,就有人愿意干。我现在真不缺钱。

我终于拿到了张国平的DNA检测报告。经过医生的比对,这个成年男人和那个小孩之间不存在血缘关系的概率大于百分之99点9。

我一阵惊喜,马上又意识到接下来要做的事情更多、更难、更危险。因为这份报告很可能使张国平改变主意,不愿意再把一部分东南银行股份留给鲍敏洁和她的儿子,更确切地说是留给陈老板了。

陈老板一定会玩命，会杀人，包括杀我；并且我从他的眼神里已经解读出，当他有一天要杀我时，一定会在杀死我之前把我玩够，让我既遭活罪，又受死罪。

我开车回到家，看见果果无忧无虑地在梦乡里微笑着，心里不由酸楚起来。我觉得自己就像一只稚嫩的小鸡，无助而可怜。我不敢想象，如果这个世界上没有了我，我幼小的儿子将怎么活？正在这时，门铃先响了两下，后响了一下——这是张国平和我约好的信号。我条件反射似的把两份报告塞进果果的枕头下，随后才去开门。

为了创造悲情气氛，培育他怜香惜玉的心境；也为了做好接下来谈话的铺垫，让他确信我是在维护他的利益，我趁他还没有站稳，就一下子扑到他的怀里，哭了起来。

他吻了我一下，捧着我的脸给我擦眼泪，痛惜地说："怎么回事？"

"我害怕……"

"不要害怕，不是一切都摆平了？"

"我也不知道是什么原因，就是怕。"

"既然不知道，那又何必害怕呢？"

他被我的眼泪感化了，我想开口谈 DNA 检测的事，可话到了嘴边又不敢吐出来。

"你好像有什么话要告诉我？"张国平说。

我考虑再三，还是没敢开口，因为我实在拿不准这个心肠铁硬的男人会不会说变脸就变脸。于是我引导他来到床边，陪他看果果，再给他一点温情。

他没有惊动果果，而是微笑地看着，眼睛里充满了慈爱。果果的小腿动了几下，哭了起来，可眼睛还闭着。张国平急忙抱起他，说："拿奶瓶来，我来喂。"

可就在张国平抱起果果的瞬间，他同时也发现了果果枕头下露出一角纸片，并且顺手将两份检测报告抽了出来。“这是怎么回事？”他脸色忽然难看起来。

“这……这也是为你好，怕被鲍敏洁忽悠了。”我壮着胆子答道，而且我故意选择了一个比较温和的词语——“忽悠”，而不是“欺骗”。

“你……你想干什么？”

“我只是觉得应该还原事实……”

“都什么时候了，还搞内哄！你以为陈老板不知道你已经拿到了这份检测报告？他还专门提醒过你不要这样做的！”

我委屈地哭了起来，嘟哝道：“反正我是为你好嘛。”

“为我？难道我真没看出其中的蹊跷？可我更知道这件事情的分量。你以为讲真话就是真理？绝对不是那么回事，一切都要符合最高目标和利益。只要利益需要，让这事成为一辈子的悬案又怎么样？”

“这应该是果果的财产，这个儿子才是真的。”

“胡闹！你知道我和陈老板是什么关系吗？”张国平愠怒地看着我，“红楼梦里有句话，叫‘虎兕相逢大梦归’。兕是什么？兕是犀牛，古人也把它看作猛兽。我和陈老板斗起来，两个都得死。”

“可你也不能眼睁睁地看着他骗你，玩你？”我说着又哭了起来。

张国平眼睛盯着地面沉思许久，才慢慢抬头看着我，目光怪异而多变，像是在盘算，又像是在掂量，盘算着亲情和利益，掂量着合伙和阴谋……终于，他似乎想透了，计算明白了，目光变得坚定起来。他拉着我坐到床沿上，一字一句地说：“这样吧，既然已经证实了那个小孩和我没有关系，我的疑虑也打消了，我会考虑好怎么办的。其实，我不是没有怀疑，也知道和他联手做生意会有这个危险，可这事急不得。不管怎么说，在所有这些人中间，你才是我最信赖的。”

“好，我听你的。可你知道吗，你的处境很危险?”

“你为什么说这些?”

“你如果控制不了陈老板的话，万一你给陈老板堡城房地产公司10个亿的贷款收不回来怎么办？换句话说，他拿挪走的5个多亿要挟你怎么办？你是不是还要再花20个亿去补，20亿以后那就是40个亿，雪球会越滚越大，什么时候是个头？一直到雪崩?”

张国平猛地抱住我，紧紧搂着。我感觉到他在颤抖，有泪水滴在我的脸上，是我的话点到了他的生死之穴。

可张国平毕竟是张国平，他很快就渐渐平静下来。“谢谢你，只有你真心待我，也只有你才有这样的智慧看透问题。我只恨和你相见太晚，只怨老天没有先把你安排给我，”他坚定地说，“这样吧，利华集团的事情你也关心着，也参与，但如何参与要听我的。不管怎么说，我要给你一块，不能让鲍敏洁、陈老板坐享其成。”

我心里充满了喜悦，我的目标初步实现了。至于说陈老板会怎么想，会有什么反应，我不管；反正前面有张国平顶着，后面有我移民作为退路。

26

孔红：我一阵窃喜，这不是明摆着有打击报复俞芸的人选和机会吗？我知道陈老板恨俞芸，也知道陈老板的厉害；我还要再往火上浇油，让他恨死俞芸，收拾俞芸，替我出这口恶气。于是，我添油加醋地把俞芸想介入、想控制这块业务的活动描绘得活龙活现。

道德，什么是道德？是那些酸秀才杜撰出来束缚他人的绳索。良心，什么是良心？是失败者自我安慰的阿Q精神。公平和正义永远只是理想，世界上从来就没有过真正的公平和正义，当一部分人说公平、正义时，另一部分人总是说不公平、不正义。

我从不理会那么多说教，更不会去作茧自缚。我只知道谁要是惹了我，谁要是侵犯了我的利益，我就和他没完，而且会不择手段。顾一成的下场就是最好的例证——他找小姐被公安抓了个现行，就是我设的局；把他家有钱的消息泄露给惯犯，也是我安排人去做的。我唯一的念头就是要把他搞得家破人亡，只有这样，我才解恨，才能警告仍想蠢蠢欲动的人。

张国平骂我逼人太甚，说这样做会逼出问题来的；又说我看问题太阴暗，容易走极端。我承认我看问题阴暗，因为我心理阴暗，这能全部怪我吗？张国平就没有责任？张国平心里就充满阳光？他三妻四妾，金山银海，想骂我时就骂我，想睡我时就睡我……我也有怨气，我能向谁说？为什么有些人能够靠家庭，靠钱财稳步向上，而我却要靠“卖”？难道我不知道靠床上功夫升迁是一种耻辱，会遭万人唾弃……

不过近来，张国平对我格外和善。我意识到这是他到了要对利华集团收网，掐断孙利华脖子的时候了；更重要的是，他需要我出面扮演这个恶人。可我不服，因为我将要做的一切都是在为鲍敏洁、俞芸做嫁衣服，都是一张床上下来的人，凭什么我的分量不如她们，甚至一个婊子？

晚上，罗志远来了，说是想我了。我很矛盾，想见他，又怕见他，怕他的手不老实。果然，还没有说上几句话，他就急吼吼地搂住我，亲我。我用力推开他，说："你胆子太大了，连张行长的马子也敢碰？"

罗志远嬉笑着说："他才是第三者，你和我本来就是相爱的一对，一见钟情，是他把我们活活拆散的。"

"胡说！"我火了，"那天明明是你设了局，把我献给他的！"

"嘿嘿，这一献，你就有了前途，难道不该感谢我吗……好了，我们本来就不是什么正经人，一对奸夫淫妇而已，还装什么正经。"

罗志远强势地剥去了我的衣服，死死地压住我，以为我会挣扎。可我却没有，这多少令他有些意外。他狐疑地看了我一眼，我回以微笑。其实，我是想借此报复张国平，谁叫他不把我当人看……完了，罗志远满意地笑道："感觉真不错，还和第一次一样。下面，我们谈正经事情吧。"

"你哪有什么正经，更别说正经事了。"我讪笑道。

"想和你联手做几单业务，做完了我们也走。"

"你大主任当得好好的，开什么玩笑。"

"你别执迷不悟了。你看人家许莉多聪明，一走了之。这也说明张国平已经做好了开溜的准备，你我还傻陪着干什么？"

"你也准备溜？"

“是的，不过我得捞一把才能走。”

“怎么捞法？”

“由你出面请张国平批贷款，他会同意的。”

我笑了，我有这个自信，因为张国平说过，如果我的朋友要贷款，不管干什么，尽管找他。他还给我出了个主意，说现在股票跌到底了，用贷款买一点，肯定发财。

罗志远说：“我想用朋友的账户借 5 000 万，去买股票……”

“怪不得张国平说你心有灵犀，老是和他想的一样。”我意味深长地说。

我和张国平约好今天在四季大酒店的一个行政套房里面谈。我领着罗志远介绍的一个年轻女人过来了，这女人姓童，非常漂亮。罗志远说，她是一家私募基金的总经理，很了不起，她的第一桶金是在华尔街淘的。我根本不相信他的鬼话，因为这女人浑身上下没有一点华尔街的气质，倒像是从高档的夜总会里出来的，多半是他在哪个会所里勾搭上的。

张国平一见童小姐竟眼睛发直，没聊几句就兴奋得不行，才思大发，滔滔不绝，顷刻间就把童小姐的整个魂灵拽进了自己的磁场，两人相谈甚欢，大有相见恨晚的意味。

我一直没有插话的机会，只能静静地等待着、观察着。我发现张国平的表演欲望越来越强烈，像一只雄孔雀在雌孔雀面前尽情地展现自己美丽的羽毛。我一阵恶心，心里嘀咕着，堂堂一个大行长为了这么一个下三烂的女人，至于这样激情四射吗？接着就是一阵苦涩涌上心头，想这张国平对我从来只有赤裸裸的肉欲，没有如此火燎的情感交流。

过了一会儿，张国平站起来要替她沏茶，童小姐追过去抢……这一来一往中，两人贴得更近了，童小姐的长发都扫到了张国平脸上，张国平也不回避，只顾享受着瀑布流水般的撩拨。

我眼前似乎就是一片非洲大草原，张国平如同一只发情的公斑马，见到母斑马就想趴上去，根本不在乎我在边上、我的感受。我实在看不下去了，站起来就想离开。张国平这才发现自己有些忘乎所以，又摆出一副一本正经的样子，没事似的坐回原处，让我介绍业务情况。我让童小姐自己说，我则尽量装出一副不愿意沾边的样子。

当晚，我们在楼下包房里吃饭，张国平满口答应了童小姐提出的贷款请求。

这笔贷款后来的确操作得相当顺利，股票也买了，我和罗志远只等着分红了。

一天，张国平把我叫去，说孙利华又去找过他了，因为利华集团资金紧张，还不出东南银行的8个亿巨额贷款，要他同意贷款延期归还——办展期，延期半年，最好是一年。

"我没同意，我对孙利华说，理由很简单，一展期，贷款的质量等级就会下降，银行就要多提呆账准备，这样势必影响银行的利润。"张国平振振有辞地介绍道。

"那你问过他原因了没有？"我很想知道现在是否已到了掐孙利华脖子的时候。

"问了，他说是他的企业扩张太快，当时是想到海外上市的，在香港见了好几家投行，那些投行都说，海外上市要有一定规模，年销售不能低于100亿，还要有够三年开发的土地储备，有25%的物业是自己经营的，有20%左右的年成长性。为了达到这个标准，他拼命借贷扩张，终于凑到了相应的规模，就指望上市以后圈钱还银行了，可偏巧海外发生了危机，许多投行倒了，他上不了市，资金链也就断了。前一阵子，他只得靠民间高利贷度日，那些个高利贷者如狼似虎，扬言要武力收贷，用命偿债，现在他的日子非常不好过……”

“我们该出手了？”

“是的，我要他找你具体谈。”

“怎么谈？”

“噢，我是这么想的，”张国平微微一笑，“要掐孙利华脖子，我怕你吃不住他……所以……我想让俞芸帮你一把，给你出点子。她的悟性很好，也有狠劲。”

我一阵醋意，故意抬出陈老板说：“这样做鲍敏洁可能会有误会的。我原来打算是想找陈老板商量的。”

“不用了，你就听我的。鲍敏洁的工作我去做，保证她有一块利就是了。”张国平轻描淡写地说。

为了打赢这一仗，当晚张国平专门把我和俞芸召集到四季大酒店商议。俞芸一本正经地坐在张国平边上，俨然一副主宰的面孔；我只能坐在她的侧面，像个作陪的。按理说，我和俞芸为了同一个男人曾经当面冲突过，是没有脸面坐在一起谈事的。可如今却像说一句轻巧的话那样简单——“过去的就过去了”——没有廉耻，什么都不讲究，只有共同的利益才是最重要的。我瞅了一眼俞芸，她似乎也接受了这一现实，正心安理得呢。

张国平详细介绍完情况后，问俞芸：“你有什么建议吗？”

“有，”俞芸镇定地回道，“我们 2+1 联手，制服他。”

“什么是 2+1？”张国平问。

“这就是你、我和其他金融机构，包括那些放过高利贷给孙利华的投资公司。这些公司就是我们借助的力量。孔红非常能干，已经从孙利华那里拿到了这些公司的名单……”

俞芸捧了我一下，我无动于衷。“这个不解决问题，今天上午，孙利华还透露了一个消息，有关方面已经成立了债务委员会，马上就要启动协调方案，希望所有的银行暂时不要起诉，协调一致。如果是这样的话，我们银行就不好单独出头了。”我忍不住插话道，想表现一番。

张国平点点头，又把目光转向俞芸：“你看呢？”

“一旦纳入政府的轨道，我们什么都不能干了，”俞芸沉吟道，“不能坐以待毙。”

“为什么？”张国平问。

“刚才我分析了孔红拿来的要求延期还款的材料，我认为只要延期半年或一年，孙利华的那些投资就有可能缓过气来，再加上政府扶植，他就能彻底摆脱困境，甚至还能够迈上一个大台阶。所以，利华集团是死是活就完全看银行目前的态度了，”俞芸有力地做着手势，“如果是‘拉一把’，它就活；‘推一把’，它就死。”

“‘拉一把’怎么说？”张国平又问。

俞芸答：“‘拉一把’就是给它展期。当初银行，主要是你们银行给它贷款时，也是有问题的，期限给得不够，没有按照投资项目的现金回流规律来计算贷款期限，理由是贷款期限长了不确定性风险就会增大，其实骨子里另有原因，就心照不宣了。”

“‘推一把’又怎么说？”张国平再问。

俞芸说：“‘推一把’就是宣布我们的贷款提前到期，提前还款，冻结他们的资产。按照贷款协议的规定，宣布利华集团提前还款的条件已经基本具备，即利华集团的经营出现了严重问题。现在只缺触发机制——只要有其他贷款人起诉，或者其他贷款人冻结利华的财产。只要出现这种情况，我们就全力跟进收贷，不管政府怎么说，而且政府也怪不得谁。目前，利华集团一共欠 4 家银行和一些高利贷公司 15 个亿。

“到时候政府方面好说，由我去解释，”张国平笑了起来，“‘拉一把’对银行最有利，因为不拉的话，所有银行都涌向利华集团收贷，它必死无疑。你想，一个流了很多血的重伤员，现在还有许多人要去抽血，他还能活吗？利华集团死了，各家银行都会有损失。可是如果‘拉一把’的话，我们吃什么？那 3 个亿股权还能拿到吗？”

“这是明摆着的事，其他银行一般会倾向于和政府协调一致。”我终于找到了一个插话的机会，自认为说出了有水平的话。

“有可能，不过很难，”张国平接道，“这就是银行的致命伤，心不齐，谁都想第一个收回自己的钱，不管别人的死活。如今银行就像惊弓之鸟，只要有一家去收贷，其他银行势必争先恐后地跟进，谁也不敢落在后面，因为一旦落后，利华集团的钱就会被其他银行收走，资产就会被其他银行拍卖，落后的什么也捞不到，眼睁睁地看着自己的贷款损失。”

“所以我们必须‘推一把’，而且有可能‘推一把’。到时我们就要求利华集团出让东南银行的股票，转给正权投资公司。姓孙的还得感谢我们呢。”俞芸说。

我说：“如果‘推一把’，矛盾会不会很激烈，政府嘴里不说，心里一定不舒服，会不会影响张行长的前途？”

张国平迟疑了一下，说：“应该不碍事。我们的做法虽然不地道，可最多就是个‘处置失当’呀。再说，在紧要关头，银行资产质量也很重要。还有，升官和做事有联系，可也不是绝对的联系。你们看着，到时候该替我说话的还会替我说话。”

“你就这么自信？反正我不踏实，这就像赌博。”我坚持认为。

俞芸随后说：“不要多虑了，道理在我们这边。苍蝇不叮无缝的蛋，利华集团先有缝，再变味，最后那么多债权人一起跟进，就像被许多苍蝇叮着，怪得了谁？到时候利华集团忙着清理自家的财产都来不及，哪里还有心事恨张三、怨李四的。为了消除影响，我还可以写文章，剖析利华集团失败的原因和教训，引导舆论发难。这时，利华集团只有丢车保帅，全力救助整个集团了。相对于整个利华集团而言，3 个亿东南银行的股权就是小事情了。”

张国平看着我，微笑着说：“怎么样，我说让俞芸帮助你吧，就是不一样。”

我被奚落得有些尴尬，面孔发热，却不敢发作。

俞芸瞥了我一眼，面无表情地说：“关键是只要有人告，我的意思是，我们应该暗地里怂恿别人告，最好是那些高利贷公司中的一个。”

张国平说：“俞芸，你在外面人头熟悉，你去做高利贷者的工作，策动他们起诉。”

“你放心，”俞芸恶狠狠地说，“我会透露给他们一些利空消息，让他们紧张，失去理智。他们小本经营，输不起，而且只认钱不认义，又不归政府管辖。”

“为了不引起孙利华的怀疑，为了减少震动，”张国平提议道，“你们遇到他时要注意说话语气和内容，多了解一下他的动态和心态。”

商议很快就结束了，我也算彻底明白，在张国平心里，俞芸的分量最重，重得无可比拟。如果有一天我们这些人落入俞芸之手，日子一定不好过。所以我应该想明白，该拿的拿好，该分的分到，一走了之。惹不起，还躲不起吗？

我闷着气回到家里，没想到陈老板来电话了。他简单询问了一下情况后，抱怨起来："你不是说好要和我商量的吗？怎么没来？怎么又和俞芸搞到一起去了？按照我们原来商定的，她没有参加的必要呀。"

我一阵窃喜，知道陈老板恨俞芸，也知道他的厉害。我还要再往火上浇油，让他恨死俞芸，收拾俞芸，替我出这口恶气。于是，我添油加醋地把俞芸想介入，想控制这块业务的活动描绘得活龙活现。

陈老板气得把电话一摔，我却笑得差点背过气去。

27

俞芸：我在阳光下的马路上狂奔不止，一边奔，一边嘴里还大喊着："我杀人啦！我杀人啦！"惹得路上的行人都以为遇见了疯子，赶紧躲得远远的。是的，我想我真是疯了，完全疯了！

我早就掂出了孔红的分量——头脑简单，没什么内涵，修理她不费吹灰之力。真不知道张国平怎么就会看上她，而且还在罗志远之后尝鲜。

可不管怎么说，我现在还离不开孔红。我不仅需要她做事，而且还需要她充当我和陈老板之间的缓冲垫。说实在的，我很害怕。我明白我和陈老板之间的冲突不可避免，即使我不碰这3个亿东南银行股权，陈老板也不会放过我。陈老板眼里的杀气、身上的邪气，永远是一股恐怖的威慑力量。

一家外省的投资公司在当地起诉利华集团了，东南银行立即宣布利华集团的8个亿贷款全部到期，其他银行也纷纷提出贷款到期的要求，颇令市政府措手不急。

孙利华紧急求见张国平，张国平却避而不见，坚持要他先找孔红沟通。

孔红打电话给我，希望我作陪，我注意到她说话的声音有些发抖，怕得要命。我思虑了会儿，还是推却了。因为我很清楚，事到如今频繁出面，容易积聚仇恨，有百害而无一利。

孔红显得很为难。"孙利华一会儿就到，我恐怕降不住他。"

她说。

我又沉思了片刻，也怕她应付不了局面，说错话，便说："这样吧，我和你用电话联系，谈判中出现任何拿不准的问题就给我打电话。现在就差最后一步了，一定要他把东南银行的股权割舍出来。"

"孙利华好像已经到我办公室门口了，我要挂电话了。"孔红随即挂断了电话。

十分钟后，孔红果然来了电话："谈判很不顺利，孙利华死扛着不低头，说他不到万不得已绝对不会出让这 3 个亿股权。理由很简单，再过两年或三年东南银行上市的话，少说也有数倍的收益。"

我想了想说："你告诉他，上市的变数很大，他不是也指望海外上市，结果呢？而且一旦利华集团垮了，这 3 个亿股权不还是要被处置，恐怕到时候真会输得精光。"

"好的。"孔红挂了电话再回去对付孙利华。

又过了十来分钟，孔红第二次来电说："我按照你说的把他镇住了，可最后还是谈不拢，关键是价格。"

"你出价多少？"我问。

"3 元一股，比他原来的投资翻一倍了。可他说，有人愿意出 7 元哩。"

"胡说八道！东南银行毕竟没有上市，3 元一股已经相当不错了，就这个价死压他。"

"他想拍卖。"

"你先别后退，我会和张国平商量的，请他搞定法官。万一真的要拍卖了，先把价格往低里评估，第一次拍卖时要一些技巧，让它流拍；第二次流拍时就自然降价 10%，如果还不到我们的心理价位，就再流拍。还有，你把逾期贷款的罚息都加上去，怕压不死他？"

孔红又去接着谈，最后和孙利华不欢而散，没有达到预期的目的。

张国平事后得知孔红和孙利华谈判的细节，极其不满地骂道：“孔红真是笨蛋！”

我说：“现在不是骂人的时候，得想想办法。”

我和张国平紧急磋商，决定由张国平分头去做法官和市政府利华集团债务处理委员会主任（由主管副市长兼任）的工作。

我建议张国平坚持三点：“一是坚持逼债，8 个亿的借款，东南银行输不起；二是东南银行和其他银行不同，手里有抵押物，应该要求利华集团转让抵押物；三是再做做已经起诉的那家投资公司的工作，尽量避免事态扩大，否则把利华集团逼死了，逼垮也不好。那时，市政府一定会发毛的。”

张国平补充说：“由于东南银行的大股东——金融投资集团是省里的背景，我想办法让大股东干预一下股权转让的事，迫使孙利华把股权转让给正全投资公司。”

结果一切如愿以偿，正全投资公司和孙利华签订了《东南商业银行股权转让协议》。我在监视屏幕上观看了整个过程。

孙利华一撂下签字笔，眼泪就流出来了，极度沮丧地说：“这个字一签，就等于送给你们至少 10 多个亿。”

正全投资公司的代表双手一摊，摆出一副无可奈何的样子说：“我很理解你，我们也不想这样，可是……”

“我就是缺一口气，过不了这道坎啊。”孙利华说。

正全投资公司的代表不再搭理了，怕言多必失。

突然，孙利华眼睛里冒出怒火，愤愤地说：“你们今天收得了这个股份，只怕你们明天付不起那个代价！”

吕小刚意外地回来了，而且是深更半夜。我顿时紧张起来，知道一定出大事了，急忙把他拦在客厅里，替他沏茶——这是我第一次这么做。

吕小刚很痛苦，迟疑了很长时间才说：“可以确定，李强已把金穗集团的调查材料递交给省证监局和省银监局了。用不了多久，那里就会有人来调查，而且越查问题一定越多。”

我害怕起来，心怦怦直跳。“你为什么要告诉我这些，不怕违纪吗？”我故作镇静地说。

“是李强让我来的。”

“李强？李强会让你向我泄密？”这委实出乎我的预料。

“是的，是李强让我这么做的，而且是经过社领导同意的。在各方面的压力下，社里早已改变态度了，要求积极追踪。”

“为什么？”

“果果呢？”吕小刚却转换了话题。

“在里屋睡觉。”我心里泛起了难以言喻的忧伤。

吕小刚避开我的目光——我的眼睛曾让他消魂落魄，如今，他却回避了，这说明我的眼睛不再动人。我很清楚，因为我的眼睛流露过凶残的光泽，连接我眼睛的心脏如蛇蝎一般歹毒。都说女人缺少了善良，就意味着缺少了美丽的心灵，那么，再美丽的眼睛也只是一种线条框出的轮廓。

吕小刚想移步，可没有动弹，显示他内心一定承受着极度的煎熬。以往，每当我遇到危难时，他总是第一个想到救我，这样的真诚能不融化我的心吗？哪怕我是铁石心肠。可现在我干了那么多对不起他的事，我还能祈求什么呢？

我柔和地说："你有什么话尽管说，我什么都承受得了。"

吕小刚慢慢抬起头，目光异常复杂，一会儿冷酷，一会儿忧伤，一会儿严峻，一会儿……我知道他在恨我，恨我出轨，恨我作孽，恨我堕落，可他依旧爱我，依旧珍惜和我的那段情缘……他悲伤地说："说真心话，我不希望你出问题，我真想你现在就能够离开，马上出走，带上果果走得越远越好，可是……"他哽咽了，仿佛说什么都迟了，都挽救不了我。

我立刻意识到吕小刚今夜回来就是要告诉我，我的游戏已经接近尾声了，我不可能逃脱的，应该抓紧最后的机会站出来……什么"那里会有人来调查"，这都是幌子，很可能现在已经在进行调查了，而且调查得很透彻，很清楚了。

我茫然地摇了摇头，说："我不会有事的，我哪里也不想去，什么也不想做。"

吕小刚突然抱住我，泪水流了下来。我僵持着，没有顺势依偎在他怀里，感觉自己真的不配。他却一直紧紧地抱着我，想软化我的身躯、我的心。我不挣扎，而是贴着他的胸脯，在他厚实的胸脯上体会温暖，倾听他心脏的跳动。

"你是不是再考虑一下……"他说。

我笑了笑，知道不可能保住自己了，而且我已不是一个能被柔情软化的人，身上背负着沉重的罪孽，唯有挣扎到底或许才有出路……我的心渐渐冷却下来。

吕小刚直截了当地说："你可以把你知道的一切说出来，减轻一点压力，求得一个好的结果。"

我摇摇头，拒绝了。

我和他默默无语地相拥着，房间里静得吓人，只有墙上"谷谷钟"

在滴答着，听起来那么清晰。

我说："真羡慕你，你有自己的生活，也有可以预见的前途，可惜我领悟得太晚了。"

天亮了，吕小刚最后一次恳求我，我依旧摇头拒绝。他久久地凝视着我，依依不舍地和我告辞，似乎他这一走，就意味着关闭了我最后的希望之门……我看到他扭头时抹着眼泪，可我没勇气接受这最后的机会。

我给张国平打电话，想要告诉他吕小刚来过的事，然而一直联系不上他。我觉得天快要塌了，内心混乱极了，一会想张国平可能去哪里了，一会想是不是马上叫吕小刚回来……突然，门被推开了，林杰被推了进来，双手反捆着。接着迈进来的是陈老板，他嘴上叼着雪茄，身后跟着几个大汉。一进门，他就坐到沙发上，悠闲地吐着烟圈，脸上挂着淫荡的微笑。

"你出去！"我惊恐万分。

"我来是告诉你一个消息，张国平逃到国外去了，就在昨天……他怎么就没有带你走？"

这个消息就像在我的脚下冷不防抽去了一大片地板，我站立不稳。我第一反应是不信，但随即注视陈老板的表情，又觉得他不像是在撒谎。我脑中立时一片空白……

"按常理，张国平是不可能跑得那么快的，"陈老板意味深长地说，"那是他得到了更上层人士的通风报信；而你，就像他穿过的一件外套，关键时刻被他无情地甩了。"

陈老板掐灭雪茄，站起来，慢悠悠地摇到我面前……我急忙躲过他，想往门外跑，却被一个汉子拦住了。

我哀求道："放了我，什么都好商量。"

“放你？张国平曾经说过，他不在时，让我好好照顾你。”陈老板嬉笑着贴近我。

“啪”的一声，我狠狠地朝他脸上抽上一巴掌。果果被惊醒了，“哇哇”直哭，哭声充斥了整个房间。我想过去抱他，可陈老板挡住了我，并趁势抱住我，“真不错，比我的那些马子强多了。”

我哭着喊道：“不要这样！不要……”

“你也有哭的时候？”陈老板忽然面露凶光，“你知道我当初忍的滋味吗？‘忍’就是‘心’头上插把‘刀’。你打了我的马子，我忍了；我叫你不要去拿DNA检测报告，你拿了，我又忍了；你要抢东南银行股权，我还是忍了……”

陈老板用力抱起我，把我抱进卧室扔到床上。我没有流泪，没有乞求；我知道流泪和乞求都不会有用，反而增加自己的屈辱感。

“住手，你们这帮畜生！”林杰吼了一声，接着就是一声声挨打的惨叫……

陈老板趁机脱去自己的衣服，想扑到我身上来。就在这时，我看见他裤袋里的手枪滑落到了床上。我迅速跳起来，抓起枪对准陈老板扣动了扳机，陈老板应声躺倒，床单上迅速漫漶开一摊污血。我又冲着陈老板的手下连续射击，当场撂倒几个，然后夺门而出……我顾不上果果的哭叫，顾不上林杰的呻吟……

我在阳光下的马路上狂奔不止，一边奔，一边嘴里还大喊着：“我杀人啦！我杀人啦！”

惹得路上的行人都以为遇见了疯子，赶紧躲得远远的。

是的，我想我真是疯了，完全疯了！

这就是我拒绝吕小刚的报应，造孽的下场。我不后悔，也无法后悔，后悔又能怎么样呢……

28

吕小刚：狱警告诉我，行刑那天，俞芸很淡定。我理解她，她曾经说过，人的社会生命结束了，驱壳也就变得多余了，这是她一生的信条。她从入狱的那一天开始，就没有了求生奢望，更没打算在人们的辱骂声中度过余生。

我为自己没有能够及时挽救俞芸而感到深深哀痛。狱警告诉我，行刑那天，俞芸很淡定。我理解她，她曾经说过，人的社会生命结束了，驱壳也就变得多余了，这是她一生的信条。她从入狱的那一天开始，就没有了求生奢望，更没打算在人们的辱骂声中度过余生。

罗志远、孔红和陈老板已身陷囹圄；鲍敏洁虽未入狱，可带着个孩子，没有固定收入和正当本事，肯定活得也够艰难的；许莉遭通缉，被要求引渡回国；据说张国平在国外的一栋公寓里被人勒死了，显然故事里还有故事，可这已经不关我的事了。

我怀念俞芸，依然爱她。我曾经向她保证，我和黎琳，会照顾好果果的，就像照顾好自己的孩子一样。